中国法院2024年度案例

国家法官学院　最高人民法院司法案例研究院 / 编

保险纠纷

中国法制出版社
CHINA LEGAL PUBLISHING HOUSE

《中国法院2024年度案例》通讯编辑名单

序

党的二十大擘画了全面建成社会主义现代化强国、以中国式现代化全面推进中华民族伟大复兴的宏伟蓝图，强调全面依法治国是国家治理的一场深刻革命，必须更好发挥法治固根本、稳预期、利长远的保障作用，在法治轨道上全面建设社会主义现代化国家。为落实习近平总书记“一个案例胜过一打文件”的重要指示精神，人民法院始终把完善中国特色案例制度，加强司法案例研究作为推进全面依法治国、支撑和服务中国式现代化的重要途径，通过发布具有普遍指导意义的典型案例，统一法律适用、提高审判质效，提升司法公信力，努力让人民群众在每一个司法案件中感受到公平正义。为更好满足社会各界和人民群众多元化司法需求，把习近平法治思想落实到人民法院审判工作全过程各方面，人民法院案例库于2024年2月27日正式上线并向社会开放，这是进一步完善中国特色案例制度的重要举措，是最高人民法院推出的新的“公共法律服务产品”。

“中国法院年度案例系列”丛书以及时记录人民法院司法审判工作新发展、新成就为己任，通过总结提炼典型案例的裁判规则、裁判方法和裁判理念，发挥案例鲜活生动、针对性强的优势，以案释法，以点带面，有针对性地阐释法律条文和立法精神，促进社会公众通过案例更加方便地学习法律，领悟法治精神，发挥司法规范、指导、评价、引领的重要作用，大力弘扬社会主义核心价值观，积极服务人民法院案例库建设，加强案例库案例研究，促进统一法律适用、提升审判质效，丰富实践法学研究，增强全民法治意识和法治素养，展现新时代我国法治建设新成就。

“中国法院年度案例系列”丛书自2012年编辑出版以来，已连续出版13年，受到读者广泛好评。为更加全面地反映我国司法审判执行工作的发展进程，顺应审判执行实践需要，响应读者需求，丛书于2014年度新增金融纠纷、行政纠纷、刑事案例3个分册，2015年度将刑事案例调整为刑法总则案例、刑法分则案例2个分册，2016年度新增知识产权纠纷分册，2017年度新增执行案例分册，2018年度将刑事案例扩充为4个分册，2022年度将土地纠纷（含林地纠纷）分册改为土地纠纷（含环境资源纠纷）分册。自2020年起，丛书由国家法官学院与最高人民法院司法案例研究院共同编辑，每年年初定期出版。在全国各级人民法院的大力支持下，丛书编委会现编辑出版《中国法院2024年度案例系列》丛书，共23册。

“中国法院年度案例系列”丛书以开放务实的态度、简洁明快的风格，在编辑过程中坚持以下方法，努力让案例书籍“好读有用”：一是高度提炼案例内容，控制案例篇幅，每个案例字数基本在3000字左右；二是突出争议焦点，尽可能在有限的篇幅内为读者提供更多有效、有益的信息；三是注重释法说理，大多数案例由法官撰写“法官后语”，高度提炼、总结案例的指导价值，力求引发读者思考，为司法审判提供借鉴，为法学研究提供启迪。

“中国法院年度案例系列”丛书编辑工作坚持以下原则：一是以研究案例库案例为首要任务。自今年起，“中国法院年度案例系列”丛书优先选用人民法院案例库案例作为研究对象，力求对案例库案例裁判要旨的基本内涵、价值导向、法理基础、适用要点等进行深入分析，增强丛书的权威性、参考性。二是广泛选编案例。国家法官学院和最高人民法院司法案例研究院每年通过各高级人民法院从全国各地法院汇集上一年度审结的典型案例近万件，使该丛书有广泛的精选基础，通过优中选优，可提供给读者新近发生的全国各地多种类型的典型性、疑难性案例。三是方便读者检索。丛书坚持以读者为本，做到分卷细化，每卷案例主要根据案由（罪名）分类编排，每个案例用一句话概括裁判规则、裁判思路、裁判理念、裁判方法或焦点问题作为主标题，让读者一目了然，迅速找到目标案例。

中国法制出版社始终全力支持“中国法院年度案例系列”丛书的出版，给了编者们巨大的鼓励。2024年，丛书将继续提供数据库增值服务。购买本书，扫描前勒口二维码，即可在本年度免费查阅往年同类案例数据库。我们在此谨表谢忱，并希望通过共同努力，逐步完善，做得更好，探索出一条充分挖掘好、宣传好人民法院案例库案例和其他典型案例价值的新路，为广大法律工作者和社会公众提供权威、鲜活、精准的办案参考、研究素材，更好地服务司法审判实践、服务法学教育研究、服务法治中国建设。

“中国法院年度案例系列”丛书既是法官、检察官、律师等法律工作者的办案参考和司法人员培训辅助教材，也是社会大众学法用法的经典案例读本，同时也为教学科研机构开展案例研究提供了良好的系列素材。当然，编者们在编写过程中也难以一步到位实现最初的编写愿望，客观上会存在各种不足甚至错误，欢迎读者批评指正。我们诚心听取各方建议，立足提质增效，不断拓宽司法案例研究领域，创新司法案例研究方法，助推实现中国特色司法案例研究事业的高质量发展。

国家法官学院　最高人民法院司法案例研究院

2024年5月

目　录

Contents

一、财产保险合同纠纷

（一）财产损失保险合同纠纷

三、保险人代位求偿权纠纷

一、财产保险合同纠纷

（一）财产损失保险合同纠纷

1

承运人作为货运险被保险人的权利主张路径

——甲物流公司诉保险公司财产保险合同案

【案件基本信息】

1. 裁判书字号

上海金融法院（2022）沪 74 民终 766 号民事判决书

2. 案由：财产保险合同纠纷

3. 当事人

原告（上诉人）：甲物流公司

被告（被上诉人）：保险公司

第三人：乙物流公司

【基本案情】

2018 年 3 月，保险公司、乙物流公司签订《货运险预约保险协议》：保单类型为货物运输险预约协议，投保人为乙物流公司，被保险人为乙物流公司之客户。特别条款约定，本保险放弃对投保人及其办事处、下属公司的追偿，但不放弃对其他相关责任方的追偿权利；保证保险标的为全新并由专业承运人负责运输；投保人/被保险人应在每两周后的五个工作日将前两周实际运输情况申报给保险公司，申报信息须体现出承运人、运单号等。《国内水路、陆路货物运输保险》条款约定，为使保险货物运输中，因遭受保险责任范围内的自然灾害或意外事故所造成的损失能够得到经济补偿，特举办保险；保险货物遭受损失时，保险人按承保险别的责任范围负赔偿责任。《临时仓储条款（60天）》约定，本条款扩展承保被保险货物在公共仓储地点或者其他被指定的仓库进行临时仓储期间的风险。

2018年2月，乙物流公司曾向保险公司报案，险种“国内货物运输险”，被保险人为乙物流公司。就该次出险，乙物流公司向保险公司出具《赔付意向及权益转让书》：被保险人为乙物流公司……经协商一致，确认同意赔付1万元。后，保险公司向乙物流公司支付1万元。

2018年4月至12月，乙物流公司基本每月向保险公司邮箱发送当月保险申报清单。2018年8月17日，乙物流公司向保险公司邮箱发送2018年8月保险申报清单，本案所涉货物记载为5单：发货日期均为2018年8月10日，发货人均为甲物流公司，货物均为电脑。

案涉货物货主为电脑公司，其委托甲物流公司运输，甲物流公司收货后，委托乙物流公司运输，乙物流公司再委托代理公司运输。后，货物在临时仓储点发生火灾，导致毁损。因货主就上述货物均向案外人保险公司投保货物运输保险，案外人保险公司向货主赔付保险金后，向法院起诉本案甲物流公司，经法院生效判决确认，甲物流公司共计赔付9075535元。

甲物流公司就其上述赔付金额对乙物流公司提起仲裁，仲裁裁决乙物流公司应予赔付，但乙物流公司无力偿付。

【案件焦点】

1. 甲物流公司是否享有案涉保险的保险利益；2. 甲物流公司可否在本案中向保险公司主张缔约过失责任。

【法院裁判要旨】①

上海市浦东新区人民法院经审理认为：甲物流公司系案涉保险的被保险人。《中华人民共和国保险法》第四十八条规定：保险事故发生时，被保险人对保险标的不具有保险利益的，不得向保险人请求赔偿保险金。故，本案的首要争议焦点为，甲物流公司是否享有案涉保险的保险利益。该问题的认定需厘清：首先，案涉保险承保何种保险利益。保险利益系指投保人或被保险人对保险标的具有的法律上承认的利益。本案系“货运险”，所附条款均约定保障货物损失的风险，属于财产损失保险。货运险旨在分散保险标的物灭失或损坏的风险，承保财产上的既有利益。甲物流公司、保险公司对案涉保险承保财产损失类保险项下的保险利益不持异议。乙物流公司则认为，被保险人既包括货主，又包括委托乙物流公司运输的甲物流公司，保险公司同意将具有责任保险利益的承运人列为被保险人，并曾直接向乙物流公司理赔，系其同意在案涉保单项下对承运人承担保险责任的真实意思表示。对此，法院认为：第一，责任利益是指被保险人对保险标的物所承担的赔偿责任，系责任保险承保的利益。本案保险条款约定保障货物损失的风险，而非承保被保险人对外赔偿的责任，被保险人包括承运人尚不足以证明案涉保险承保责任利益；第二，保险利益是界定保险业务种类的重要标志，因不同主体对同一保险标的物具有不同性质的保险利益，通常情况下，不同险种承保不同性质的保险利益。虽存在特殊的保险产品，通过保险技术的运用，使不同性质的保险利益在内在结构上可视为具有同一性质，由同一保单承保，但保险实务中，货主和承运人对运输货物的保险利益截然不同，货损风险与承运责任风险差别巨大，费率也相差甚远，在同一保单项下包容上述两种保险利益，与通常业务实践不符。现保险公司明确否认承保责任利益，乙物流公司也未举证其与保险公司就案涉保险同时承保两种保险利益进行过磋商。第三，乙物流公司及其关联公司并非被保险人，保险公司对乙物流公司及其关联公司瀚铭公司的直接赔付与约定不符，《赔付意向及权益转让书》

---

① 本书【法院裁判要旨】适用的法律法规等条文均为案例裁判当时有效，下文不再对此进行提示。

记载赔付系“经协商一致”，保险公司也辩称此非法律意义上的赔付。综上，现有证据不足以证明保险公司在案涉货运险中同时承保承运人的责任利益。其次，甲物流公司对案涉保险标的物享有何种保险利益，如乙物流公司所称，甲物流公司因案涉货物毁损向货主一方赔偿后即遭受经济上的损害，属于“法律上承认的利益”，甲物流公司对案涉保险标的物享有保险利益，法院对此并不否认。但甲物流公司此时财产的减损，来源于其就货物运输承担的民事责任，表现为甲物流公司向货主承担赔偿责任，而非直接的损失，属于责任保险利益。而享有货运险（财产损失险）保险利益的主体，发生保险事故时，其财产减损应源于被保险货物受损而发生的直接的物质性利益的减损，与甲物流公司上述利益当然不同。另，保险利益是被保险人对保险标的的利益，考察的是被保险人与保险标的物之间的关系，甲物流公司认为应当基于其与投保人之间的关系认定其对于案涉货物享有损失类保险利益，没有法律依据。综上，甲物流公司对案涉货物享有的利益与本案货运险项下承保的保险利益不符，不具有本案保险项下的保险利益，不享有保险金请求权。

争议焦点二为，甲物流公司可否在本案中向保险公司主张缔约过失责任。甲物流公司认为，如其无法获赔，系因保险公司未向其释明保险利益所致，应向甲物流公司承担缔约过失的赔偿责任。对此，法院认为，所谓缔约过失，显然发生于缔约方之间，保险合同的缔约方为投保人（乙物流公司）和保险人（保险公司），甲物流公司作为被保险人并非缔约当事人，甲物流公司认为保险公司的释明对象包括被保险人，于基本法理不符，无法律依据，难以支持。一方面，保险公司在案涉保单项下存在多种过错，如乙物流公司申报清单的发货客户类型包括货主和甲物流公司，保险公司未表异议；保险公司甚至直接向作为承运人的乙物流公司及乙物流公司关联公司（且非被保险人）赔付款项，该行为更是加剧了对乙物流公司的误导等。保险公司上述过错，均可以也应当在缔约过失的框架下予以处理。另一方面，乙物流公司作为专业运输公司，是否存在过错，因本案系保险合同纠纷，乙物流公司既非被保险人又非原告，不应在本案中予以审查，亦需在缔约过失的框架下予以审查。现甲物流公司已就案涉事故之损失通过仲裁向乙物流公司主张并获得支持，乙物流公司遭受损失可通过缔约过失途径另行向保险公司主张。

上海市浦东新区人民法院依照《中华人民共和国保险法》第十二条第二款、第四款、第六款，第四十八条；《最高人民法院关于适用〈中华人民共和国民事诉讼法〉的解释》第九十条规定，判决：

驳回甲物流公司的诉讼请求。

甲物流公司不服一审判决，提起上诉。

上海金融法院经审理同意一审法院裁判意见，依照《中华人民共和国民事诉讼法》第一百七十七条第一款第一项规定，判决：

驳回上诉，维持原判。

【法官后语】①

运输保险领域有货物运输险和物流责任险之分，两者在保险标的、代位追偿权和保险费率上均有不同，尤其是保险费率差距较大。承运人投保货运险，并将其上游甲物流公司列为被保险人，保险事故发生后，保险人以“被保险人对保险标的不具有保险利益”为由抗辩，从而引发本案纠纷。本案投保人与被保险人并非同一主体，但是均属于承运人身份，因此本案首先需要确认承运人对所承运货物是否具有保险利益，并从保险利益内涵着手，结合货运险的性质，从保险金请求权、缔约过失损害赔偿请求权两种路径探究承运人作为货运险被保险人的权利主张实现的可能性。

一、承运人对承运货物的保险利益认定

《最高人民法院关于适用〈中华人民共和国保险法〉若干问题的解释（二）》第一条规定“财产保险中，不同投保人就同一保险标的分别投保，保险事故发生后，被保险人在其保险利益范围内依据保险合同主张保险赔偿的，人民法院应予支持”。本条明确不同投保人对于同一保险标的可具有不同性质

① 本书【法官后语】对此类法律问题涉及的法律法规等内容进行了时效性更新，下文不再对此进行提示。

的保险利益，可以在各自保险利益范围内投保，同时被保险人主张保险赔偿亦需要以保险合同承保的保险利益为前提。

保险利益系指投保人或被保险人对保险标的具有法律上承认的利益。在财产保险中，一般因保险标的物发生保险事故而可能遭受损失的主体，都对该财产具有保险利益。财产保险的保险利益可以分为财产上的既有利益、基于现有利益而产生的期待利益、责任利益三类。财产上的既有利益是指投保人或被保险人对保险标的享有的已经确定的现存利益，主要包括基于物权、占有、准物权产生的利益。责任利益是指因被保险人依法应承担民事赔偿责任而产生的经济利益，既可以是违反合同的损害赔偿责任，也可以是侵权损害赔偿责任。

货物所有权人对货物享有的就是既有利益，一旦发生保险事故，会导致其遭受直接的经济损失。承运人并非买卖合同双方当事人，而且运输、仓储等物流活动并不转移货物的所有权，所有权仍然归属于货主。承运人的主要义务在于将其承运的货物按约定安全、妥善地运输至目的地，如果货物在运输过程中发生毁损、灭失，承运人应当承担赔偿责任。因此，承运人的保险利益是基于运输合同而存在妥善运输和交付的责任，是在货物损失后所应承担的侵权或违约的民事责任。承运人此时财产的减损，来源于其就货物运输承担的民事责任，非直接的损失，属于责任保险利益。

通常情况下，不同险种承保不同性质的保险利益，即特定保险产品承保保险标的的经济利益的类别不同。被保险人在保险事故发生后，只能依据保险合同在各自的保险利益范围内申请理赔。

在运输保险领域中，货物运输险属于财产损失保险，意图分散货物灭失或损坏的风险，因此其所对应的保险利益是货主对货物的所有权而产生的；运输责任险旨在疏解承运人的事故责任风险，所对应的保险利益是承运人的责任利益。如前所述，承运人对保险标的物仅享有责任利益，因此，承运人不具有货物运输保险合同项下的保险利益。承运人若为分散自身运输风险，则应投保与责任利益相匹配的运输责任险。但本案乙物流公司以甲物流公司为被保险人错投货物险，在“险种错配”的情况下，作为被保险人甲物流公司是否可以实现理赔。

二、承运人作为被保险人的保险金请求权

《中华人民共和国保险法》要求人身保险的投保人在订立合同时对被保险人具备保险利益，否则合同无效。但是在财产保险合同订立时，投保人对保险标的不具有保险利益，不影响保险合同效力。根据《中华人民共和国保险法》第四十八条之规定，保险利益在财产保险合同中为保险金请求权要件，因承运人在货运险项下不享有保险利益，其作为被保险人在货物险项下主张保险赔偿，一般无法获得支持。

实践中因投保的限制，部分承运人无法投保运输责任险，因此选择投保以货主为被保险人的货物险时，向保险人披露其分散责任风险之意图，双方经协商一致，对合同内容进行特别约定，如加入了“放弃对承运人代位求偿”的约定，在因承运人原因导致的保险事故发生后，承运人在向货主赔偿损失后可请求保险人承担保险责任。此时保险合同虽仍以货运险为载体，但实为责任险性质，承运人以受让货主的保险金请求权之形式获得赔付。本案乙物流公司在保险公司处投保的险种是货物运输险，明确约定保障货物损失的风险，属于财产损失保险，保险合同虽也有“放弃对承运人代位求偿”的约定，但主张的被保险人为承运人的上游甲物流公司，且本次保险事故的责任主体非合同约定不得追偿的承运人，涉案合同未改变其财产损失险的性质。

但保险公司对乙物流公司将甲物流公司作为客户进行申报的行为未提出异议，且实际曾以甲物流公司为被保险人作出过保险赔付，是否可以认定保险人同意在案涉保单下承保责任利益，构成对保险合同内容的变更。

根据《中华人民共和国保险法》第二十条规定“投保人和保险人可以协商变更合同内容。变更保险合同的，应当由保险人在保险单或者其他保险凭证上批注或者附贴批单，或者由投保人和保险人订立变更的书面协议”。根据本条规定，保险合同变更需要经双方当事人协商一致，并且须符合法定形式的要求。

就涉案保险而言，首先，投保人与保险人并未达成合意。合同约定的被保险人为投保人之客户，包括货主和投保人上游甲物流公司，虽存在特殊的保险产品，通过保险技术的运用，使不同性质的保险利益在内在结构上可视为具有同一性质，由同一保单承保，但保险实务中，货主和承运人对运输货物的保险利益截然不同，货损风险与承运责任风险差别巨大，费率也相差甚远，在同一保单项下包容上述两种保险利益，与通常业务实践不符。现保险人明确表示仅承保货物的所有权利益，承运人也未举证其与保险公司就案涉保险同时承保两种保险利益进行过磋商。其次，变更保险合同应当由保险人在保险单或者其他保险凭证上批注或者附贴批单或双方达成书面协议，双方除涉案合同外并未签订有其他书面形式的补充协议。因此，现有证据不足以证明乙物流公司与保险公司之间通过合意变更了保险合同，故本案争议仍应在财产损失保险的前提下审查，甲物流公司作为被保险人的保险金请求权在本案货物险项下无法得到支持。

虽然因欠缺保险利益并不导致财产保险合同无效，但仍需要考虑保险人说明义务对保险合同效力的影响。保险法上的最大诚信原则不仅要求投保人尽到如实告知义务，也要求保险人善意、全面地履行其说明义务。险种选择及保险利益的认定事关投保人的缔约目的能否实现，是对保险订立合同有重大影响的信息，保险人负有说明义务。保险人在缔约时未对保险利益及险种区别进行提示说明，属于说明义务的履行瑕疵，但保险人未提示险别的行为属于如实说明义务的履行瑕疵，但这并未加重投保人的责任，也没有排除投保人选择险种、获得保障等法定权利，故属于一般条款，无须特别提示。[①] 保险人对保险利益未尽说明义务对保险合同的效力不产生影响。

三、承运人作为被保险人的缔约过失损害赔偿请求权

保险人未履行或不当履行对保险利益的说明义务，导致投保人错投保险，从而使被保险人无法获得保险赔付，是其对先合同义务的违反，损害投保人的信赖利益，投保人可依据缔约过失，要求保险人按过错程度分担损失。

缔约过失责任是指当事人在订立合同过程中，因违反先合同义务而给对方造成损失的法定赔偿责任，其构成要件为：（1）缔约一方违反先合同义务；

---

① 参见任自力：《保险法最大诚信原则之审思》，载《法学家》2010年第3期。

(2) 客观上造成另一方信赖利益损失；(3) 违反先合同义务的行为与对方所受到的损失存在因果关系。结合缔约过失责任的构成要件来看，甲物流公司作为被保险人无法向保险人主张缔约过失责任。

首先，当事人限于参与缔约的双方。保险合同是投保人与保险人约定保险权利义务关系的协议，本案保险合同的缔约主体是乙物流公司和保险公司。甲物流公司不是保险合同的缔约主体，也并未参与保险合同的订立过程。但本案特殊之处在于，投保人并非为自己利益投保，而是为上游甲物流公司投保，属于真正为第三人利益合同。在此情况下，甲物流公司虽然并非缔约合同主体，但是在真正为他人利益合同中，其作为第三人是否有权主张缔约过失责任，即在投保人为他人投保时发生险种错配，被保险人是否可以向保险人主张缔约过失责任。《中华人民共和国民法典》第五百二十二条第二款明确规定，真正利益第三人合同中，第三人享有对债务人的履行请求权和违约请求权，除非第三人在合理期限内明确拒绝。一般认为，真正第三人利益合同中的第三人并不完全地享有合同当事人的权利义务，由于其不是合同的当事人，一般不享有合同解除权、撤销权等。第三人权利对合同相对性的突破仍然需以法律明确规定或者合同约定为限。若没有相关规定及约定的，第三人仍受合同相对性的限制。该条未明确规定第三人权直接请求合同当事人向其承担缔约过失责任，并且从缔约过失责任的立法目的来看，正因为处于缔约过程中、合同成立前这一特定阶段，才因缔约关系的存在而对相对方的利益负有一定的注意义务，不应扩张到非缔约主体。

其次，甲物流公司所主张的信赖利益并非保险合同的缔约过失责任项下所保护的利益。甲物流公司作为被保险人，固然对保险合同具有独立的履行利益，但该利益始于保险合同成立生效且其被指定为被保险人之时。在此之前，甲物流公司所信赖的实际是乙物流公司为其正确投保责任险的投保行为，该信赖关系产生于甲物流公司与乙物流公司之间，而目前并无证据证明保险公司参与甲物流公司与乙物流公司的磋商过程，并直接对甲物流公司作出承保责任险的承诺。因此，甲物流公司所主张的信赖利益损失不能直接向保险公司主张。

因此，甲物流公司作为货运险下的被保险人，就其对保险人的权利主张而言，既不能获得保险赔付，亦无法行使缔约过失损害赔偿请求权。

乙物流公司甲物流公司为投保货运险，目的在于为其运输中可能在对甲物流公司负有的民事责任分散风险，二者之间存在运输合作关系。甲物流公司在货运险下获赔受阻，仍可从其与乙物流公司的基础关系中寻求救济。甲物流公司已就案涉事故之损失通过仲裁向乙物流公司主张并获得支持，乙物流公司遭受损失可通过缔约过失途径另行向保险公司主张。

编写人：上海市浦东新区人民法院　徐秋子　叶聪颖

2

特别约定的免责条款约束力的认定

——供应链公司诉保险公司财产保险合同案

【案件基本信息】

1. 裁判书字号

北京金融法院（2023）京74民终290号民事判决书

2. 案由：财产保险合同纠纷

3. 当事人

原告（被上诉人）：供应链公司

被告（上诉人）：保险公司

【基本案情】

供应链公司在保险公司处投保，保险期限自2018年12月26日0时至2019年12月25日24时，保险金额为89285715元。

2018年12月25日，供应链公司、货运公司（投保人、甲方）、保险公司

（乙方、保险人）签订《预约保险协议书》，约定乙方对甲方国内运输货物采用预约方式予以承保；双方选择根据“发运清单”办理（按周/月提供）的承保方式。甲方应定期（一般为一周，最长不超过一个月）向乙方提供货物发运清单（或装车清单），由甲方盖章确认后交乙方留存，作为货物投保和保费结算的依据。甲方未按周/月提供发运清单的，乙方有权终止预约协议；甲方出险应在24小时内通知乙方或出险地乙方的代理机构；如果甲方违反本条规定，乙方有权解除本保险协议或拒绝赔偿一部分或全部经济责任；甲方未申报或出险后申报的，乙方不承担赔偿责任，并不退还保费。此外，该协议第十一条特别约定：1. 下列情况甲方必须事先书面通知乙方，逐笔出保险单后，保险合同方可生效。□单票保单保险金额超过80万元□易碎、易损、易燃、易爆及其他特殊货物；2. 单一运输工具每次事故赔偿限额为300万元。

2019年6月1日，甲物流公司（甲方）与货运公司（乙方）签订《运输物流服务合同》，约定乙方为甲方提供物流服务，委托物品为变速器及盛具。

2019年6月1日，货运公司（甲方）与供应链公司（乙方）签订协议书，约定货运公司委托供应链公司运输变速器及盛具，供应链公司对委托物实际价值全额投保；服务期限自2019年6月1日至12月31日；因运输责任造成货物受损，由乙方全额承担相关直接及间接损失；如发生货损、货差或因事故造成货物、车辆和人员方面的损失等均由乙方承担责任。

2019年12月15日，18台变速器在北京中转库转运过程中产生货损，价值314488.62元。甲物流公司被上家乙物流公司索赔314488.62元。甲物流公司通过抵款协议方式向乙物流公司赔偿上述金额。

事故发生后，供应链公司于2019年12月16日11点35分向保险公司报案。2019年12月17日，供应链公司向保险公司申报投保单，记载启运日期为2019年12月16日，投保单中加盖供应链公司的印章，投保单注明：请投保单位于每月二十二号将本月发生的货物运输明细请按以上内容工整填写清楚并附每车装货清单并传入我公司进机补录。

2021年8月16日，甲物流公司将货运公司诉至法院，法院判决货运公司向甲物流公司支付货损款 314488.62 元并查明 2019 年 12 月 15 日，18 台变速器在北京中转库转运过程中造成货损价值 314488.62 元。

2021 年 12 月 10 日，货运公司（甲方）与供应链公司（乙方）签订《赔偿协议》，约定供应链公司向货运公司赔偿包括货损、诉讼费在内共计 317493.99 元并于 2022 年 2 月 17 日履行到位。

庭审中，双方同意 18 台变速器残值归保险公司。故，供应链公司起诉至法院，要求保险公司支付供应链公司保险金共计 286045.13 元（该数额已扣除免赔率即损失金额的 10%）。

【案件焦点】

《预约保险协议书》特别约定条款中的免责约定对供应链公司是否具有约束力。

【法院裁判要旨】

北京市通州区人民法院经审理认为：供应链公司与保险公司签订《预约保险协议书》系双方当事人真实意思表示，合法有效，故供应链公司、保险公司应当忠实地履行各自义务。

关于保险公司提出的未申报和出险后申报的拒赔理由是否成立的问题。首先，《预约保险协议书》明确供应链公司应定期（最长不超过 1 个月）向保险公司提供货物发运清单，未明确约定必须在启运前办理投保手续，且根据保险公司提供的补录投保单亦注明“投保单位于每月 22 号将本月发生的货物运输明细请按以上内容工整填写清楚并附每车装货清单一并传入我公司进机补录”，供应链公司在保险公司限定的日期前向保险公司补录申报，符合双方约定；其次，因供应链公司向保险公司投保货物运输预约保险，协议中明确约定凡属于保险条款列明保险标的的范围，均属于预约保险范围，故即便供应链公司未在出险前进行申报，也不属于“先险后保”的情形。最后，从双方签订的《预约保险协议书》的形式看，协议书中约定“甲方未申报或出险后申报的，乙方不承担赔偿责任，并不退还保费”应属于免责条款，保险公司未提交证据证明其对该条款的内容以书面或者口头形式向投保人供应链公司作出明确说明，上述条款为保险公司不合理地免除其责任的条款，因此上述条款内容不能成为保险公司免除保险责任的合同依据。综上，保险公司以供应链公司未按时申报和出险后申报为由拒绝理赔的意见，法院不予采信。

关于保险公司提出的超过80万元未提前申报的拒赔理由，法院认为，双方一致认可的条款在合同中已有呈现（其中选择性条款前有画钩标识），但是对选择性条款中无勾选标识的内容，供应链公司表示并未选择与接受，故针对没有勾选的条款不应作为合同条款约束双方当事人。且根据以往的习惯，供应链公司对超过80万元的货物并未有提前申报的流程，且保险公司对此并未提出异议，故关于保险公司的上述拒赔理由，法院不予采信。

生效判决书已经认定2019年12月15日18台变速器在中转过程中损坏，故本次事故属于保险责任范围。

鉴于双方同意18台变速器残值归保险公司，故对此18台变速器的残值不在赔付金额进行扣减。关于赔付金额，因协议书约定每次事故绝对免赔率为损失金额的10%或者5000元，以高者为准，故扣减免赔额后保险公司应赔付的货损金额为283039.758元。关于供应链公司主张的诉讼费用，该笔费用不属于保险赔偿金性质，无法纳入保险责任限额范围。

北京市通州区人民法院依照《中华人民共和国保险法》第二条、第二十三条规定，判决：

一、保险公司向供应链公司赔付283039.758元，于本判决生效之日起7日内执行清；

二、驳回供应链公司的其他诉讼请求。

保险公司不服一审判决，提起上诉。

北京金融法院经审理同意一审法院裁判意见，依照《中华人民共和国民事诉讼法》第一百七十七条第一款第一项规定，判决：

驳回上诉，维持原判。

【法官后语】

本案的争议焦点之一为，《预约保险协议书》特别约定条款中的免责约定对供应链公司是否具有约束力。

对于保险合同中的特别约定条款，有的系双方就保险合同的细节进行的特别约定，有的系免责约定等。特别约定条款中的免责约定往往减轻或免除了保险人承担保险责任的义务，限制或剥夺了被保险人获得赔偿的权利，足以影响投保人缔约意思及法律后果。其效力如何认定，对案件的审理往往有决定性的影响，对特别约定条款中免责约定的效力认定应从以下着手。

首先，判断该免责的特别约定条款是否为双方协商一致达成。若该条款系经双方平等协商，即在自愿基础上就所商讨的内容达成合意，则该条款对保险人和投保人都发生效力。

其次，若该免责的特别约定条款非保险人与投保人协商一致的结果，或虽曾协商但投保人未予确认，则该特别约定应视为保险人就相应事项向投保人发出新的要约，只对保险人具有约束力。例如，在本案中《预约保险协议书》第十一条的对于免责情况虽然列明了几种情况且每种方式前均有□，但供应链公司并没有画钩，故不代表着供应链公司对此予以确认。

对此，从举证责任上说，因此种约定多为减轻或免除部分保险责任的条款，故保险人对此负有证明该特别约定系与投保人协商形成的合意，或投保人对此予以确认的责任。若举证不能，保险人则不能根据该“特别约定”拒赔。

那么如何证明涉案免责的特别约定条款系双方协商一致，或是投保人予以确认的呢？对此应采取较高的证明标准，应与格式条款的提示义务的证明标准相当，即要达到足以证明让投保人充分了解保险合同的程度。具体来说，对于提示方面，应证明采取足以引起投保人注意的问题、符号、字体或其他标志等进行了提示，对于说明方面，保险人应当证明在销售保险时对免责的特别约定条款进行了口头或书面的明确告知。即让投保人能知悉该条款的存在、内容及法律后果。在判断保险人是否尽到提示说明义务时需要综合所有提示说明形式进行判断。

在本案中《预约保险协议书》第十一条的约定系免责内容，虽然列明了几种情况每种方式前均有□，但供应链公司并没有画钩。而在《保险协议书》其他有□的部分，如保险费方面，供应链公司画钩予以确认。且根据以往的习惯，供应链公司对于超过80万元的货物并未有提前申报的流程，且保险公司对此并未提出异议，故难以认定该部分系双方协商一致保险公司尽到了提示的义务。故，判决保险公司承担相应的赔偿责任。

编写人：北京市通州区人民法院　刘紫微　杨慧

3

保险合同格式条款的解释规则

——杨某诉保险公司财产保险合同案

【案件基本信息】

1. 裁判书字号

浙江省嘉兴市中级人民法院（2022）浙04民终3050号民事判决书

2. 案由：财产保险合同纠纷

3. 当事人

原告（上诉人）：杨某

被告（被上诉人）：保险公司

【基本案情】

2021年5月14日21时23分，侯某驾驶轻型货车路过某路时发现陈某龙、王某，遂驾车掉头驶入非机动车道，从背后撞击正在行走的此二人，致陈某龙经医院抢救无效死亡，王某重伤，路边停放的杨某所有的小轿车严重受损。事故发生后，杨某的小轿车经汽车公司修理，修理费为18000元；保险公司经估损亦确认损失金额为 18000 元。杨某的小轿车在保险公司处投保了机动车损失保险，保险金额/赔偿限额为 69619 元，上述事故发生在保险期间内。

【案件焦点】

对保险合同格式条款的理解发生争议，保险人的保险责任如何认定。

【法院裁判要旨】

浙江省嘉兴市南湖区人民法院经审理认为：杨某的车辆受损是侯某故意杀人所致，根据《中国保险行业协会机动车综合商业保险示范条款》第六条规定，本案不属理赔范围，杨某的诉讼请求应予驳回。

浙江省嘉兴市南湖区人民法院依照《中华人民共和国保险法》第十七条，《中华人民共和国民事诉讼法》第六十七条、第一百四十五条规定，判决：

驳回原告杨某的诉讼请求。

杨某不服一审判决，提起上诉。

浙江省嘉兴市中级人民法院经审理认为：首先，从查明的事实看，案涉车辆损失系侯某在驾驶车辆撞击行人的过程中与路边停放的被保险车辆发生碰撞所致，保险公司虽辩称侯某系故意造成本次碰撞，但根据《中国保险行业协会机动车综合商业保险示范条款》第六条第一款的约定，对"碰撞"系因肇事者故意或是过失造成并未作区分，保险公司以此抗辩相应的损失不属于约定的保险赔偿范围不能成立，案涉事故应当认定为保险事故。其次，案涉事故发生在保险期间内，杨某系被保险车辆的车主，作为被保险人对该车辆享有合法的保险利益；此外，本案亦不存在被保险人故意或重大过失等其他免赔事由。故，杨某主张保险公司支付其因案涉事故造成的车辆损失 18000 元，有事实及法律依据，应予支持。

浙江省嘉兴市中级人民法院依照《中华人民共和国保险法》第十条、第十二条、第十三条、第十四条、第十六条第七款，《中华人民共和国民事诉讼法》第一百七十七条第一款第二项规定，判决：

一、撤销浙江省嘉兴市南湖区人民法院民事判决；

二、保险公司于本判决生效之日起七日内支付杨某机动车损失保险金18000元。

【法官后语】

本案的争议焦点在于案涉事故是否属于保险事故，主要涉及对保险责任条款的理解问题。财产保险合同的保险责任条款，指的是规定保险人按照保险合同约定承担保险赔偿金给付责任的条款。保险事故，是指保险合同约定的保险责任范围内的事故。本案中适用的《中国保险行业协会机动车综合商业保险示范条款》第六条，约定了机动车损失保险的保险责任。杨某认为案涉事故属于该条款约定的保险事故，保险公司则认为杨某的车辆受损系案外人侯某的故意犯罪行为所致，不属于该条款列明的保险责任范围。

本案相关保险责任条款是保险公司为了重复使用而预先拟定，并在订立合同时未与对方协商的格式条款。对于格式条款的解释，《中华人民共和国民法典》第四百九十八条规定："对格式条款的理解发生争议的，应当按照通常理解予以解释。对格式条款有两种以上解释的，应当作出不利于提供格式条款一方的解释。格式条款和非格式条款不一致的，应当采用非格式条款。"《中华人民共和国保险法》第三十条规定："采用保险人提供的格式条款订立的保险合同，保险人与投保人、被保险人或者受益人对合同条款有争议的，应当按照通常理解予以解释。对合同条款有两种以上解释的，人民法院或者仲裁机构应当作出有利于被保险人和受益人的解释。"从现有法律规定看，对于保险合同格式条款的解释应当遵照如下规则：首先，双方当事人对于格式条款产生争议时，法院才被赋予解释权。格式条款由保险人事先统一制作，具有专业化、附和化特征，投保人只是在投保时才得以接触，其受自身保险知识的限制，往往难以准确理解格式条款的含义，且保险合同当事人多以各自利益为出发点对保险条款作出不同的解读，而"保险合同当事人对存在理解争议的合同条款作出符合自身利益的解释，在很大程度上决定了保险合同利益的归属"①，因此催生了保

① 参见沙洵：《保险合同解释方法适用问题研究》，载《行政与法》2020年第7期。

险合同解释的需要。其次，应当优先按照通常理解对保险条款予以解释，以确定当事人的真实意思。“通常理解是一种理解标准，解释结论只要达到符合一般社会认知水平的人能够理解的程度即可。但为了达到通常理解的标准，则需要运用文义解释、整体解释、目的解释等一般合同解释方法，判断合同的真实意思。”① 文义解释，即按照格式条款所使用的词句，从词句的本意出发，对条款的含义作出解释，尤其是同一用词在同一保险合同中多次出现时，对其含义应作相同的解释。整体解释，简单而言是指通观保险合同全文，将被解释的格式条款放在整个保险合同中来理解，并结合合同订立的全过程，通过解释前后条款和条款之间的内在价值与目的，来明确被解释条款的含义。“目的解释，就是当保险合同用语的含义模糊不清，若按照其文义进行解释便会背离保险合同的目的时，应当按照保险合同的条款内容与当事人订立保险合同的目的和背景情况加以分析来推断当事人的真实意思，进而理解和说明保险合同条款的含义。”② 最后，在按照通常解释规则仍然存在两种以上含义的情况下，应当作出有利于被保险人或者受益人的解释。保险合同格式条款由保险人单方拟制，保险人必然从自身利益出发运用文字制作格式条款，在签订保险合同的过程中，投保人或被保险人往往处于劣势地位，这是导致保险合同利益失衡的重要原因之一。为了防止保险人通过格式条款使得双方的利益失衡，在一般合同解释方法的基础上，保险法引入更为“强有力”的“不利解释原则”，在穷尽保险合同一般解释方法后，争议条款仍然存在两种以上的解释结论时，人民法院或者仲裁机构应当作出有利于被保险人和受益人的解释，以确保双方当事人的利益公平。

具体到本案而言，造成杨某车辆损失的近因系碰撞。现保险人与被保险人产生争议，主要就在于对保险条款第六条第一款中“碰撞”一词作了不同理解，在此情况下，法院应当优先采用通常解释进行认定。该条款中的“碰撞”，按照文义解释方法，是指“撞击”“冲犯”，近义词为“相撞”“冲撞”等。可

---

① 参见沙洵：《保险合同解释方法适用问题研究》，载《行政与法》2020年第7期。

② 参见贾林青：《保险法》，中国人民大学出版社2020年版，第170页。

见，“碰撞”是对撞击、冲犯这一事件结果的描述，并不包括对主观因素是故意或过失的区分。况且，双方在其他保险条款中也未对“碰撞”系因肇事者故意或过失造成作出约定。因此，按照通常理解对“碰撞”一词所作解释，案涉事故显然属于保险事故，杨某的车辆损失属于保险责任范围，保险公司应当承担赔偿保险金的责任。

编写人：浙江省嘉兴市中级人民法院　石明洁　姚楠

4

财产保险合同中经被保险人同意的指定受益人，基于合同约定有权行使保险金支付请求权

——租赁公司诉保险公司财产损失保险合同案

【案件基本信息】

1. 裁判书字号

四川省成都市中级人民法院（2022）川01民终3717号民事判决书

2. 案由：财产损失保险合同纠纷

3. 当事人

原告（被上诉人）：租赁公司

被告（上诉人）：保险公司

第三人（被上诉人）：王某、汽车公司

【基本案情】

王某作为投保人在保险公司为机动车投保了包括机动车损失保险在内的综合商业保险，被保险人亦为王某。保险单特别约定载明：鉴于被保险车辆已设定抵押，经投保人（被保险人）声明和授权，本保单车辆损失险、盗抢险及该

两项险别项下附加险的第一受益人为租赁公司……发生前述约定险种项下的保险事故且一次事故的保险赔款超过一万元时，保险人同意根据第一受益人的书面指示支付，若一次事故的保险赔款低于前述约定金额时，根据法律规定及保险合同约定支付。保险期间，案涉车辆发生事故，王某将该事故车辆送至汽车公司报修，产生维修费 51000 元，后因王某未支付维修费且无法联系，汽车公司将车辆留置。租赁公司依据保险单特别约定，请求保险公司支付 51000 元保险金。保险公司以租赁公司并非保险合同的一方当事人，且财产保险合同中不存在受益人，因而不享有保险金请求权而拒绝赔付。

【案件焦点】

财产保险合同中约定第三人为第一受益人时，该受益人是否具有直接向保险人请求支付保险金的权利。

【法院裁判要旨】

四川自由贸易试验区人民法院经审理认为：投保人和保险人在财产保险合同中关于受益人的约定，应当根据案涉保险合同约定、合同当事人订立合同时的真实意思表示，以及受益人对案涉保险标的物享有的权利范围等予以综合判定。

虽然《中华人民共和国保险法》并无关于财产保险中受益人的相关规定，但也未禁止在财产保险中设立受益人，故财产保险中，保险人与投保人有关受益人的约定并非当然无效。案涉保险单特别约定：鉴于被保险车辆已设定抵押，经投保人（被保险人）声明和授权，保单车辆损失险及附加险的第一受益人为租赁公司，当保险赔款超过一万元时，保险人同意根据第一受益人的书面指示支付。该约定实际系缔约双方在合同中直接为第三人设定合同权利，约定合同债务人向第三人为一定给付义务。该约定未违反法律、行政法规的强制性规定，属合法有效。案涉保险事故赔款超过一万元后，租赁公司有权根据合同约定请求保险公司支付保险金。上述特别约定条款载明于保险公司出具的保单中，保险公司作为专业的承保机构，缔约时对在财产保险保单中参照使用“受益人”

这一人身保险专属词汇的行为并未提出异议，表明其明知投保人王某指定租赁公司作为受益人的事实，出险后保险公司又以“财产保险中不存在受益人”为由抗辩受益人无权主张保险金，违反诚实信用原则。

四川自由贸易试验区人民法院依照《中华人民共和国民法典》第一千二百六十条，《最高人民法院关于适用〈中华人民共和国民法典〉时间效力的若干规定》第一条第二款、第五条，《中华人民共和国合同法》第八条、第六十条第一款，《中华人民共和国民事诉讼法》第六十四条第一款、第一百三十四条第一款、第一百四十四条、第一百四十八条第一款至第三款规定，判决：

保险公司于本判决生效之日起十日内向租赁公司支付保险金 51000 元。

保险公司不服一审判决，提起上诉。

四川省成都市中级人民法院经审理同意一审法院裁判意见，依照《中华人民共和国民事诉讼法》第一百七十七条第一款第一项规定，判决：

驳回上诉，维持原判。

【法官后语】

随着民商事交易活动的日渐频繁，为满足市场主体的多样化需求，保险种类和保险范围逐渐精细化，实践中个别财产保险合同中存在被保险人约定第三人为受益人的情形。该受益人是否具有保险金给付请求权，存在争议。

现行《中华人民共和国保险法》仅对人身保险合同中受益人的身份和权利予以明确，并无关于财产保险合同中受益人的相关规定。对此，主流观点认为财产保险合同中的受益人不具有保险金请求权。主要理由包括：(1) 被保险人享有请求支付保险金的法定权利，而受益人的身份和权利仅在人身保险合同中被予以肯定。财产保险合同中指定“受益人”或者“第一受益人”，但并未明确约定其享有直接向保险人请求支付保险金的权利。(2) 作为第三人的受益人无权行使合同权利，否则将突破合同法的相对性原则。(3) 若允许财产保险合同中受益人行使保险金请求权，则很容易造成被保险人和受益人之间的权利冲突，甚至损害被保险人利益。

该案针对上述争议从以下几个角度展开说理，一是财产保险合同中的受益人是否得以直接行使保险金请求权，应以其是否享有法定权利或约定权利为判断基础。虽然财产保险合同中受益人无法定的保险金请求权，并不必然排除受益人的请求权利。该案基于私法自治理念，充分尊重当事人意思自治，全面审查财产保险合同中关于受益人的约定权利内容后，认可当事人双方在财产保险合同中设定或指定受益人的法律效力，体现了私法领域“法无禁止皆自由”的精神。二是受益人虽然并非合同相对方，但缔约双方在保险合同中明确约定保险人根据受益人的指示进行保险金的支付，该意思表示清晰明确，即受益人享有保险金给付的请求权，该约定系被保险人（投保人）与保险人协商确定为受益人设定了合同权利，且未加重当事人负担或损害其他第三方合法利益，应该予以尊重。该裁判理由实质上可进一步抽象成如下问题：合同双方约定债务人向第三人履行合同，债务人履行合同不符合约定的，第三人是否有权直接请求债务人承担违约责任的问题。在《中华人民共和国民法典》施行前，法律对此并无明确规定，《中华人民共和国合同法》第六十四条仅对该情形下债权人可以请求债务人承担违约责任。但之后施行的《中华人民共和国民法典》第五百二十二条第二款规定：“法律规定或者当事人约定第三人可以直接请求债务人向其履行债务，第三人未在合理期限内明确拒绝，债务人未向第三人履行债务或者履行债务不符合约定的，第三人可以请求债务人承担违约责任；债务人对债权人的抗辩，可以向第三人主张。”弥补了立法空白，有条件地突破了合同相对性，允许第三人向债务人请求违约责任。该案裁判的第二点说理与《中华人民共和国民法典》第五百二十二条规定精神保持一致。

该案认可财产保险中通过当事人约定方式，赋予受益人直接向保险公司行使保险金请求权的权利，明确了该类纠纷中财产保险受益人能否向保险人行使保险金请求权的判定规则，具有较强的指导意义和示范效果。

编写人：四川省成都市金堂县人民法院　徐文波

四川自由贸易试验区人民法院　徐新雅

5

保险车辆用于出租是否改变了使用性质并导致危险程度显著增加

——汽车公司诉保险公司财产损失保险合同案

【案件基本信息】

1. 裁判书字号

北京金融法院（2023）京74民终223号民事判决书

2. 案由：财产损失保险合同纠纷

3. 当事人

原告（被上诉人）：汽车公司

被告（上诉人）：保险公司

【基本案情】

2022年1月15日，汽车公司作为被保险人在保险公司处为轿车（以下简称保险车辆）投保了机动车损失保险，保险公司承保保险金额1167900元无绝对免赔率的机动车损失保险。保险期间为：2022年1月16日至2023年1月15日。

2022年5月22日，保险车辆在案外人邹某驾驶过程中于路口发生单方事故，车辆前部与信号灯灯杆相撞，造成车辆损坏。经市公安局公安交通管理局开发区大队某中队认定邹某负事故全部责任。

2022年6月13日，保险公司向汽车公司出具《机动车辆保险拒赔通知书》，认为保险车辆用于租赁改变了车辆使用性质，并依据《中国保险行业协会机动车商业保险示范条款（2020版）》第十条、第二十三条规定决定拒赔商业险。

保险车辆登记在王某名下，汽车公司自称王某为其股东。2022年5月19日，王某与邹某签订《汽车租赁合同》，将保险车辆出租于邹某。

汽车公司自行将保险车辆运至服务公司维修，报价合计377000元，还未修理完毕，王某已支付15万元，其余未付。

【案件焦点】

1. 保险车辆用于出租是否导致危险程度显著增加；2. 保险公司能否据此免除赔偿责任。

【法院裁判要旨】

北京市通州区人民法院经审理认为：依法成立的合同，对当事人有法律约束力。当事人应当按照约定履行自己的义务。《中华人民共和国保险法》第十四条规定，投保人按照约定交付保险费，保险人按照约定的时间开始承担保险责任。本案中，汽车公司与保险公司之间建立保险合同关系，合同期间保险车辆发生了损坏，双方之间发生争议，保险公司认为保险车辆用于出租，改变了使用性质，不同意理赔。法院对于保险公司的抗辩意见不予采纳，首先，保险车辆发生了出租情形，但依据查明的事实，出租人尽到了合理注意义务；其次，车辆承租人并未将车辆用于营业状态，不能认定为危险程度显著增加；最后，保险公司对于免责条款，未能举证证明尽到提示义务。故此，法院判定保险公司应对保险车辆尽到理赔责任。此外，现查明，汽车公司投保保险车辆尚未维修完毕，维修费用已发生的数额为15万元，对该部分费用法院予以支持，对于未发生的部分，现不能断定发生的必然性，法院本案中难以支持，将来如有发生合理费用，可另案审查处理。综上所述，对汽车公司主张合理部分，法院予以支持。

北京市通州区人民法院依照《中华人民共和国民法典》第四百六十五条、第四百六十六条，《中华人民共和国保险法》第十四条规定，判决：

一、保险公司在机动车损失保险限额内支付汽车公司车辆维修费150000

元，于本判决生效之日起七日内执行清；

二、驳回汽车公司的其他诉讼请求。

保险公司不服一审判决，提起上诉。

北京金融法院经审理认为：本案二审期间的争议焦点仍为汽车公司是否存在改变车辆使用性质并使案涉车辆的危险程度显著增加的情形。结合本案查明事实，案涉车辆登记信息中使用性质登记为非营运；虽然汽车公司将该车辆用于出租给他人使用，但现没有证据证明使用人将车辆用于营运收取费用。此外，汽车公司经营范围包括了汽车租赁业务，汽车公司就案涉车辆向保险公司投保当时，保险公司亦对此提出过异议。保险公司未能提交证据证明案涉车辆存在使用性质发生改变导致车辆危险程度显著增加的情形。故而，保险公司主张案涉车辆改变使用性质导致危险程度显著增加而不予承担赔偿责任的主张缺乏依据应予驳回。

北京金融法院依照《中华人民共和国民事诉讼法》第一百七十七条第一款第一项规定，判决：

驳回上诉，维持原判。

【法官后语】

本案所涉纠纷在实践中并非个例。《中国保险行业协会机动车商业保险示范条款（2020 版）》第十条第三项规定，被保险机动车被转让、改装、加装或改变使用性质等，导致被保险机动车危险程度显著增加，且未及时通知保险人，因危险程度显著增加而发生保险事故的，保险人不负责赔偿。实践中，一旦事故发生，保险公司经常以营运车辆投保非营运险，增加了风险为由主张在商业三者险范围内拒赔。实践中的具体情况各不相同，不应一概而论，还应结合案情具体分析。

此类案件的争议焦点主要在于，保险车辆是否改变了使用性质并使车辆危险程度显著增加，核心仍在于保险标的的“危险程度是否显著增加”，保险车辆的使用性质是否发生变化仅是衡量危险程度是否增加的一项标准。我国民事法律中对于“车辆使用性质”一词的含义并未有明确定义，尽管《机动车类型术语和定义》中对车辆使用性质及分类进行了规定，但其主要是为车辆登记提供依据，通常认为其并不能与保险纠纷中的车辆使用性质一一对应。实践中的车辆使用性质主要包括营运和非营运两种情形，而保险纠纷中发生的改变使用性质的抗辩主要是指非营运车辆用于营运的情形。而所谓“危险程度显著增加”是指保险标的在保险合同签订后发生的危险因素和危险程度显著增加的情形。营运行为的核心在于以盈利为目的，相比之下营运车辆的危险系数明显要大于非营运车辆。

具体到本案中，汽车公司投保车辆在使用性质上登记为非营运车辆。投保人将投保车辆出租给案外人使用时尽到了合理的注意义务，约定了车辆的使用范围、用途、使用里程及其他注意事项。使用人在发生保险事故时确系自用，并未有证据证明承租人进行了以盈利为目的的营运行为，其在本质上与投保人的自用无异，故投保车辆在实际使用性质上并非为以盈利为目的的营运行为，也并未导致车辆在危险程度上显著提高。故而，保险公司不能据此在商业险范围内拒赔。

与上述问题类似的还有顺风车在是否改变保险车辆使用性质上的认定，通常也认为其应结合收费情况、行使区间和路线、车辆所有人的接单频率等综合进行判定。

综上，实践中在判断保险车辆是否改变了使用性质时应当透过现象看本质，结合车辆的实际用途、行使范围、使用场景等因素综合判断保险车辆是否属于《最高人民法院关于适用〈中华人民共和国保险法〉若干问题的解释（四）》第四条规定的“危险程度显著增加”的情形。

编写人：北京市通州区人民法院　杨慧　刘紫微

6

造成保险标的损失的近因属于责任免除情形，保险人不承担保险赔偿责任

——王某诉保险公司财产损失保险合同案

【案件基本信息】

1. 裁判书字号

江苏省无锡市中级人民法院（2022）苏 02 民终 7014 号民事判决书

2. 案由：财产损失保险合同纠纷

3. 当事人

原告（上诉人）：王某

被告（被上诉人）：保险公司

【基本案情】

重型非载货专项作业车所有人为王某，该车在保险公司投保特种车第三者责任保险中，保险金额为 100 万元，保险期间自 2021 年 4 月 13 日至 2022 年 4 月 12 日。2021 年 11 月 5 日，市消防救援大队出具火灾事故认定书，载明：2021 年 10 月 11 日，市 119 指挥中心接到报警称位于汽车公司大门口的水泥泵车（所有人：王某）发生火灾，火灾导致该车辆被烧损。经调查，对起火原因认定如下：此次火灾起火部位位于水泥泵车车辆副驾驶位一侧中部，起火点位于车辆电瓶处，起火原因为电气线路故障引发火灾。根据王某的申请，法院委托公估公司对案涉车辆因火灾事故造成的车辆损失进行鉴定，经评估，该车辆损失价值 44 万元，残值为 5 万元。王某向法院起诉请求：判令保险公司立即赔付其车辆损失保险金 39 万元，车辆残值由其自行处理。

【案件焦点】

案涉车辆火灾事故是否属于保险合同约定免赔情形，保险公司主张免赔应否支持。

【法院裁判要旨】

江苏省宜兴市人民法院经审理认为：2020 年保险改革后，虽然自燃险作为附加险已取消，但车损险吸收自燃险的具体范围仍是当事人可以约定的内容，不排除订立保险合同的双方约定某些情形下自燃不赔。而本案中，《中国保险行业协会特种车商业保险示范条款（2020 版）》第一章特种车辆损失保险之责任免除部分第十条第三项就是约定自燃不赔的情形，该约定属于双方意思自治的范畴。根据市消防救援大队认定，案涉车辆起火点位于车辆电瓶处，起火原因为电气线路故障引发火灾，该情形符合上述免责条款约定的情形，且保险公司已就该免责条款尽到提示和明确说明义务，其拒赔的理由成立。对王某的诉讼请求，法院不予支持。

江苏省宜兴市人民法院依照《中华人民共和国保险法》第十条、第十三条、第十四条、第十七条规定，判决：

驳回王某的诉讼请求。

王某不服一审判决，提起上诉。

江苏省无锡市中级人民法院经审理认为：根据保险近因原则，若造成保险标的损失的近因属于保险责任范围内的事故，则保险人应承担赔付责任；若造成保险标的损失的近因属于责任免除，则保险人不负赔付责任。本案中，王某名下重型非载货专项作业车因火灾事故导致车损，经市消防救援大队出具火灾事故认定书，认定起火点位于车辆电瓶处，起火原因为电气线路故障引发火灾。根据《中国保险行业协会特种车商业保险示范条款（2020 版）》第十条第三项规定，被保险机动车上固定的机具、设备由于内在的机械或超负荷、超电压、感应电等电气故障引起的损失，保险人不负责赔偿。虽然王某上诉称其车辆是整车损失，与上述条款第十条第三项规定的仅被保险机动车上固定的“机具、设备”损失情形并不一致。但根据火灾事故认定书结论，可确定其整车损失的原因为电气故障导致被保险机动车上机具、设备燃烧继而引发整车受损，即造成保险标的损失的原因本身属于责任免除情形，故保险公司可不负赔付责任。

关于王某上诉提出，如支持保险人免赔则与保险改革方向相悖，严重损害了被保险人合法权益的问题。通过比较改革前后条款的变化，因人工直接供油、高温烘烤、自燃、不明原因火灾导致的被保险机动车损失，在排除《中国保险行业协会特种车商业保险示范条款（2020 版）》第十条第三项即因内在的机械或超负荷、超电压、感应电等电气故障引起的被保险机动车上固定的机具、设备损失的情况下，权利人仍可以向保险人主张理赔，并不存在严重损害被保险人权益的情况。王某该上诉意见不能成立，法院亦不予采纳。

江苏省无锡市中级人民法院依照《中华人民共和国民事诉讼法》第一百七十七条第一款第一项规定，判决：

驳回上诉，维持原判。

【法官后语】

近因原则，是保险活动中确定保险责任的一项基本原则。当事故发生时，应先找出导致事故发生的近因，再根据近因是否属于承保风险来决定保险人应否承担保险赔偿责任。若造成保险标的损失的近因属于保险责任范围内的事故，则保险人应承担赔付责任；若造成保险标的损失的近因属于责任免除，则保险人不负赔付责任。然而，在保险中要准确确定损失原因与损失结果之间的关系，尤其是在先后或同时存在几种原因时，要对造成承保损失最具有现实性、支配性和有效性的原因加以确定并非易事。确定近因的最基本的方法有两个：

1. 顺推法。顺推法就是从最初事件出发，按逻辑推理判断下一个事件可能是什么；再从可能发生的第二个事件，按照逻辑推理判断最终事件即损失是什么。如果推理判断与实际发生的事实相符，那么最初事件就是损失的近因。

2. 逆推法。逆推法就是从损失开始，按顺序自后向前追溯，在每一个阶段上按照“为什么这一事件会发生”的思考来找出前一个事件。如果追溯到最初的事件且没有中断，那么，最初事件即为近因。绘制事故链时必须注意的是，前一个事件和后一个事件必须有强烈的因果关系，才能说前一个事件是后一个事件的原因，这样才能构成前后相连的事故链。

具体到本案例中，王某名下重型非载货专项作业车因火灾事故导致全车全损，经消防部门出具火灾事故认定书，认定起火点位于车辆电瓶处，起火原因为电气线路故障引发火灾。此时，如运用顺推法判断，“起火点位于车辆电瓶处，起火原因为电气线路故障”导致被保险机动车上机具、设备燃烧即为最初事件，在没有外在干预的情况下，火势进一步发展进而大范围蔓延、扩大至全车，继而导致整车受损。本案实际发生的事实与推理判断完全相符，所以本案火灾事故中最初事件即电气故障导致被保险机动车上机具、设备燃烧是保险损失的近因。如运用逆推法判断，本案事故的最终结果是车辆全损，按顺序自后向前追溯，该火灾事故应当经历了火势由小到大、范围由点到面的发展过程，追溯到最初的事件发现仍是电气故障导致被保险机动车上机具、设备燃烧，且没有其他中断因素，故亦能确定电气故障导致被保险机动车上机具、设备燃烧是保险损失的近因，与顺推法结论是一致的。而针对该近因引发的事故，根据保险公司提交的《中国保险行业协会特种车商业保险示范条款（2020版）》第十条第三项关于“被保险机动车上固定的机具、设备由于内在的机械或超负荷、超电压、感应电等电气故障引起的损失，保险人不负责赔偿”的约定，属于保险合同约定的责任免除情形，故保险公司可不负保险赔偿责任。

编写人：江苏省无锡市中级人民法院　杨志　杜凤君

（二）进出口信用保险合同纠纷

7

进出口信用保险合同约定纠纷
先决条款主张保险权益前应先确认债权

——进出口公司诉保险公司进出口信用保险合同案

【案件基本信息】

1. 裁判书字号

福建省厦门市中级人民法院（2022）闽02民终776号民事判决书

2. 案由：进出口信用保险合同纠纷

3. 当事人

原告（上诉人）：进出口公司

被告（被上诉人）：保险公司

【基本案情】

2020年2月24日，保险公司向进出口公司签发了《短期出口信用保险综合保险单》。《保险单明细表》上显示，保单最高赔偿限额为20万美元，年度最低保险费为1万美元，保单有效期为2020年2月5日至2021年2月4日，适用《短期出口信用保险综合保险条款4.0版》（以下简称《保险条款4.0版》）。2020年1月2日，进出口公司以某公司为限额买方向保险公司提交信用限额申请表。2020年3月12日，保险公司签发信用限额审批单，该审批单显示支付方式为OA，信用期限90天，金额为10.5万美元。

进出口公司提交的于2019年12月12日签发的形式发票显示，合同双方为进出口公司与某公司，合同金额为100432.5美元，交货日期为收到确认函后50天。案涉货物系塑料家具，境外收货人为某公司，贸易国为英国，运抵国为希腊，成交方式为CIF。进出口公司提交的“某海运”签发的提单显示发货人为进出口公司，收货人为某公司，收货地为中国盐田，交货地为希腊比雷埃夫斯。

因进出口公司对接的交易相对方代理人布某不能如约提货，进出口公司于2020年3月向保险公司申请出险，并委托保险公司代表进出口公司对案涉出口贸易及欠款情况进行调查、核实、催收。保险公司遂委托荷兰境内及英国境内的律师事务所对该案进行调查。根据律师事务所出具调查报告指出，某公司否认与进出口公司签订过交易合同或存在贸易往来，布某已在2009年12月7日辞职。依据律师事务所邮件回复调查结果表示，某公司已于2014年将经营场地租给其他公司使用，某公司实际控制人的女儿雪某明确某公司从未在中国进口货物、未与进出口公司进行过任何交易。保险公司于2020年6月22日通过电子邮件的方式向进出口公司发送一份通知函，告知进出口公司限额买方否认交易等调查情况，并要求进出口公司核实贸易关系并书面反馈意见。

【案件焦点】

1. 案涉“纠纷先决条款”是否合法有效；2. 保险公司是否尽到自身的资信审查义务，即保险公司在限额审批时的资信调查通过是否即表明案涉交易的真实存在和合法性。

【法院裁判要旨】

福建省厦门市湖里区人民法院经审理认为：本案中，保险公司向进出口公司签发的《保险条款4.0版》约定保险人对被保险人在保单有效期内产生的适保业务，因特定风险引起的直接损失，按保单约定承担保险责任，另约定了纠纷先决条款，该条款合法有效。因本案系进出口公司与保险公司之间的出口信用保险合同纠纷，根据保险公司提交的调查材料以及境外委托两家律所调查后指出的问题均表明进出口公司与某公司之间存在贸易纠纷。某公司否认与进出口公司存在交易关系的行为是拒付货款的意思表示，不属于保险条款约定的商业风险类型。故，进出口公司、保险公司之间的纠纷应适用双方约定的纠纷先决条款，在进出口公司与某公司之间的买卖合同纠纷解决前，进出口公司无权直接要求保险公司进行赔偿。

福建省厦门市湖里区人民法院依照《中华人民共和国保险法》第二十二条第一款，《中华人民共和国涉外民事关系法律适用法》第四十一条，《中华人民共和国民事诉讼法》第六十四条第一款规定，判决：

驳回进出口公司的诉讼请求。

进出口公司不服判决，提起上诉。

福建省厦门市中级人民法院经审理认为：首先，《保险条款 4.0 版》合同条文系由保险公司提供的格式条款，保险人应当对其提供的格式条款向投保人履行提示和明确说明的义务，否则该格式条款不产生效力。其次，当事人约定的"纠纷先决条款"内容具体、表义明确，进出口公司明确表示已经详读条款内容，且充分理解并无异议，该条款并未加重被保险人的责任，一审法院认定"纠纷先决条款"合法有效，并无不当。进出口公司并未举证双方对变更"纠纷先决条款"达成合意，《委托代理协议》约定的内容无法得出双方已对"纠纷先决条款"进行变更的结论。进出口公司在买方对买卖合同本身存在争议的条件下，应当依据"纠纷先决条款"先行通过协商、仲裁或诉讼的方式确认债权，之后再依据保险合同向保险公司主张保险权益。

福建省厦门市中级人民法院依照《中华人民共和国民事诉讼法》第一百七十条第一款第一项规定，判决：

驳回上诉，维持原判。

【法官后语】

进出口公司与保险公司在进出口信用保险合同中约定的"纠纷先决条款"，一般指贸易双方发生纠纷后，被保险人（外贸企业）需先通过诉讼或仲裁定损，在被保险人（外贸企业）获得已生效的法院判决或仲裁裁决前，保险人不予定损核赔的约定。该条款旨在为特殊情况下的保险理赔设定前置程序，未排除被保险人依法索赔的权利，亦未排除保险人应承担的赔付义务，肯定“纠纷先决条款”的效力，并不会赋予保险人任意拒赔的权利。如被保险人通过诉讼或仲裁确定了对境外买方享有的债权，保险人即应向被保险人赔付，投保人的投保目的并未落空。实践中，大多数外贸企业在投保时，均未仔细阅读保险条款的具体内容，导致外贸企业投保后，对自身在理赔过程中应履行的义务，未能有一个清晰的认知。在此提示，外贸企业在投保时，应注意查阅保险条款内容，尤其是涉及保险人的承保范围、理赔前作为被保险人的外贸企业应履行的义务约定等。如有异议，应及时提出并尽可能与保险公司协商修改，如遇有纠纷先决条款的，在保险人明确表示不予修改或删除的情况下，应仔细阅读纠纷先决条款的约定内容，并要求保险人明确该条款适用的具体情形。

在经济发展过程中，出口是拉动经济增长的“三驾马车”之一，中国作为世界工厂，出口贸易一直是拉动GDP增长的重要引擎，但全球经济发展具有不稳定性，进出口贸易中产生的矛盾纠纷日益增多，因通过国际仲裁或诉讼解决维权费用高且旷日持久，投保出口信用保险就成了出口商的定心丸。出口信用保险作为政策性保险有其特殊性，要减少出口信用保险纠纷，为出口贸易保驾护航，应积极采取预防措施，如保险公司可对出口商展开系统的培训，出口信用保险操作流程一般包括五个环节，即投保、申请限额、申报出口、索赔、核赔，每个环节都有其特殊性。通过系统的培训，促使出口商对每一笔交易都严格依照操作流程申报，及时审批买方的信用额度。完善信保通操作系统，对重要的流程及保险条款中特别约定的内容，如投保人申请信用限额及保险公司予以批复的内容，及时得到被保险人的确认并以书面或其他形式固定相关证据，以备日后涉诉时作为证据提供，从而更好地保障权益。

编写人：福建省厦门市中级人民法院　张占甫

（三）保证保险合同纠纷

8

合作协议与保证保险合同约定不一致时，协议效力的认定规则

——国际融资公司诉保险公司保证保险合同案

【案件基本信息】

1. 裁判书字号

天津市第三中级人民法院（2022）津03民终6017号民事判决书

2. 案由：保证保险合同纠纷

3. 当事人

原告（上诉人、被上诉人）：国际融资公司

被告（上诉人、被上诉人）：保险公司

第三人：融资公司

【基本案情】

2017年10月至2018年9月，国际融资公司与融资公司陆续签订了67份《汽车融资租赁合同》，融资公司将其与1600余位案外人（车辆实际使用人）之间的融资租赁合同项下的租赁物打包出售给国际融资公司，用以办理售后回租业务。融资公司针对每份《汽车融资租赁合同》分别向保险公司投保融资租赁履约保证保险，被保险人为国际融资公司。开展该融资租赁保证保险业务使

用的是经原中国保险监督管理委员会批准的《融资租赁履约保证保险（B）条款》（以下简称保险条款）。第21～67份《汽车融资租赁合同》对应的保险单特别约定被保险人同意并严格执行《业务合作协议》及《业务补充协议》。

2017年10月1日，国际融资公司与保险公司协商订立《业务合作协议》，约定保险公司同意就国际融资公司与融资公司之间的嵌套式融资租赁业务模式承保履约保证保险。国际融资公司与保险公司分别于2018年3月、2018年7月27日签订《业务补充协议》《保险条款的情况说明》。各协议中关于保险责任范围、责任免除事由、理赔条件等内容与保险条款的约定不一致。

自2017年10月20日至2018年9月27日，国际融资公司向融资公司支付融资价款合计269492337元。自2017年10月20日至2021年3月19日，融资公司共向国际融资公司支付保证金、咨询服务费及租金合计203098925.95元。

国际融资公司自融资公司出现还款逾期之后，数次通过电子邮件督促融资公司偿还款项，但融资公司未依约支付租金。国际融资公司遂向保险公司提出理赔申请，但双方未能就保险理赔事宜达成一致意见。故，国际融资公司就其中50个保险合同分别提起诉讼，要求保险公司承担保证保险责任。

【案件焦点】

保险人与被保险人之间的合作协议、保险合同对保险责任范围及责任免除事由、理赔条件等作出不同约定的，如何认定合作协议的效力。

【法院裁判要旨】

天津自由贸易试验区人民法院经审理认为：《业务合作协议》《业务补充协议》《保险条款的情况说明》是国际融资公司与保险公司就合作开展批量融资租赁履约保证保险业务签订的协议，对双方之间的权利义务进行了约定，系双方真实意思表示，不违反法律法规的强制性规定，对双方均有约束力。各协议中有关保证保险合同的约定与保险条款、投保单、保险单等共同构成本案保证保险合同的有效内容，均属于认定本案各方权利义务关系的依据。在当事人针对同一事项作出不同约定，双方互有争议且无法达成一致意见的情形下，应视为后达成的约定系对先前达成约定的更改，特别约定优于一般约定。故，应当认定《业务合作协议》已经变更了“保险事故发生”的条件。本案现有证据可以证明，在保险期间内，融资公司在《汽车融资租赁合同》项下已欠付多期租金，且经催告未及时付款，可以认定保险合同约定的保险事故已经发生。另根据《中华人民共和国保险法》第五十五条规定的比例赔付规则及《业务补充协议》中的免赔约定，确定保险公司应支付保险赔款。

天津自由贸易试验区人民法院依照《最高人民法院关于适用〈中华人民共和国民法典〉时间效力的若干规定》第一条第二款，《中华人民共和国合同法》第四十四条、第六十条，《最高人民法院关于适用〈中华人民共和国合同法〉若干问题的解释（二）》第二十条，《中华人民共和国保险法》第五十五条，《中华人民共和国民事诉讼法》第六十七条、第一百四十七条规定，判决：

一、保险公司于判决生效之日起十日内给付国际融资公司保险理赔款2029221.04元；

二、驳回国际融资公司其他诉讼请求。

国际融资公司、保险公司不服一审判决，提起上诉。

天津市第三中级人民法院经审理认为：《业务合作协议》《业务补充协议》《保险条款的情况说明》中有关保证保险合同的约定与保险条款、投保单、保险单等均系认定本案双方当事人权利义务关系的依据。《业务合作协议》系三方开展案涉保证保险业务的前提和基础，而《业务合作协议》形成的原因主要为案涉融资租赁模式涉及两层融资租赁法律关系，较通用保险条款中的融资租赁模式更为复杂，为了满足国际融资公司对保险产品的需求，保险公司与国际融资公司根据案涉融资租赁模式的特点对通用保险条款作出了相应调整。因此，《业务合作协议》更能反映出双方当事人的真实意思表示，当通用保险条款与《业务合作协议》约定不一致时，应当优先适用《业务合作协议》的约定。综合案涉各协议及保险条款约定，一审法院依照《业务合作协议》的约定认定保险事故已经成就，理据充分，予以维持。

天津市第三中级人民法院依照《中华人民共和国民事诉讼法》第一百七十

六条第一款、第一百七十七条第一款第一项规定，判决：

驳回上诉，维持原判。

【法官后语】

本案的审理难点在于保险人与被保险人之间的合作协议与保险合同对保险责任范围及责任免除事由、理赔条件等作出不同约定的情况下，应当如何认定协议效力及各方权利义务的问题。

一、问题产生的背景

众所周知，备案的保险条款是通用条款，不可能针对不同投保人的需求来进行个性化设定，保险公司为了发展保险业务，更好地为客户提供保险服务，只能在不改变保险合同性质的前提下，通过与投保人或被保险人协商订立合作协议、补充协议的方式来变更备案保险条款中不适用该业务的内容。本案中，保险公司与融资公司签订了67份保险合同，依照保险公司备案的保险条款的约定，保险事故发生的前提为被保险人依法解除融资租赁合同并收回租赁物，保险人的理赔范围为投保人的全部未付租金减去收回租赁物的价值，再减去处置担保物所得金额和免赔额。但案涉保险合同承保的融资租赁合同系嵌套式融资租赁，即投保人融资公司与被保险人国际融资公司之间的每份融资租赁合同项下均嵌套着几十份底层融资租赁合同。案涉租赁物实际由底层承租人（车辆实际使用人）占有、使用，在底层承租人如约履行底层融资租赁合同项下租金支付义务的情况下，即使融资公司未依约支付上层融资租赁合同项下的租金，国际融资公司亦难以据此从底层承租人处直接收回租赁物。故而，保险公司备案的通用保险条款不能满足案涉投保人和被保险人的需求。保险公司通过与被保险人国际融资公司订立合作协议及补充协议的方式，对保险责任范围、责任免除事由、理赔条件等内容作出了不同于保险合同的约定。

二、保证保险合作协议的效力如何确定

保险合同是投保人与保险人约定保险权利义务关系的协议，保险单或者其他保险凭证应当载明当事人约定的合同内容，当事人也可以约定采用其他书面形式载明合同内容。本案所涉的保证保险合同，是以第三人的履约信用风险作为保险标的的保险业务模式，第三人为义务人，被保险人为权利人，投保人、保险人、被保险人均属保证保险合同的当事人，对于各方之间的权利义务关系，当事人可以通过双方或三方协议的形式达成一致意见。该一致意见约定的保险相关内容与保险条款、投保单、保险单等均作为认定本案当事人权利义务关系的依据。本案中的《业务合作协议》《业务补充协议》等就是保险人与被保险人就开展嵌套式融资租赁业务模式投保履约保证保险签订的合作协议、补充协议。保险人与被保险人之间的合作协议与保险合同对保险责任范围及责任免除事由、理赔条件等作了不同约定的，根据合同相对性原则，在订立合同的当事人之间产生拘束力。对于保险人与被保险人之间因理赔发生的争议，应当结合合作协议、保证保险合同的约定作出认定。本案中，保险人保险公司与投保人融资公司订立的保险合同和保险人保险公司与被保险人国际融资公司订立的合作协议分别在订立合同的当事人之间产生拘束力。本案系解决保险人与被保险人之间因理赔发生的争议，故应适用保险公司与国际融资公司之间的约定。

此外，保险公司与国际融资公司订立的合作协议中，约定了减轻或免除保险公司责任的情形，但在实际履行过程中，双方对于上述条款的理解和适用存在较大分歧。经审理查明，上述条款仅采取了概括性描述的方式进行约定，未对其适用条件、适用方式作出明确、具体的约定，导致无法对免赔金额作出准确量化。因上述约定系为减轻或免除保险人责任而议定的条款，且保险公司作为专业的保险机构，较投保人和被保险人而言更具专业的保险理论知识、丰富的产品设计经验和专业的风险防控技术，故因保险产品设计缺陷造成的不利后果应由保险公司承担。

随着融资租赁业务的飞速发展，承租人不支付租金已成为出租人开展业务时面临的最大风险，保险公司聚焦于此推出了“融资租赁+履约保证保险”新型业务模式。作为全国首批嵌套式融资租赁+保证保险的新类型金融案件，本案在审理时就合作协议与保险合同对保险责任范围及责任免除事由、理赔条件等约定不一致的问题开展先试，根据合同相对性原则，依法认定合作协议对双方当事人产生拘束力，并结合合作协议、保证保险合同的约定作出判决。对该批案件的审理将会对金融创新业务合法合规有序开展具有一定指导作用，有利于促进融资租赁业务、保险业务协同创新和金融行业健康发展，对于服务保障金融创新运营示范区发展、营造良好金融法治环境具有重要意义。

编写人：天津市第三中级人民法院　翟婧　朱茜茜

9

保险合同当事人签订“合作协议”的效力判断及其与备案条款、保险单、批单等保险合同内容不一致时的适用规则

——国际融资公司诉保险公司保证保险合同案

【案件基本信息】

1. 裁判书字号

天津市第三中级人民法院（2022）津 03 民终 5986 号民事判决书

2. 案由：保证保险合同纠纷

3. 当事人

原告（上诉人、被上诉人）：国际融资公司

被告（上诉人、被上诉人）：保险公司

第三人：融资公司

【基本案情】

《保险公司融资租赁履约保证保险（B）条款》（以下简称《B 条款》）是 2017 年 1 月由原中国保险监督管理委员会批准该公司使用的通用保险条款，条款对保险事故、保险范围、赔偿款均有约定。2017 年 10 月，国际融资公司

(被保险人)与保险公司(保险人)签订《业务合作协议》,约定鉴于国际融资公司与第三人融资公司批量开展汽车融资租赁合同售后回租业务,双方经协商就融资租赁合同的履约保证保险达成业务合作协议。业务模式为:第三人及其下属分公司已就融资租赁合同所涉车辆与其承租人开展融资租赁直租业务,租赁车辆登记在第三人或其分公司名下;第三人或其分公司另作为承租人就上述租赁车辆与国际融资公司开展融资租赁售后回租业务,车辆仍登记在第三人或其分公司名下。国际融资公司和保险公司在该合作协议中对于“保险事故”发生条件约定与上述《B条款》不一致。《业务合作协议》签订后,第三人作为投保人,就其与国际融资公司之间的批量售后回租业务,陆续向保险公司进行投保,保险单特别约定处载明各方自愿遵守《业务合作协议》。在业务开展过程中,2018年3月,国际融资公司和保险公司又签订《业务补充协议》,在《B条款》列示的赔偿范围以外,另行约定了有关保险人免除赔偿责任的条款。双方在合作期间内,陆续签订了67份保险合同。合同履行过程中,因第三人连续多期未依约向国际融资公司支付租金,国际融资公司向保险公司提起索赔程序,双方协商未果。国际融资公司提起本案诉讼,主张《业务合作协议》有效、《业务补充协议》无效,要求按照《业务合作协议》约定认定保险事故已经发生,按照《B条款》约定计算保险理赔款。

【案件焦点】

1.《业务合作协议》《业务补充协议》的效力及其与保险条款、保险单等保险凭证之间的关系及适用;2. 保险事故是否发生;3. 保险合同的理赔范围如何确定。

【法院裁判要旨】

天津自由贸易试验区人民法院经审理认为:《业务合作协议》《业务补充协议》均是双方就合作开展批量融资租赁履约保证保险业务签订的协议,对被保险人和保险人之间的权利义务进行了约定,系双方真实意思表示,不属于依照法律、行政法规应当办理批准手续的合同,也不违反法律、行政法规的效力性强制性规定，故《业务合作协议》《业务补充协议》已经成立并生效，对于双方均有约束力。协议中有关保证保险合同的约定与保险条款、投保单、保险单等共同构成本案保证保险合同的有效内容，均属于认定本案各方权利义务关系的依据。当事人在协议中对保险事故发生、保险理赔范围等作出与保险条款不同约定，双方互有争议且无法达成一致意见的情形下，应按以下规则确定其效力。首先，应通过约定达成的时间先后确定其效力，在无特别约定的情形下，应视为后达成的约定系对先前达成约定的更改，应以后达成的约定为准。其次，《B条款》系保险公司针对其开展融资租赁履约保险业务的普遍性规定，在本案中应属一般约定，《业务合作协议》《业务补充协议》系双方针对本案业务合作模式作出的个性化约定，在本案中应视为特别约定，在一般约定与特别约定不一致时，应视特别约定优于一般约定适用。按照上述适用规则，应认定《业务合作协议》变更了《B条款》有关保险事故发生条件的约定，《业务补充协议》变更了《B条款》有关保理理赔范围的约定，故应以《业务合作协议》约定认定保险事故是否发生，以《业务补充协议》约定认定理赔范围。

天津自由贸易试验区人民法院依照《最高人民法院关于适用〈中华人民共和国民法典〉时间效力的若干规定》第一条第二款，《中华人民共和国合同法》第四十四条、第六十条，《最高人民法院关于适用〈中华人民共和国合同法〉若干问题的解释（二）》第二十条，《中华人民共和国保险法》第五十五条，《中华人民共和国民事诉讼法》第六十七条、第一百四十七条规定，判决：

一、保险公司于本判决生效之日起十日内给付国际融资公司保险理赔款3516199.75元；

二、驳回国际融资公司其他诉讼请求。

国际融资公司、保险公司不服一审判决，提起上诉。

天津市第三中级人民法院经审理同意一审裁判意见，依照《中华人民共和国民事诉讼法》第一百七十六条第一款、第一百七十七条第一款第一项规定，判决：

驳回上诉，维持原判。

【法官后语】

本案属于系列案件，该院累计受理五十件，由多名法官承办，因案情复杂且彼此关联，组成五人合议庭，对五十件案件进行了合并审理。融资租赁保证保险合同的一般特征是融资租赁合同和保险合同交叉组合，而本案除具备上述一般特征外还涉及双层融资租赁、三层法律关系叠加等因素，故案件法律关系复杂，事实认定困难，法律适用分歧。由于案件特殊，在全国范围内亦缺乏同类案例可供参考，通过对该批案件的审理，对于融资租赁保证保险合同所涉的疑难复杂问题进行了有益探索。

保险公司与融资租赁公司往往在合作开展批量汽车融资租赁保证保险业务之前签订“合作协议”，对于“合作协议”的效力以及“合作协议”是否属于保险合同内容，司法实践中存在较大的争议。一种意见认为“合作协议”是融资租赁公司和保险公司之间的意向性约定，在签订合作协议之时债权并未产生，保险标的不确定，所以不具有合同生效要件。即便是业务开展过程中达成的补充协议，由于变更了保险合同条款，未经备案且未办理批单手续的，应属无效。另一种意见认为“合作协议”是双方就某类具体业务达成的合意，直接体现了保险人和被保险人的真实合意，属于保险合同的内容。本案经审理认为，应当从合同成立的基本原理出发，以意思表示一致为原点，以是否违反规范为边界判断合作协议效力。“合作协议”订立在投保单、保险单等保险凭证之前，目的是约定对一定期间内发生的债权进行投保，往往对保险人和被保险人进行更为具体的权利义务约定，属于保险合同的预约，当投保人和保险人签订了具体的投保单等保险凭证后，“合作协议”中有关保险合同的约定和保险条款，以及之后签订的保险单、批单等保险凭证共同构成保险合同的内容，均是认定各方责任、处理案件的依据。

当事人在合作期间，又通过“补充协议”方式对“合作协议”及保险单的内容进行修改补充，对于该“补充协议”是否对之前合同具有溯及力，不应当一概而论作出判断，应当结合当事人的合作模式和各合同文本签订的背景探究补充缔约的目的。本案中，当事人在保险事故发生前通过协议弥补前期缔约不足，并具有将协议内容适用于整个业务合作期间的缔约目的，应认定补充协议具有溯及力。反之，如果在其他案件中，当事人明确约定补充协议不具有溯及力或者经法院审查认定双方不具有溯及适用的缔约目的，也应当结合案件具体情况认定其不具有溯及力。

对于“补充协议”变更保险条款约定的理赔条件，实践中对于是否需要经过行政主管部门的审批和备案程序存有争议。本案认为补充协议系当事人真实意思表示，虽然更改了保险条款约定的理赔条件，法律、行政法规并未规定该种情况下保险条款的修改需要批准或备案。通过梳理需要批准或者备案的法律规则，可以体现立法对意思自治规制的基础往往是基于对特定法律秩序的保护或特殊法益的保护，如果不进行法律规制就可能损害社会公共利益或者第三人利益，这是公法规则对意思自治进行必要限制的合法性基础。而本案法律关系中，并不涉及特殊保护，仅仅是缔约双方对双方合同利益作出的安排，不涉及第三方或者公共利益的保护，并不存在特定保护秩序或者特殊法益保护的情形，故该案经审理认为补充协议成立并发生法律效力，本案通过该方法对保险合同中合同无效和意思自治边界作出了准确区分。

当具体的保险单、批单或其他保险凭证与“合作协议”约定不一致时，可确立以下效力判断原则：首先审查当事人对各文本是否存在效力高低的特别约定；无特别约定的以各文本签订的先后顺序作为判断标准，无先后顺序的，依照特别约定优于一般约定的方法认定。

人民法院在明确“合作协议”效力及与保险单等保险凭证的适用关系并解决上述焦点难点问题之后，在审查融资租赁合同关系履行事实的基础上，严格依照《中华人民共和国保险法》的规定以及保证保险合同的约定，尤其是有关保险事故是否发生、是否存在责任免除的情形等约定，准确认定各方当事人相应的民事责任。

编写人：天津市滨海新区人民法院　刘紫琪　高铭延

10

保证保险合同中关于违约金条款的效力认定

——保险公司诉肖某保证保险合同案

【案件基本信息】

1. 裁判书字号

江苏省无锡市中级人民法院（2021）苏02民终5587号民事判决书

2. 案由：保证保险合同纠纷

3. 当事人

原告（上诉人）：保险公司

被告（被上诉人）：肖某

【基本案情】

2019年4月12日，肖某与某银行签订《个人借款合同》，约定肖某向某银行借款110000元，并对借款期间、利息、还款方式等进行了约定。2019年4月，保险公司与肖某签订《最高额抵押合同》，约定肖某以其名下房产向保险公司提供抵押担保，并办理了抵押登记手续。同时，肖某向保险公司投保个人贷款保证保险，被保险人为某银行，保险金额为118134.5元，保险期间为自贷款发放之日起至约定的清偿全部贷款本息之日止。保险单特别约定，如肖某逾期向保险公司归还理赔款项和未付保费等费用的，须另行支付违约金。后肖某未按约归还借款本息，保险公司于2020年8月代肖某向某银行偿还借款本息115322.25元。保险公司遂诉至法院。

【案件焦点】

保证保险合同中能否约定投保人向保险人另行支付逾期违约金。

【法院裁判要旨】

江苏省无锡市梁溪区人民法院经审理认为：某银行与肖某签订的最高额借款合同，保险公司与肖某签订的最高额抵押合同，肖某向保险公司投保的个人贷款保证保险，均系各方真实意思表示，合法有效。肖某在借款期内未按约还款，保险公司在代偿借款本息后，有权向肖某追偿，并有权就肖某提供抵押的房产行使抵押权。保险公司主张的理赔款有索赔申请书、代偿债务确认书予以证明，对肖某称理赔金额不予认可的答辩意见，法院不予采纳。保险公司按年利率24%计算违约金过高，法院酌情予以调整。

江苏省无锡市梁溪区人民法院依照《中华人民共和国保险法》第十四条，《中华人民共和国担保法》第三十一条，《中华人民共和国物权法》第一百七十九条，《最高人民法院关于适用〈中华人民共和国民法典〉时间效力的若干规定》第一条第二款规定，判决：

一、肖某于判决发生法律效力之日起10日内向保险公司支付理赔款115322.25元及违约金（自2020年8月25日起至实际给付之日止，以115322.25元为基数，按全国银行间同业拆借中心公布的贷款市场报价利率计算）；

二、肖某于判决发生法律效力之日起10日内向保险公司支付律师代理费5800元；

三、对肖某前述第一、二项债务及本案诉讼费用，保险公司有权就肖某提供抵押的房屋所有权与肖某协议折价或者以拍卖、变卖前述抵押财产所得的价款在最高额43万元范围内优先受偿；

四、驳回保险公司的其他诉讼请求。

保险公司不服一审判决，提起上诉。

江苏省无锡市中级人民法院经审理认为：保证保险的性质属于保险而非保证，当事人因保证保险发生的纠纷，适用保险法的规定。保证保险合同约定投保人向保险人支付逾期违约金，系将保险人承保的风险向投保人转移，加重投保人的负担，且变相突破了保险法对代位求偿权范围的规定，不应予以保护。故，对保险公司请求肖某按照保险单、投保单的特别约定另行向其支付违约金的上诉请求，不予支持。保险公司支付保险金后，因肖某未按约定向保险人归还保险理赔款，必然会产生保险金占用损失，该损失性质为法定孳息，一审法院将起算时点定为“保险金支出时”，按照全国银行间同业拆借中心公布的贷款市场报价利率计算并无不当。

综上，一审判决虽然适用《中华人民共和国担保法》条款、对资金占有费用定性为违约金有瑕疵，但鉴于裁判金额正确，法院仍予以维持。

江苏省无锡市中级人民依照《中华人民共和国保险法》第六十条、九十五条，《中华人民共和国民事诉讼法》第一百七十条第一款第一项，《最高人民法院关于适用〈中华人民共和国民事诉讼法〉的解释》第三百三十四条规定，判决：

驳回上诉，维持原判。

【法官后语】

1. 保证保险的责任性质属于保险责任，不适用担保制度的相关条款。

保证保险是以债务人为投保人，以债权人为被保险人，以被保险人依据合同所享有的合同债权为保险标的的财产保险。根据《中华人民共和国保险法》第九十五条第一款规定：“保险公司的业务范围：(一) 人身保险业务，包括人寿保险、健康保险、意外伤害保险等保险业务；(二) 财产保险业务，包括财产损失保险、责任保险、信用保险、保证保险等保险业务；(三) 国务院保险监督管理机构批准的与保险有关的其他业务。”从上述规定可以看出，在保证保险关系中，其主体是债务人和保险公司，债权人仅是被保险人或保险关系人，债权人无权决定保证保险关系成立与否。如果债务人未向保险公司投保且保险公司愿意承保，保证保险关系则无从成立。保证保险虽具有一定的担保特点，但根据担保制度的相关条款，保证是保证人和债权人约定，基于债权人与保证人的合意而成立的。保证关系的主体是债权人和保证人。因此，从法律关系主体方面来看，保证保险应定性为保险。在保证保险中，债务人按要求向保险公司投保，保险公司出具保单，承诺在债务人不依约还款这一保险事故发生时向债权人赔偿损失，可见，保险公司在保证保险合同中承诺其在保险事故发生时承担的是保险责任，而非适用担保制度的相关条款。综上，保证保险的性质属于保险而非保证，当事人因保证保险发生的纠纷，应适用保险法的规定。

2. 在保证保险纠纷中，当事人约定违约金条款的，法院不能直接适用担保制度的相关条款，对此予以支持。

保证保险是以转嫁被保险人即债权人所面临的投保人即债务人不能履行债务的风险为目的的一种保险，故被保险人履行保证保险责任仅限于保险合同约定的保险金额限度内的贷款本金和利息，对于违约金、逾期利息、罚息等，均不属于赔偿范围。在个人贷款保证保险中，投保人根据保险合同约定，向保险人支付保险费，保险人对于保险合同约定的可能发生的事故（投保人未按个人贷款合同的约定履行还款义务，且拖欠任何一期欠款达到保险单约定的期限以上）因其发生所造成的财产损失承担赔偿保险金的责任。个人贷款保证保险责任财产来源于全体投保人缴纳的保险费，保险人所承保的风险是因债务人不履行义务致使被保险人的债权无法实现的信用风险，根据法律规定，保险事故发生后，保险人自向被保险人赔偿保险金之日起，在赔偿金额范围内取得代位行使被保险人对债务人请求赔偿的权利。因此，如果在保证保险合同中约定投保人向保险人支付逾期违约金，该约定的本质是将保险人应承保的风险向投保人转移，使投保人承担了额外的责任，加重了投保人的负担，同时变相突破了保险法对代位求偿权范围的规定，故法院不能直接适用担保制度的相关条款，对违约金的约定予以支持。本案中，保险人保险公司支付保险金后，因投保人未按约定向其归还保险理赔款，必然会产生保险金占用损失，该损失性质为法定孳息，并非违约金。现保险公司请求肖某按照保险单、投保单的特别约定另行向其支付违约金，属于保险公司将应承保的风险向肖某转移，加重了肖某的负担，该请求不应得到支持。

编写人：江苏省无锡市中级人民法院　顾妍　王嘉熙

11

保证保险和债务人自物担保的履行顺位

——李某诉保险公司保证保险合同案

【案件基本信息】

1. 裁判书字号

上海金融法院（2022）沪74民终28号民事判决书

2. 案由：保证保险合同纠纷

3. 当事人

原告（被上诉人）：李某

被告（上诉人）：保险公司

第三人：投资公司

【基本案情】

2017年4月13日，李某（作为甲方）与案外人杨某、王某（作为乙方和丙方）签署了《房地产抵押借款协议》，约定借款本金650万元，借款期限12个月，预计自2017年4月13日至2018年4月12日，借款年利率为10%，逾期年利率为36%，借款人以其所有的房产提供抵押担保。协议还约定：甲方处分及/或处理抵押物所得款项，将依下列次序或甲方认为适当的其他次序分配：处分及/或处理抵押物而产生的费用；抵押物应缴税费和乙方及丙方根据本协议应支付的费用（包括保险费和维修抵押物的费用）；本协议项下的逾期利息、罚息、违约金、赔偿金和实现债权的费用；借款余额利息；借款余额本金。其后，李某与杨某、王某办理了案涉房产抵押登记，李某按约向杨某、王某发放了贷款。

2017 年 4 月 21 日，保险公司在审查上述《房地产抵押借款协议》的基础上，出具了《资金债务履约保证保险保险单》一份，约定被保险人为李某，保险期间为 365 天，自 2017 年 4 月 22 日 0 时至 2018 年 4 月 21 日 24 时。保险范围为本金及期内利息，保险责任限额 7093125 元。同时约定，投保人不履行还款义务所造成的逾期利息、罚息、违约金以及其他赔偿金，保险人不承担赔偿责任；保险期间内，被保险人如发现投保人存在不履约风险，应及时书面通知保险人，并积极采取措施减少或消除上述风险。

因杨某、王某逾期还款，李某于 2018 年 4 月 4 日就案涉借款向杨某、王某送达了提前还款通知书。2018 年 6 月，李某向法院提起诉讼，要求杨某、王某履行债务。该案审理中，双方在法院的主持下达成调解协议，法院于 2018 年 6 月 22 日出具的《民事调解书》，载明被告杨某、王某应于 2018 年 12 月 31 日之前归还原告李某借款本金 650 万元、利息 79444.44 元、2018 年 4 月 5 日起至借款实际清偿之日止的逾期利息（按年利率 24%计算）并赔偿律师费损失，李某有权行使案涉房产抵押权优先受偿。2019 年 2 月，因杨某、王某未履行调解协议，李某向法院申请执行，在执行过程中，法院查明抵押房产由其他法院正式查封，被执行人杨某、王某无其他可供执行的银行存款、证券、车辆及房产。2019 年 7 月 29 日，案涉抵押房产经首封法院因他案组织拍卖，李某于 2019 年 8 月 22 日获得执行分配款 650 万元。2020 年 2 月，李某主张收到的执行款冲抵诉讼费、律师费、逾期利息等费用后仍有部分借款本金未受偿，故就该部分金额向保险公司申请理赔，但保险公司拒赔。

【案件焦点】

1. 李某的理赔申请是否属于案涉保险责任范围；2. 如保险公司需赔付保险金，则赔付金额应如何计算。

【法院裁判要旨】

上海市浦东新区人民法院经审理认为：关于李某的理赔申请是否属于案涉保险责任范围，案涉保险为资金债务履约保证保险，则在保险所承保的合同项下债务人未按约归还资金债务时，保险事故发生。本案中，根据案涉保险承保的《房地产抵押借款协议》约定，李某在杨某、王某未按期履行利息支付义务的情况下向其发送了提前还款通知书，该通知于2018年4月4日被签收，但债务人未履行提前还款义务，本案保险事故已于2018年4月4日发生。系争保险合同的保险期间是2017年4月22日0时至2018年4月21日24时，故本案保险事故发生于保险合同约定的保险期间内。关于李某向法院提起诉讼，要求杨某、王某履行债务，后在调解协议中约定杨某、王某应于2018年12月31日之前归还李某借款本金、利息、逾期利息等款项，保险公司主张该约定系李某与杨某、王某之间形成了新的权利义务关系，不属于原借款协议项下的还款义务。法院认为，法院出具的《民事调解书》明确记载了李某的诉请依据即案涉《房地产抵押借款协议》，李某与杨某、王某在法院的主持下达成调解协议，系双方对原《房地产抵押借款协议》的确认和对诉讼案件的一种处理方式，其基础仍是李某与杨某、王某签订的《房地产抵押借款协议》，不应视为双方对该协议进行了变更，亦不应视为双方脱离原协议形成了新的独立的权利义务关系。因此，案涉保险所承保的合同项下债务人未按约归还资金债务，且保险事故发生于保险期间内，李某的理赔申请属于案涉保险责任范围。

关于赔偿范围，案涉保证保险不同于保证人提供担保，在债务人未按照提前还款通知书要求立即归还全部欠款的情况下，李某至少有两个主张债权的渠道：一是依据保证保险合同立即向保险公司申请理赔；二是依据《房地产抵押借款协议》向债务人起诉并要求实现抵押权。在案涉保险合同及《房地产抵押借款协议》没有明确约定的情况下，李某有权就上述主张债权的渠道或其他渠道择一行使。然而，保险合同的订立和履行需遵循诚信原则，李某的选择需考虑各方将面临的实际损失程度。如李某选择渠道一，则保险公司需赔付债务人尚欠的借款本金及期内利息，但赔付后债务人针对李某的逾期利息将不再产生，保险公司亦可在赔付后行使保险人代位求偿权，通过实现抵押权来弥补损失。如李某选择渠道二，在直接起诉并执行抵押财产后，获得的回款可依约先行抵扣实现债权费用及按照年利率24%计算的逾期利息，在扣除较高的逾期利息数额后对剩余未还本息申请理赔，此时保险公司赔付后其代位求偿权将失去抵押财产的保障。李某在明知案涉《房地产抵押借款协议》约定了高额逾期利息的情况下，未选择及时向保险公司申请理赔，且在追索债权时未书面通知保险公司，最终产生执行回款被扣除高额逾期利息后，尚欠借款本金的结果，由此造成的扩大损失部分，应在保险公司需赔付的保险金范围内扣减。

关于保险公司应赔付的具体金额计算，借款到期日后 2018 年 4 月 5 日至抵押房产拍卖成交日的逾期利息 2084333.33 元，该笔款项属李某未尽减损义务导致的扩大损失，计算保险公司保险金赔付金额时应予扣除。但李某延后申请理赔同样减少了保险公司赔付保险金的资金占用成本，对该笔成本，法院以保险事故发生时债务人所欠本息为基数，参考中国人民银行同期贷款利率，酌定为 381607.78 元，该笔成本应从李某未尽减损义务导致的扩大损失中扣除。

上海市浦东新区人民法院依照《最高人民法院关于适用〈中华人民共和国民法典〉时间效力的若干规定》第一条第二款，《中华人民共和国合同法》第六十条第一款，《中华人民共和国保险法》第五条、第十三条、第十四条、第二十三条，《最高人民法院关于适用〈中华人民共和国民事诉讼法〉的解释》第九十条规定，判决：

一、保险公司应于本判决生效之日起十日内支付李某保险金 500560.22 元；

二、驳回李某的其余诉讼请求。

保险公司不服一审判决，提起上诉。

上海金融法院经审理认为：首先，本案保险事故已于保险合同约定的保险期间内发生，案涉民事调解书并非对于作为保险标的之债务合同的变更，不构成保险人所负风险之增加。李某在债务人杨某、王某未按期履行利息支付义务的情况下向该二人发送了提前还款通知书，该二人既于 2018 年 4 月 4 日签收上述通知，又未履行提前还款义务。李某随后以诉讼方式向债务人杨某、王某主张到期债权，并在法院的主持下达成调解，皆系针对案涉《房地产抵押借款协议》项下债务争议的积极解决。调解系既有纠纷的解决方式、程序，当事人之间达成调解并非实体上形成新的法律关系。故，依据《保证保险条款》第四条，本案保险事故已于 2018 年 4 月 4 日发生，尚处于保险期间内。李某迟至 2020 年 2 月方才报案，系属未能履行及时通知保险事故发生的义务，而非构成保险事故的延迟发生。保险事故既已发生，保险人承保之风险已然实现，自不存在风险增加的可能，保险公司所称之风险增加实系保险事故损失之扩大。因此，本案中并不存在《保证保险条款》第五条第二项关于被保险人未经保险人同意擅自变更债务合同、实质上增加保险人风险的免责事由。保险公司关于本案保险事故的发生超出保险期间、李某擅自增加保险人承保风险之上诉理由，法院不予认可。

其次，案涉保险事故发生后李某未能履行减损义务，保险公司对于扩大的损失部分不负赔偿责任，但保险公司亦因李某的违约行为而受有利益，应当予以抵扣。本案所涉保险险种为保证保险，保险事故发生后，被保险人李某如及时报险、请求保险公司给付保险金，保险公司向李某赔付债务人尚欠本息后则得以赔付金额向债务人杨某、王某代位求偿，李某既受清偿则逾期利息不再产生。本案中，保险事故于 2018 年 4 月 4 日便已发生，而李某直到 2020 年 2 月才报案，其间所产生的逾期利息，属于因李某未履行减损义务而扩大的损失，保险公司对此不负赔偿责任。一审判决在计算保险公司保险金赔付金额时，已将逾期利息的金额予以扣除，保险公司以其不应赔付逾期利息作为上诉理由之一，不能成立。而李某未及时报险索赔，导致保险公司减少了因赔付李某保险金而产生的资金占用成本，就此受有利益，故应当将保险公司因李某违约所受有之利益从扩大的损失金额中予以抵扣，这与李某因自身违约行为而受益并非等同概念。法院认为，保险公司关于抵扣资金占用成本的上诉理由不能成立。一审法院以保险事故发生时债务人所欠本息为基数，参考中国人民银行同期贷款利率酌定资金占用成本，金额较为合理，法院予以认可。

上海金融法院依照《中华人民共和国民事诉讼法》第一百七十七条第一款第一项规定，判决：

驳回上诉，维持原判。

【法官后语】

近年来，保证保险业务发展迅速，不少市场主体为防范履约风险，通过投保保证保险，将债权人设定为被保险人，以便在债务人不履行债务时向保险公司申请理赔，确保债权实现。与此同时，也出现了一些保证保险和债务人自物担保等在同一笔债务中复合出现的情形。此种情况下，如何确定保证保险和自物担保的履行顺位及相应法律后果，是市场交易和司法实践中需要解决的问题。

一、保证保险与债务人自物担保的优先规则

1. 保证保险与保证担保的区别。

长期以来，理论界和实务界对保证保险与保证担保之间的关系存在较大争议，一种观点认为，保证保险实质是承保的保险公司向债权人提供保证，应当适用保证担保相关的法律规定；[①] 另一种观点认为，保证保险系保险的一种，应当适用保险法的相关规定。[②] 笔者认为，尽管保证保险具有一定的债权保障功能，但市场上常规的保证保险和保证担保之间仍存在显著区别：第一，保证保险的实质是风险分担，保险公司在保险精算的基础上确定可保风险，在合理评估债务人资信状况的基础上予以承保，从而发挥保险分散和转移风险的功能；保证担保则是保证人和债权人约定，当债务人不履行到期债务或者发生当事人约定的情形时，保证人履行债务或者承担责任的担保，实质是保证人向债权人单向地提供债权保障承诺，与风险分散无关。第二，保证保险的责任通常约定只包括本金和利息损失，违约金、逾期利息等损失不属于保险范围，而保证担保的范围一般包括主债权及其利息、逾期利息、违约金和实现债权费用，范围大于保证保险。第三，保证担保对基础合同具有明确的从属性，且当事人不能通过约定加以排除，保证保险则具有较强的独立性，基础合同或相关合同的无效、不成立或被撤销并不必然导致保证保险合同的无效、不成立或被撤销。

① 参见梁慧星：《保证保险合同纠纷案件的法律适用》，载《人民法院报》2006年3月1日。

② 参见宋刚：《保证保险是保险而非担保——与梁慧星先生商议》，载《法学》2006年第6期。

2. 保证保险不适用债务人自物担保优先规则。

《中华人民共和国民法典》第三百九十二条规定："被担保的债权既有物的担保又有人的担保的，债务人不履行到期债务或者发生当事人约定的实现担保物权的情形，债权人应当按照约定实现债权；没有约定或者约定不明确，债务人自己提供物的担保的，债权人应当先就该物的担保实现债权。"存在自物担保时，债权人应首先就债务人自身的担保物优先受偿，然后就不足部分向担保人请求清偿。自物担保在先的法律效果是"确立保证人和其他物上担保人承担补充担保责任的地位"。[①] 如前所述，保证保险不同于保证担保，其本质上属于以履约信用风险为保险标的的保险，而非保险公司提供"人的担保"。因此，在一项债务同时存在债务人自物担保和保证保险的情况下，确定其履行顺位时无须适用混合担保中债务人自物担保优先的规则。本案中，李某在申请保证保险理赔前，先行使对债务人自有房产抵押权并非法律的强制要求，李某不应以"自物担保优先"为由主张其顺位选择的合理性。

3. 债权人享有保证保险和担保的履行顺位选择权。

因保险合同成立的保险金赔付债务，以及因担保合同成立的担保债务，属不同的债权债务关系，不具有法律属性上的内在联系性。[②] 依据私法自治的基本原理，在同一项债权既存在保证保险，又存在其他人保或物保的情况下，保险人、担保人与债权人之间就顺位有约定的从其约定，没有约定的，原则上债权人享有保证保险和担保的履行顺位选择权。本案中，李某有两个主张债权的渠道：一是依据保险合同当即向保险公司申请理赔，要求保险公司赔付债务人尚欠的借款本金650万元及期内利息；二是依据《房地产抵押借款协议》向债务人起诉并要求实现抵押权。在案涉保险合同及《房地产抵押借款协议》没有明确约定的情况下，李某原则上有权就上述主张债权的渠道择一行使。

---

① 邹海林：《我国〈民法典〉上的'混合担保规则'解释论"》，载《比较法研究》2020年第4期。

② 张旭东：《保证保险代位权问题研究》，载《保险研究》2022年第7期。

二、债权人选择履行顺位时应考虑保险人利益

1. 保险合同中被保险人应遵循诚信原则。

在保险法律关系中，保险人承担着风险，却通常对保险标的缺乏掌控力。为了平衡保险当事人的风险和利益，保险合同的签订和履行必须始终遵循最大诚信原则。《中华人民共和国保险法》第五条亦明确规定："保险活动当事人行使权利、履行义务应当遵循诚实信用原则。"具体而言，在保险合同的法律关系中，一方面，投保人应当根据保险人的询问，如实、全面地告知保险标的的有关信息；另一方面，在保险合同履行过程中，被保险人不仅要防止损害他人，还要在必要时作出特定的行为，以维护保险合同各方权益，如合同履行中危险程度明显增加的告知义务、保险事故发生时的通知及减少损失义务、配合保险人对保险事故进行调查的义务等。

2. 债权人的顺位选择影响保险人利益。

在保证保险中，保险人并非债务的最终承担者。大陆法系国家、地区普遍认为，代位权应当是一种法定的债的转移。按照这一原理，保险人赔付后，可依法律规定，强制且当然地取得对真正责任人的代位权，而无须原权利人的授权，同时，被保险人债权上附着的一切附随权利也一并转移给保险人。也就是说，在债权人优先申请保证保险理赔的情况下，保险人赔付后在保险金范围内享有债权人地位，同时享有原债权所附带的担保权益；而在债权人优先主张担保权益的情况下，债权人仍有权就未受偿部分向保险人要求理赔，但保险人代位求偿时债权所受到的保障明显降低，特别是保险范围和担保范围不一致的情况下，很容易出现本案中实现抵押权后所获款项优先冲抵其他费用，导致保险人的代位权失去保障的情况。在自物担保等担保方式无法完全保障原债权实现的情况下，债权人对保证保险和自物担保的实现顺位会对保险人的利益产生重要影响。

3. 债权人应当选择减少保险人损失的履行顺位。

保险事故发生后，被保险人通常是在时空上最接近事故的人，在事故可能造成损害尚在持续的情况下，被保险人往往具有及时控制和减少损害的能力。

虽然被保险人的损失会有保险理赔予以填补，但根据“最大诚信原则”，被保险人仍负有减少保险标的损失的义务，从而减少保险人和整个社会资源的损耗。《中华人民共和国保险法》第五十七条第一款明确规定：“保险事故发生时，被保险人应当尽力采取必要的措施，防止或者减少损失。”一项债务兼具保证保险和担保的情况下，债权人对履行顺位的选择需考虑保险人将面临的实际损失程度。本案中，如李某选择优先申请保险公司保险理赔，则保险公司需赔付债务人尚欠的借款本金及期内利息，但赔付后债务人针对原告的逾期利息将不再产生，保险公司亦可在赔付后行使保险人代位求偿权，通过实现抵押权来弥补损失。如李某选择优先主张抵押权，在执行抵押财产后，获得的回款可依约先行抵扣按照年利率24%计算的逾期利息，抵扣后对剩余未还本息申请理赔，此时保险公司理赔后代位求偿不能的风险明显增加，属于履行顺位选择不当。

三、债权人未尽减损义务的应免除保险人相应赔付责任

1. 不当顺位选择造成保险人损失的属未尽减损义务。

认定被保险人违反减损义务必须满足主观要件和客观要件。主观要件是义务人主观上明知保险事故的发生，如果义务人没有意识到保险事故的发生而基于过失未履行防止及减少损失义务，一般不能构成；客观要件是客观上义务人采取一定的措施防止、减少保险标的的损失是可能的，对保险标的的损失减少已毫无办法的情况下亦不能构成。[①] 本案中，被保险人在债务人已经逾期偿还债务的情况下发起对债务人的诉讼，显然明知保险事故已经发生。同时，保险人通常具有良好的财务状况和履约能力，如李某能在保险事故发生后第一时间申请理赔，可以及时获得案涉债务的本金和利息的清偿，亦不会继续产生高额的逾期利息，具有减损的“期待可能性”。本案中，还需要考虑的一个因素是，在逾期利息不属于案涉保险的责任范围的情况下，继续产生的高额逾期利息是否属于保险法上的损失扩大？对此，笔者认为，一方面，被保险人的减损义务并不与保险责任范围直接关联，基于整体社会效益考虑，被保险人在保险事故

---

① 潘红艳、夏晴：《〈保险法〉第57条立法解析及其完善》，载《当代法学》2014年第2期。

发生时均有采取必要措施控制和减少损失的义务；另一方面，本案中因李某优先要求履行债务人的自物担保，经过较长时间的诉讼、执行后再申请保险理赔，客观上导致了保险人的代位求偿权失去了抵押物的保障，造成了保险人的损失，该损失仍属于保险合同“最大诚信原则”所要求避免的范围。债务人的责任财产特别是抵押财产的价值是基本确定的，在高额逾期利息继续产生的情况下，基于代位求偿及抵押担保范围，该部分逾期利息会导致债权人和保险人的损失扩大，属于《中华人民共和国保险法》第五十七条规定的被保险人未采取必要措施防止或减少损失。

2. 损失扩大部分应在保险赔付范围内扣除。

就被保险人未尽到减损义务的法律后果，学理上通常认为，被保险人未履行减损义务的，保险人即可免除其依据保险合同应负担的相应理赔义务。《中华人民共和国保险法》对此并未作出明确规定，但《中华人民共和国民法典》第五百九十一条规定：“当事人一方违约后，对方应当采取适当措施防止损失的扩大；没有采取适当措施致使损失扩大的，不得就扩大的损失请求赔偿。当事人因防止损失扩大而支出的合理费用，由违约方负担。”虽然被保险人减损义务与守约方的防止损失扩大义务在主体上有所区别，但都属于民法中的“诚实信用”原则项下的要求，结合学理解释，被保险人未尽到减损义务的法律后果可参照适用上述规定，对扩大损失部分免除保险人的赔付责任。本案中，李某在明知案涉《房地产抵押借款协议》约定了高额逾期利息的情况下，未选择及时向保险公司申请理赔，且在追索债权时未书面通知保险公司，最终产生执行回款被扣除高额逾期利息后计算尚欠借款本息的结果，属于未尽到“尽力采取必要措施减少损失”的情形，由此造成的损失扩大部分，应在保险公司需赔付的保险金范围内扣减。

3. 对客观上保险人已减少的损失应反向扣除。

关于扩大损失的金额，结合李某的诉请及金额计算方式，法院认定借款到期日后 2018 年 4 月 5 日至抵押房屋拍卖成交日的逾期利息属李某未尽减损义务导致的扩大损失，保险公司赔付保险金时应予扣除。但李某延后申请理赔同样减少了保险公司赔付保险金的资金占用成本，就此受益，为平衡双方的权利义务，对该笔成本应在免于赔付部分中进行反向扣除。本案中，法院以保险事故发生时债务人所欠本息为基数，参考中国人民银行同期贷款利率，酌定李某延后申请理赔客观上为保险公司节约的资金占用成本为381607.78元，该金额应从李某未尽减损义务导致的扩大损失中扣除，并据此计算保险公司实际应赔付的保险金额。

综上所述，李某作为被保险人，在明知案涉《房地产抵押借款协议》约定了高额逾期利息的情况下，未选择及时向保险公司申请理赔，最终产生债务人自有抵押物拍卖回款被扣除高额逾期利息后，借款本息未获完全清偿以及保险人代位求偿权失去抵押物保障的结果，由此造成的扩大损失部分，应在保险公司需赔付的保险金范围内扣减，保险公司因李某延后申请理赔所获利益，则应在扩大损失金额的计算中对应抵扣。

编写人：上海市浦东新区人民法院　余韬

（四）责任保险合同纠纷

12

保险公司就免责条款释义的解释负提示说明义务

——运输公司诉甲保险公司财产保险合同案

【案件基本信息】

1. 裁判书字号

广西壮族自治区桂林市中级人民法院（2022）桂03民终969号民事判决书

2. 案由：财产保险合同纠纷

3. 当事人

原告（被上诉人）：运输公司

被告（上诉人）：甲保险公司

【基本案情】

2018年12月23日，劳某驾驶重型半挂牵引车（搭载李某）牵引重型罐式半挂车装载柴油，与黄某驾驶的登记在运输公司名下的重型半挂牵引车牵引的重型仓栅式半挂车（装载洗衣粉）发生碰撞，造成李某受伤，柴油泄漏，二车辆、路产及车上装载货物损坏的道路交通事故。同日，路政大队作出《公路赔（补）偿通知书》和《损坏公路设施索赔清单》，载明：劳某于2018年12月23日07时驾驶半挂式车，因交通事故造成损坏、污染公路路产，现场受伤1人，车辆严重损坏，要求事故责任人赔偿路桥公司因此次交通事故导致的路产及其设施损失共计人民币367797.5元。2019年1月12日，交通警察支队高速公路一大队作出《道路交通事故认定书》，认定劳某与黄某分别承担此次事故的同等责任。事故发生以后，劳某向路桥公司赔付了10万元。2019年4月2日，路桥公司向乙保险公司索赔尚未得到的267797.5元赔偿款，并将向有关责任方进行索赔的权利转让给该公司，该公司于2019年4月10日向路桥公司支付了267797.5元并于同年向法院起诉要求黄某和运输公司赔偿183898.75元。法院经审理认定黄某系运输公司聘用的司机，其在执行工作任务中造成的财产损害，应由运输公司承担赔偿责任，因而判决运输公司支付乙保险公司赔偿款183898.75元并承担案件受理费1825.6元。就上述赔偿款项，因运输公司向甲保险公司投保了交强险和第三者责任险，且均在保险期内，运输公司向甲保险公司主张理赔，甲保险公司以公路路面污染损失其不负责赔偿为由，拒绝赔付。因甲保险公司拒绝赔付，运输公司向乙保险公司支付赔偿款183898.75元及案件受理费1825.6元。双方因此发生纠纷，运输公司遂向法院提起诉讼。

【案件焦点】

甲保险公司是否尽到提示说明义务。

【法院裁判要旨】

广西壮族自治区永福县人民法院经审理认为：双方签订的保险合同合法有效，应予以确认。运输公司保险车辆在保险期内发生事故，甲保险公司应在机动车损失保险限额内赔偿。甲保险公司辩解根据《免责事项说明书》中“下列原因导致的人身伤亡、财产损失和费用，保险人不负责赔偿：（一）战争、军事冲突、恐怖活动、暴乱、污染（含放射性污染）……”的约定，案涉路面污染所造成的损失不属于赔偿范围。但甲保险公司作为格式合同的制定方，应对其已就污染含义、污染包括的内容向投保人作出合理解释及提示说明承担举证责任，甲保险公司并未提交充分证据予以证明，应承担举证不能的不利后果。故运输公司要求甲保险公司在交强险、商业三者险承担责任及支付资金占用利息的诉请于法有据，应予支持。

广西壮族自治区永福县人民法院依照《最高人民法院关于适用〈中华人民共和国民法典〉时间效力的若干规定》第一条第二款，《中华人民共和国保险法》第五条、第十条、第十一条、第二十三条，《最高人民法院关于适用〈中华人民共和国民事诉讼法〉的解释》第九十条规定，判决：

甲保险公司赔偿运输公司 185724. 35 元及利息（利息从 2021 年 10 月 15 日起按全国银行间同业拆借中心于 2021 年 9 月公布的一年期贷款市场报价利率计算资金占用利息直至甲保险公司付清赔偿款之日止）。

甲保险公司不服一审判决，提起上诉。

广西壮族自治区桂林市中级人民法院经审理认为：甲保险公司应承担保险责任。虽免责条款中的“污染”的释义不存在歧义，但甲保险公司将其与地震、战争等高度危险事项一并列举，按照通常理解，使得投保人相信此处的“污染”应与上述几种极端情况具有同等的危险性和极低发生概率，而非发生概率高的普通油污造成的污染。甲保险公司将案涉污染归入免责范围，违反了公平原则，减轻了其责任。且作为免责事项，甲保险公司未对“污染”的释义作出足以引起投保人注意的文字、字体等提示，亦未提供证据证明已向投保人作出了合理的解释，投保人已明确知晓“污染”的意思。故，甲保险公司的未尽到提示说明义务，应承担赔偿责任。

广西壮族自治区桂林市中级人民法院依照《最高人民法院关于适用〈中华人民共和国民事诉讼法〉的解释》第三百三十四条，《中华人民共和国民事诉讼法》第一百七十七条第一款第一项规定，判决：

驳回上诉，维持原判。

【法官后语】

本案的争议焦点是案涉路面污染是否属于免责条款中的“污染”，甲保险公司是否尽到提示说明义务。

1. 何为免责条款及解释免责条款应遵循的原则。

由于保险关系的特殊性，法律对保险活动遵循诚信原则的要求远超于其他合同，可以称为最大诚信原则。保险人在订立保险合同的过程中属于优势一方，其作为专业的保险公司有着丰富的实践经验，会事先拟定一些不利于投保人的免责格式条款，而投保人只能同意或者不同意，因而保险人对保险合同具体内容的了解要多于投保人，所以免责条款是否合理等取决于保险人的诚意，故保险人必须如实向投保人就保险合同的内容作出解释，特别是免责条款的概念、真实含义、内容及法律后果等。

所谓免责条款是指保险合同中载明的保险人免赔或减轻责任的条款，即发生了约定的事项后，保险人不承担赔付的责任。从风险的角度来说，主要是针对风险过大、超出保险人承保能力的一些事项，以及风险程度无法计算的事项。一般来说，免责条款都是保险公司为了重复使用而预先拟定的格式条款，而格式条款应当符合公平原则，且提供格式条款一方应采取合理的方式提示投保人注意免除或减轻其责任等与对方有重大利害关系的条款，按对方的要求，对该条款予以说明，使对方注意、理解。而对该条款的解释，应遵循两个原则。一是通常理解解释规则，是指解释格式条款时，是以该格式条款能预定使用的特定或不特定对象的平均的合理解释可能性为判断基础。二是歧义不利于提供者解释规则，是指格式条款有两种以上解释有歧义时，应当作出不利于格式条款提供一方的解释。

2. 免责条款的提示说明义务。

《中华人民共和国保险法》第十七条第二款规定："对保险合同中免除保险人责任的条款，保险人在订立合同时应当在投保单、保险单或者其他保险凭证上作出足以引起投保人注意的提示，并对该条款的内容以书面或者口头形式向投保人作出明确说明；未作出提示或者明确说明的，该条款不产生效力。"免责说明书和投保单作为保险公司提供的格式条款，应当充分提示免责条款，并对免责条款的概念、内容及法律后果等，以书面或者口头的形式向投保人作出解释，使投保人清楚地知道该条款的真实含义和法律后果。保险公司常常会对免责条款采用加黑加粗的方式履行提示义务，但对隐藏在整个条款中的释义或某些概括性的免责条款未履行提示说明义务，导致投保人对与其有重大利害关系的免责内容未理解。因此，保险公司不仅应对免责条款的本身采用加黑加粗等方式进行提示，释义等部分亦应如此，否则该免责条款不生效。

就本案而言，首先，案涉免责说明书中对污染进行释义，从句法结构、字面通常理解来看并不存在歧义，但是甲保险公司将污染与战争、军事冲突等发生概率极低的事项列举在一起，且战争、军事冲突等都具有高度危险性，会使得投保人认为此处的污染应与战争、暴乱等情况具有同等的危险性和发生概率，而非本案的普通油污。其次，甲保险公司将发生概率极高的普通油污归入免责范围，系违反了公平原则和诚信原则，减轻了甲保险公司的责任，加重了投保人的责任。最后，甲保险公司未对污染的释义部分采用加黑加粗的方式引起投保人的注意，亦未提交证据证明其就释义向投保人进行了解释说明，故笔者认为甲保险公司并不能证明其履行了提示说明义务，应在保险责任限额内承担责任。

综上，本案对投保人或保险人均有警示意义。对于保险人要完善投保环节，完善对保险条款，特别是免责条款的解释说明方式和流程，注意保存保险公司已履行免责条款的解释说明义务的证明，不能仅依靠在保单上采取加黑加粗等方式提示。对于投保人，要认真核对免责条款，重视免责条款的释义，明确知晓在何种情况下发生事故，保险公司不承担责任，避免期望值过高。

编写人：广西壮族自治区永福县人民法院 粟建玉

13

财产保险合同保险标的之认定规则

——物流公司诉保险公司责任保险合同案

【案件基本信息】

1. 裁判书字号

福建省福州市中级人民法院（2022）闽01民终7197号民事判决书

2. 案由：责任保险合同纠纷

3. 当事人

原告（上诉人）：物流公司

被告（被上诉人）：保险公司

【基本案情】

物流公司为其车辆在保险公司处投保道路危险货物承运人责任保险，其中危险货物保险保额为1000000元，保险期限自2021年7月15日0时至2022年7月14日24时。案涉保险条款第五条约定："因下列意外事故造成车辆上装载的危险货物的毁损、灭失，依照中华人民共和国法律应由被保险人承担的经济赔偿责任，保险人负责赔偿：（一）火灾、爆炸；（二）运输车辆发生碰撞、倾覆；（三）碰撞、挤压导致包装破裂或容器损坏。"第二十七条约定："保险事故发生时，存在以下不符合道路运输管理机构与危险货物运输相关规定的情形，保险人不负责赔偿：（一）被保险人不具备危险货物运输资格；（二）运输车辆、容器、装卸机械及工具未经道路运输管理机构审验合格；（三）危险货物的包装、装载不符合相关规定；（四）驾驶人员、押运人员、装卸人员不具备相应的资格或违反相关操作规程。”

2021 年 9 月 29 日 19 时许，被保险车辆在卸货过程中，卸货厂员工未打开阀门即用电泵吸，因压力过大导致罐体变形发生罐体受损事故。

【案件焦点】

案涉受损罐体是否属于保险合同约定的保险标的。

【法院裁判要旨】

福建省福州市鼓楼区人民法院经审理认为：第一，关于案涉罐体是否属于保险合同约定的保险标的。本案保险合同约定货物责任保险的保险标的为案涉车辆上装载的危险物品。根据物流公司庭审陈述，卸货时只将罐体内货物卸下，罐体运回托运人处。故，罐体与其内货物为可分离的两个独立部分。双方合同未就作为保险标的的危险物品的定义进行约定。从订立合同的目的上看，保险人所承保的风险是由危险物品本身的危险属性及易损属性所导致。而罐体作为装载危险物品的容器，本身并不具备危险性。故，本案受损的罐体不是案涉保险合同约定的保险标的。第二，案涉事故原因系装卸人员违反卸货相关操作流程，属于合同约定的装卸人员违反相关操作规程的免责情形。

福建省福州市鼓楼区人民法院判决：

驳回物流公司的诉讼请求。

物流公司不服一审判决，提起上诉。

福建省福州市中级人民法院经审理认为：根据《中华人民共和国民法典》第四百六十六条、第一百四十二条第一款规定，有相对人意思表示的解释，应当按照所使用的词句，结合相关条款、行为的性质和目的、习惯以及诚信原则，确定意思表示的含义。根据案涉保险条款第五条约定：“因下列意外事故造成车辆上装载的危险货物的毁损、灭失，依照中华人民共和国法律应由被保险人承担的经济赔偿责任，保险人负责赔偿：（一）火灾、爆炸；（二）运输车辆发生碰撞、倾覆；（三）碰撞、挤压导致包装破裂或容器损坏。”从该条款上下文看，碰撞、挤压导致容器损坏属于该条所称的“意外事故”，危险货物的损毁、灭失是该“意外事故”造成的损害结果，容器损坏是因，危险货物毁损、灭失是果，由此可知两者不存在概念上的包含与被包含关系，罐体作为装载危险货物的容器本身不属于危险货物符合通常的理解，其不属于保险标的。由于本案关于容器是否属于危险货物不存在两种以上的解释，故不适用《中华人民共和国保险法》第二十条的解释规则，物流公司的主张不能成立，保险公司对非保险标的的损失不负赔偿责任。

福建省福州市中级人民法院依照《中华人民共和国民事诉讼法》第一百七十七条第一款第一项规定，判决：

驳回上诉，维持原判。

【法官后语】

财产保险合同的保险标的是指投保人具有保险利益并予以投保的财产及相关经济利益和责任。实践中，投保人与保险人常就保险标的的认定问题产生争议，直接影响到被保险人能否获得赔偿。财产保险标的的作用与功能决定了其具备以下特征：一是意定性。财产保险标的是投保人与保险人在订立保险合同时便明确约定的内容，是双方真实意思表示的体现。二是特定性。财产保险标的是投保人具备保险利益的特定的具体的财产。它不是抽象的种类物，而是具备特定标识等能够与其他同类物相辨别的财产。三是风险性。财产保险标的的风险性决定了投保人愿意为之投保相应保险，以分散风险后果的承担。四是可预见性。对投保人而言，保险标的是其经过风险评估后自愿投保的对象。对保险人而言，保险标的是决定承保与否的重要考量因素。保险人也据此确定保费标准。由此，双方对于风险大小与保险理赔的范围及后果亦具有清晰的认识。

根据财产保险标的前述特征，法院在认定具体案件中保险标的的内容及范围时，既要遵循合同解释的一般规则，亦要围绕财产保险标的的具体特征，从文义逻辑、合同目的、通常理解等几个方面进行综合判断。

第一，以文义逻辑为出发点。《中华人民共和国民法典》第一百四十二条第一款规定："有相对人的意思表示的解释，应当按照所使用的词句，结合相关条款、行为的性质和目的、习惯以及诚信原则，确定意思表示的含义。"在对合同条文进行解释时，应当首先以条文词句的文义为主要依据及出发点，紧密围绕上下文进行分析。如本案中，双方争议焦点在于罐体是否属于保险标的。法院通过分析核心条款的上下文逻辑，认为条文约定的容器损坏是因，危险货物毁损、灭失是果，二者不存在概念上的包含与被包含关系，因此不能将容器损坏当作保险标的的损坏。

第二，结合合同目的。探究合同签订的目的，能够真实反映当事人的主观状态，对于保险合同标的的解释具有重要作用。一是审查争议标的与保险风险的关联性。若争议标的不具备投保风险的特征或与该风险无关，则不属于财产保险标的。如本案中的保险标的应当具备危险物品的危险属性。二是审查争议标的与主体的关系。争议标的与主体为不可分割的一部分的，则争议标的可以认为构成保险标的的组成部分，应当被保险范围所涵盖。当争议标的在功能上、时空上具备一定独立性，不依赖于主体存在的，则可能不属于保险合同约定的标的范围。

第三，通常理解的验证纠偏。根据《中华人民共和国保险法》第三十条规定，采用保险人提供的格式条款订立的保险合同，保险人与投保人、被保险人或者受益人对合同条款有争议的，应当按照通常理解予以解释。保险来源于社会生活对于分散、转嫁风险的需要，对保险合同的解释亦不能脱离朴素的通常理解。与人们通常理解相悖的条款定义也对于投保人、被保险人并不公平。因此，《中华人民共和国保险法》第三十条规定从通常理解的角度，对保险人提供的格式保险合同的解释作出兜底性规定。对于财产保险标的的解释同样需要遵循通常理解。

编写人：福建省福州市鼓楼区人民法院　吕颖

14

财产保险合同中车辆危险程度显著增加的法律认定

——刘某、陈某诉保险公司财产保险合同案

【案件基本信息】

1. 裁判书字号

湖北省武汉市中级人民法院（2023）鄂01民终2038号民事判决书

2. 案由：财产保险合同纠纷

3. 当事人

原告（上诉人）：刘某、陈某

被告（被上诉人）：保险公司

【基本案情】

2021年6月19日，刘某通过线上投保的方式为陈某所有的轿车在保险公司投保机动车商业保险，包括车辆损失保险、第三者责任保险、车上人员责任保险（司机）、车上人员责任保险（乘客）等险种。保险公司向其开具了《机动车商业保险投保单》。

2021年8月17日，陈某（甲方）与光伏公司（乙方）签订《车辆租赁协议》，约定乙方因业务需要，安排甲方的车辆作为公务使用，甲方同意该车辆为主要用于乙方公司业务区域内的交通工具。

2021年12月3日15时40分，案外人朱某驾驶小型汽车在某村发生交通事故，造成车辆和电线杆、树木受损的道路交通事故。交通警察支队警保联动快处快赔中心出具《道路交通事故认定书（简易程序）》，认定朱某负事故的全部责任。

事故发生后，车辆驾驶人朱某当场拨打保险公司的报险电话，车辆被送至服务公司进行维修。服务公司出具《结算结果报告》，载明维修金额合计118000元。陈某委托案外人邓某向服务公司代付维修款，服务公司为车辆开具两张增值税普通发票，列明系劳务、维修费及材料费，金额分别为27200元及90800元。刘某、陈某还出具一份《工程量签证单》、一份供电所盖章的《证明》、一份施救费发票、一份某村雷某手写的《收据》，用以证明其已实际赔偿电力公司电线杆、电缆等设施费用6150元、赔偿村民三棵橘子树1900元、支付拖车费1800元。

2021年12月31日，保险公司向刘某作出《在线车险拒赔通知书》，内容为：经我司查勘，该车投保时按家庭自用投保，于2021年8月租赁给光伏公司使用，导致危险程度增加，未如实告知我司。刘某、陈某认为保险公司应当赔付，故诉至法院。

【案件焦点】

1. 关于案涉车辆是否改变了使用性质，导致被保险人机动车危险程度显著增加；2. 保险公司是否能以保险标的危险程度显著增加为由拒赔。

【法院裁判要旨】

湖北省武汉市江岸区人民法院经审理认为：

一、关于案涉车辆是否改变了使用性质，导致被保险人机动车危险程度显著增加

本案中，案涉车辆投保时载明的车辆使用性质为“家庭自用汽车”，后陈某与光伏公司就案涉车辆签订《车辆租赁协议》，约定将案涉车辆作为公务使用，同意将案涉车辆用于公司业务区域内的交通工具。据此，案涉车辆的使用性质由家庭自用转变为公司公务之用，保险标的的用途、使用范围、所处环境及使用人均发生了变化。

刘某及陈某主张保险标的一直由刘某使用，二人离婚后，陈某和刘某通过与光伏公司签订租赁协议并支付租金的方式给予陈某一定的补偿，故认为案涉

车辆的使用性质未发生变化。法院认为，庭审中刘某及陈某陈述保险标的车辆主要用作刘某上下班代步，但保险事故发生时，车辆的驾驶人为朱某，刘某陈述朱某为光伏公司另一股东的父亲，故刘某、陈某陈述车辆的用途不属实。根据陈某与光伏公司签订的《车辆租赁协议》的内容可知，案涉车辆主要用于公司业务区域内的交通工具，故该车辆的使用性质显然超过了家庭自用的范围，导致车辆的使用范围、使用频率、使用时间等发生了改变；同时，因案涉车辆由光伏公司所用，该车辆的实际使用人处于不确定的状态，每个驾驶人的驾驶习惯、驾驶技术亦不确定，案涉车辆使用性质的改变以及使用人的不确定性导致被保险机动车危险程度显著增加，且该危险程度的增加不属于保险人在订立保险合同时预见或者应当预见的承保范围。

二、保险公司是否能以保险标的危险程度显著增加为由拒赔

《中华人民共和国保险法》第五十二条规定，在合同有效期内，保险标的的危险程度显著增加的，被保险人应当按照合同约定及时通知保险人，保险人可以按照合同约定增加保险费或者解除合同。被保险人未履行前款规定的通知义务的，因保险标的的危险程度显著增加而发生的保险事故，保险人不承担赔偿保险金的责任。本案中，涉案车辆改变使用性质，刘某、陈某未及时告知保险公司，车辆使用性质的改变导致被保险机动车危险程度显著增加，并在租赁使用过程中发生交通事故造成机动车损失及第三者财产损失，属于保险条款约定的免责事由。投保人刘某在线上投保前阅读了保险条款、《免责事项说明书》后付款投保，可以证明保险公司已对免责条款尽到了提示说明义务。故，根据法律规定和合同约定，保险公司在商业险范围内不承担赔偿保险金的责任。

需要说明的是，刘某仅在被告保险公司处投保机动车商业保险，并未在该公司投保机动车交通事故责任强制保险（以下简称交强险）。根据《最高人民法院关于审理道路交通事故损害赔偿案件适用法律若干问题的解释》第二十条之规定，机动车在交强险合同有效期内发生改装、使用性质改变等导致危险程度增加的情形，不属于交强险的免责范围，如刘某、陈某在其他保险公司已投保机动车交强险，可另案向其投保交强险的保险公司在交强险的责任范围内主

张权利。

湖北省武汉市江岸区人民法院依照《中华人民共和国保险法》第十条、第十四条、第五十二条，《最高人民法院关于适用〈中华人民共和国保险法〉若干问题的解释（四）》第四条及《中华人民共和国民事诉讼法》第一百四十五条规定，判决：

驳回刘某、陈某的诉讼请求。

刘某、陈某不服一审判决，提起上诉。

湖北省武汉市中级人民法院经审理同意一审法院裁判意见，依照《中华人民共和国民事诉讼法》第一百七十七条第一款第一项规定，判决：

驳回上诉，维持原判。

【法官后语】

随着经济社会发展和社会群众保险意识的不断提升，各大保险公司财产类保险的承保数量日趋增长，同时因为“拒赔”而涌入法院的保险合同类案件也越发增多。其中相当一部分案件均是因为投保人没有仔细阅读保险合同，对保险公司拒赔事项不够清楚但出现了免责条款中的相关情况而被拒绝赔付，亦存在保险公司没有向投保人送达保险条款，未尽提示说明义务而败诉的相关案例。如何树立基本的保险意识，正确投保以及进行理赔也是与群众休戚相关的重要民生问题。

一、保险合同中双方应当遵循最大限度地诚实信用原则

保险人应对免责条款和格式条款尽到提示说明义务，被保险人和投保人也应如实告知并详尽阅读保险条款。保险免责条款是指保险合同中一切从实质上免除或减轻保险责任的条款，需要作出足以引起投保人注意的提示并对该条款的内容以书面或者口头形式告知，该条款才能产生效力。在本案中，当事人主张被告对免责条款未尽提示说明义务，在投保过程中仅机械式完成投保流程并未仔细阅读具体条款，且被告保险公司亦未邮寄送达纸质版合同条款，认为其未尽提示说明义务，故该条款对其不发生法律效力。

为方便消费者投保，市面上部分保险销售通过线上方式进行，不同于传统

线下销售，线上投保会采取加大加黑重点内容、弹窗、页面停留、滑动阅读后方能进行下一步等诸多方式，让投保人不得不进行阅读，以做到提示说明。投保人在进行线上投保过程中亦应对相关合同条款进行详尽阅读或事后翻阅，如因个人原因未清楚了解合同内容，以不清楚合同条款，保险公司未尽提示说明义务进行抗辩的，人民法院不予支持。

二、保险标的为车辆的保险合同，不应径行改变车辆用途，显著增加使用风险

在一般财产保险合同中，双方已对车辆等特殊保险标的的用途进行了约定，家用车辆与营运车辆的用途不同，出险风险、保费定价亦不相同。在本案中，双方的保险合同中约定，保险标的的用途为家用，后车辆所有人即陈某将车辆出租给光伏公司，案涉车辆主要用于公司业务区域内的交通工具，故该车辆的使用性质显然超过了家庭自用的范围，导致车辆的使用范围、使用频率、使用时间等发生了改变，且因承租人为公司，驾驶人员以及其驾驶习惯、技术高低亦不确定，以上情形足以认定为危险程度显著增加。在保险标的危险程度显著增加后，投保人及被保险人并未及时告知保险人，故保险人对此次保险事故亦不承担保险责任。

如何正确投保、详尽阅读保险条款及在保险事故发生时正确处理是维护个人权益的重要保障。在订立合同时，双方遵循最大诚信原则及在保险期间充分理解格式条款、免责条款并及时沟通保险人，才能尽可能地在保险事故发生后及时获赔，让保险真正分担生存风险。

编写人：湖北省武汉市江岸区人民法院　张薇

15

危险驾驶行为是否构成“故意制造保险事故”之拒赔事由的认定

——程某诉保险公司财产保险合同案

【案件基本信息】

1. 裁判书字号

福建省福州市中级人民法院（2022）闽01民终6403号民事判决书

2. 案由：财产保险合同纠纷

3. 当事人

原告（上诉人）：程某

被告（被上诉人）：保险公司

【基本案情】

2020年2月25日，程某为其名下的轿车向保险公司投保包括机动车损失保险在内的机动车商业保险，保险期间自2020年3月2日0时至2021年3月1日24时。2020年6月22日，程某驾驶该被保险车辆时，其车辆原位于左转第一车道第一车位，在等待红灯过程中因受案外人黄某男的挑衅，程某遂闯红灯并变道追赶黄某男驾驶车辆，后两车发生追尾碰撞事故。事故发生后，交警大队出具责任认定书，认定当事人程某驾车行经事故路段时未与同车道前车保持安全车距导致事故发生，应负本事故全部责任，当事人黄某男无责任。随后，程某向保险公司申请保险理赔，保险公司以案涉事故系程某故意碰撞导致为由拒赔。程某遂向法院起诉，要求保险公司支付理赔款。

【案件焦点】

程某放任危险驾驶行为致保险事故发生是否属于故意制造保险事故的情形。

【法院裁判要旨】

福建省福州市鼓楼区人民法院经审理认为：对案涉保险事故，保险公司有权拒赔，理由如下：第一，《中华人民共和国保险法》第二十七条第二款规定：投保人、被保险人故意制造保险事故的，保险人有权解除合同，不承担赔偿或者给付保险金的责任；除本法第四十三条规定外，不退还保险费。本案中，虽然现有证据不足以证明程某系故意驾车撞击黄某男驾驶的车辆，但程某驾驶被保险车辆闯红灯并变道追赶黄某男驾驶的车辆行为属实。程某在公共道路上违章闯红灯及变道追车行为明显属于违反交通规则的危险驾驶行为，其理应意识到该危险驾驶行为所可能造成的危险后果，然其放任为之，致最终事故的发生，其主观上存在间接故意。而前述法条规定并未对故意之类型予以特别限定，故程某之间接故意未超出该法条所规定的故意范畴。且，程某亦未能举证证明车辆碰撞前存在其他能直接导致事故发生的介入因素，在此情形下，应当认定程某的危险驾驶行为与事故发生存在直接因果关系。据此，该起事故符合前述法条规定之情形，保险公司拒赔于法有据。第二，就保险目的而言，其旨在转移和分散风险并对因此遭受损失的被保险人提供经济补偿，该风险当属意外或偶然之风险，而非投保人或被保险人故意制造之风险，以防被保险人道德风险。如前所述，案涉保险事故之发生系因程某故意之危险驾驶行为所致，与保险所防范之风险不符，有违保险目的之所在，故该保险事故不应得到保险之补偿。第三，从社会价值导向角度而言，程某危险驾驶行为明显违反“文明驾驶、安全出行”的守则，同时也有悖于“友善”这一社会主义核心价值观的内容，故此种行为不但不应获得保障，还应坚决摒弃。

福建省福州市鼓楼区人民法院依照《中华人民共和国保险法》第二十七条第二款规定，判决：

驳回程某的诉讼请求。

程某不服一审判决，提起上诉。

福建省福州市中级人民法院经审理同意一审法院裁判意见，依照《中华人民共和国民事诉讼法》第一百七十七条第一款第一项规定，判决：

驳回上诉，维持原判。

【法官后语】

随着车辆商业保险的普及，一方面，有效降低了驾驶人的风险成本；另一方面，又一定程度上让驾驶人放松了对自身驾驶行为的约束，致因危险驾驶而生的交通事故日渐增多。《中华人民共和国保险法》第二十七条第二款规定：投保人、被保险人故意制造保险事故的，保险人有权解除合同，不承担赔偿或者给付保险金的责任；除本法第四十三条规定外，不退还保险费。该条内容亦被机动车商业保险条款所吸收，作为其约定的免责事由之一。而在理论界及司法实务中，关于驾驶人危险驾驶行为是否构成故意制造保险事故，继而可由保险人援引免责，存在争议。

持否定意见者认为，《中华人民共和国保险法》第二十七条第二款规定的故意应当仅限于以骗取保险金为目的的故意行为，而不应任意扩张，否则将有损保险的价值功能和被保险人的利益期待。对于危险驾驶行为，其并非以骗取保险金为目的，不符合前述法条适用的情形。持肯定意见者则认为，首先，从法条文义上，该故意指向的是保险事故，并未有目的性限制，将该故意限缩于以骗取保险金为目的已超出其文义范畴；其次，保险制度的目的在于转移和分散意外或偶然之风险，对于人为故意制造的风险予以赔付，与该制度目的不符；最后，从价值层面上，以骗取保险金为目的而故意制造保险事故，直接损害的是保险人之利益，而如本案中不顾公共安全的危险驾驶行为所致事故，其直接威胁的是社会公共利益，举轻以明重，后者则更应纳入该法条之故意范畴予以规制。

笔者认同后者，对于危险驾驶行为是否构成“故意制造保险事故”之拒赔事由，应从主客观两个方面进行认定。在客观上，一方面该危险驾驶行为应达到将事故的发生置于高度危险的程度下，且该危险驾驶行为应具有持续性，而非一时的或偶然性的行为；另一方面该驾驶行为与事故发生应具有直接的因果关系，即不存在其他的介入近因，鉴于危险驾驶行为已足以致事故发生，故此举证责任应由驾驶人负担。在主观上，驾驶人对其驾驶行为与事故发生后果之间的前述影响程度，能够且应当认识到，但仍放任为之，且不具有必要且合理的正当性事由。基于前述认定标准，诉诸本案，首先，从驾驶人的行为危险程度上分析，其行为发生时间为车流人流高度密集时间段，而地点是交通主干道的十字路口，驾驶人在交通事故易发且高发的客观环境下，严重违章驾驶，且该行为具有持续性，明显对事故后果持放任态度，此种高度危险的驾驶行为与驾车故意碰撞其他车辆的行为边界已然无法区分，符合前述法条适用的行为标准。其次，从因果关系上，在驾驶人无法举证证明存在其他直接导致案涉事故发生的介入原因的情况下，该危险驾驶行为与事故发生后果应认定具有直接的因果关系。最后，从主观层面上，案涉驾驶行为对于一般理性人而言，均足以认识到其对于事故发生的高度危险程度，而本案驾驶人仅是出于斗气，而无任何必要且合理的正当性事由。综上，案涉危险驾驶行为所致之保险事故应当认定为驾驶人故意为之，保险人有权适用故意制造保险事故的法定免责事由不予理赔。

编写人：福建省福州市鼓楼区人民法院　卓垚磊

16

无直接证据证明多次撞击交通事故损伤参与度时，应结合其他间接证据并运用证据规则进行综合认定

——余某诉保险公司财产保险合同案

【案件基本信息】

1. 裁判书字号

四川省眉山市中级人民法院（2022）川14民终1542号民事判决书

2. 案由：财产保险合同纠纷

3. 当事人

原告（被上诉人）：余某

被告（上诉人）：保险公司

第三人：刘某一、陈某

【基本案情】

陈某与刘某一系夫妻关系，刘某二系二人之女。余某与蒋某系夫妻关系，小型轿车登记所有人为余某，该车在保险公司投保了机动车交通事故责任强制保险和商业保险。2021 年 12 月 4 日晚，蒋某驾驶小型轿车行驶时，遇前方同向由刘某二骑行的二轮自行车、陈某骑行的二轮自行车、刘某一骑行的二轮电动车在非机动车道内行驶，蒋某驾车在行驶过程中与刘某二骑行的二轮自行车尾部相撞，致刘某二受伤。《道路交通事故认定书》载明：蒋某驾车在夜间未注意安全驾驶，并未按规定车道行驶，在非机动车道内与前方同向行驶的二轮自行车相撞，其违法过错行为是导致此事故发生的全部原因，认定蒋某在此事故中承担全部责任，刘某二在此事故中不承担责任。上述事故发生后，由蒋某驾驶该车搭乘刘某二、陈某、刘某一将刘某二送医院救治，行驶过程中，该车又与机非隔离花台相撞，造成车辆侧翻。《道路交通事故认定书》载明：蒋某未注意安全驾驶，超速驾驶，事故发生后，蒋某弃车逃逸。认定蒋某在此事故中承担全部责任，刘某二在此事故中不承担责任。车辆侧翻后，刘某一、陈某将刘某二继续送往医院救治，蒋某步行离开现场。次日凌晨，刘某二经抢救无效死亡。司法鉴定意见载明：刘某二的死亡原因符合交通事故所致头颈部及胸腹部复合型损伤。本次尸表检验无法明确两次交通事故损伤对刘某二死亡的参与度。

事故发生次日，蒋某投案。吸毒现场检测报告书载明蒋某结果为阴性，司法鉴定意见书载明蒋某字样的血液中未检出乙醇。2021 年 12 月 13 日，蒋某、余某、刘某一、陈某签订《协议书》约定：（1）蒋某一次性赔付刘某一、陈某因此次交通事故各项赔偿共计 880000 元；（2）若后期保险公司赔付后，蒋某再额外赔付 500000 元。同日，余某按约支付 880000 元。蒋某取得谅解。

另查明，检察院指控蒋某犯交通肇事罪案，法院作出（2022）川 1402 刑初 133 号刑事判决，判决蒋某犯交通肇事罪，并认为：蒋某履行救助义务后没有立即投案，而是离开事故现场，属于逃逸行为。

【案件焦点】

无法通过鉴定明确两次交通事故损伤对刘某二死亡的参与度，如何认定死亡原因。

【法院裁判要旨】

四川省眉山市东坡区人民法院经审理认为：交警对蒋某驾车将刘某二撞伤及驾车搭乘刘某二等人送医途中车辆翻覆分为两次道路交通事故，分别作出认定。其中第一次交通事故已造成刘某二伤势非常严重，而第二次交通事故未造成车上其他人员受伤。虽然鉴定意见无法明确两次交通事故损伤对刘某二死亡的参与度，但从高度盖然性证据规则能够认定刘某二的死亡系第一次交通事故造成。庭审中，双方均同意保险公司将赔付款中的 500000 元直接支付给刘某一、陈某。

四川省眉山市东坡区人民法院依照《中华人民共和国民法典》第一千二百一十三条，《中华人民共和国保险法》第十条、第十四条、第十七条、第六十五条，《最高人民法院关于适用〈中华人民共和国保险法〉若干问题的解释（二）》第十一条，《最高人民法院关于适用〈中华人民共和国保险法〉若干问题的解释（四）》第十九条，《最高人民法院关于审理人身损害赔偿案件适用法律若干问题的解释》第六条、第十五条、第二十二条，《最高人民法院关于确定民事侵权精神损害赔偿责任若干问题的解释》第五条，《中华人民共和国民事诉讼法》第六十七条规定，判决：

保险公司在本判决生效后十五日内在交强险及商业三者险限额内赔偿余某 854437.09 元（该款由保险公司实际向余某支付 354437.09 元，向第三人刘某一、陈某支付 500000 元）。

保险公司不服一审判决，提起上诉。

四川省眉山市中级人民法院经审理认为：尸检报告显示刘某二的伤情极其严重。根据常理，第二次翻覆事故发生时，刘某二的父母对其必然尽可能提供保护，而同乘的其他车上人员均无任何受伤。且事故刚发生后，刘某二的父母向有关调查单位作出的关于刘某二在第一次撞击后就失去意识和小便失禁的陈述具有很高可信度。故，一审法院根据高度盖然性证据规则认定刘某二的死亡系第一次交通事故造成，并无不当。

四川省眉山市中级人民法院依照《中华人民共和国民事诉讼法》第一百七十七条第一款第一项规定，判决：

驳回上诉，维持原判。

【法官后语】

损伤参与度是指在有外伤、疾病等因素共同作用于人体，损害了人体健康的事件中，损伤在人身死亡、伤残、后遗症的发生上所起作用的比例关系。损伤参与度代表事故相关损伤对于事故后果的介入程度，即确定各原因在损害结果发生中所起作用大小。当现有证据足以确定侵权行为与损害后果之间的因果关系或者原因力的，无须引入参与度问题。当现有证据无法直接认定侵权行为与损害后果之间的因果关系或者原因力大小的，应该考虑引入损伤参与度查明真相，必要时可以引导当事人进行相关鉴定。对于能够通过合法的司法鉴定程序确认损伤参与度的侵权纠纷，除非有其他证据能够推翻，鉴定意见往往能够作为直接证据予以采纳。但在司法实践中，由于事故发生的突发性、复杂性、鉴定技术的局限性，存在大量无法通过鉴定确定损伤参与度的情形，此时则需要审判人员仔细审查全案证据，在没有直接证据证明损伤参与度大小的前提下，结合案件的其他间接证据进行推理，运用证据规则综合予以认定。依据间接证据认定事实时，应当围绕间接证据之间是否存在相互矛盾之处，是否能够相互印证，是否能够形成完整的证明体系等进行释法说理。

本案中，蒋某驾车与刘某二相撞，致刘某二受伤后，蒋某继续驾车搭载刘某二和其父母，将刘某二送医，在送医过程中，车辆再次与机非隔离花台相撞，造成车辆侧翻。后刘某二经抢救无效死亡，而其余人员在事故中均未受伤。经司法鉴定，刘某二的死亡原因系交通事故所致，但无法明确两次交通事故损伤对刘某二死亡的参与度。一审法院结合第一次交通事故已造成刘某二伤势非常严重、而第二次交通事故中未有人受伤以及当事人的陈述等经审查确认的证据，运用高度盖然性证据规则认定刘某二的死亡系第一次交通事故造成。二审法院则进一步从刘某二的尸检报告显示伤情极其严重、当事人在案发后向调查单位作出的关于刘某二第一次撞击后已失去意识且小便失禁，结合第二次交通事故中同乘人员均未受伤，刘某二的父母必然尽可能为其提供保护的日常经验法则进行推理，认可了一审法院根据高度盖然性证据规则作出的认定。

此外，需要说明的是，对于多次撞击的交通事故，当间接证据亦无法达到认定各次撞击与损害后果之间因果关系和原因力大小的证明标准时，应根据实际情况，按照《中华人民共和国民法典》侵权责任编的相关规定确定各方的责任承担。

编写人：四川省眉山市东坡区人民法院 陈园园

17

被保险人单方免责承诺的解释规则

——机械公司诉保险公司财产保险合同案

【案件基本信息】

1. 裁判书字号

福建省厦门市中级人民法院（2022）闽02民终3001号民事判决书

2. 案由：财产保险合同纠纷

3. 当事人

原告（上诉人）：机械公司

被告（被上诉人）：保险公司

【基本案情】

2020年6月29日，吊车在保险公司投保第三者责任保险等特种车辆商业保险，被保险人为机械公司。2020年10月9日，王某驾驶机械公司所有的吊车在工程公司某路工程A处发生交通事故，不慎造成沈甲的死亡。2020年10月10日，工程公司与沈甲的亲属程某、沈乙签订的一份《死亡赔偿协议书》约定，工程公司一次性支付给程某、沈乙共计1450000元（包括但不限于死亡赔偿金、丧葬费、亲属抚养费、交通费、误工费、住宿费、精神损失费等所有与沈甲死亡事件有关的一切损失）。同日，陈某代工程公司向程某转账支付赔偿款1450000元和家属误工费50000元。后，工程公司与机械公司签订的一份《赔偿协议书》约定，双方就本次事故做工伤和交通意外事故责任分割，其中1000000元由工程公司承担，550000元由机械公司承担。

2020年10月16日，区应急管理局出具的一份《证明》记载："2020年10月9日下午5时10分许，工程公司某路工程A标段建设工地，发生一起吊车行驶过程中致沈甲死亡的事故，经初步调查，肇事吊车负主要责任。"

2020年11月9日，区应急管理局作出的一份《"10·9"一般事故调查报告》记载，王某于2020年3月成为机械公司员工，职务是吊车驾驶员兼操作手；根据2019年7月22日工程公司和机械公司签订的设备租赁合同内容，双方约定吊车的使用管理指挥由工程公司负责，吊车的维护保养检修由机械公司负责。事故造成直接经济损失约1500000元。事故发生原因：（1）直接原因吊车驾驶员兼操作手王某，未认真观察施工便道（运行通道）周边的安全情况。在左转弯时，因施工便道宽度小于吊车最小转弯宽度，未能保证安全行驶，致使吊车左后轮穿过砂桶制作作业区时，不慎将沈甲碾轧致死。（2）间接原因工程公司安全生产主体责任落实不到位是导致事故发生的间接原因等。

2021年1月26日，机械公司向保险公司出具一份《承诺书》："2020年10月9日下午5点10分左右，在工程公司某路工程A标段建设工地上，王某驾驶吊车在行使过程中碰撞沈甲致其死亡的事故。目前就本次沈甲工亡、交通意外事故工程公司已和死者家属签订赔偿协议，共赔付死者家属145万元，机械公司和工程公司签订补充协议，在145万元赔偿中100万元由工程公司承担，45万元由机械公司承担。现关于本次事故已结清并全部赔偿完毕，吊车在保险公司承保交强险和商业险，申请保险公司就本案进行正常赔付。机械公司承诺，在保险公司履行本案赔付义务后，后续因本案产生的任何费用及赔偿与保险公司无关，包括但不限于后续死者家属就本次交通意外事故向机械公司和保险公司索赔的情况，由此产生的赔偿金、律师费、诉讼费、仲裁费等所有赔偿项目由机械公司全部承担，如后续存在死者家属起诉保险公司的情况，在保险公司履行赔偿后3天内机械公司将保险公司前期支付机械公司的赔偿款全部退还，否则保险公司有权对本次事故要求赔偿总赔偿款20%的违约金。"

2021年2月1日，保险公司向机械公司支付交强险赔款180000元和第三者责任保险赔款270000元，共计450000元。保险公司出具的《机动车辆事故责任交强险赔款计算书》与《机动车辆商业保险赔款计算书》均记载，事故责任：主责，责任比例为70%。

2021年10月8日，工程公司与机械公司签订的一份《赔偿变更协议》约定，因签署《赔偿协议书》时双方均不知悉区应急管理局对机械公司责任的具体认定，双方对事故责任原存在重大误解，将原协议第二条修改为：根据区应急管理局认定的"肇事吊车负主要责任"的结论，双方同意对第一条共计1550000元的金额，在机械公司肇事吊车交强险死亡伤残限额180000元之内由机械公司全额承担，对超出交强险部分，因沈甲在事故发生时属非机动车一方，应按2∶8的责任比例由工程公司与机械公司双方分摊，即工程公司共承担274000元，机械公司连同交强险死亡伤残限额180000元部分共承担1276000元，因机械公司此前已承担550000元，故还需承担726000元。

2021年12月10日，工程公司出具的一份《说明》内容为："一、我司系于2021年4月，才从机械公司知道区应急管理局出具的《证明》，才知悉该事故由机械公司承担主要责任。二、2021年1月27日我司出具的《情况说明》，是由保险公司事先拟好，要求我司盖章。当时我司根本不知道上述《证明》的存在。三、我司在2021年4月知道了区应急管理局出具的《证明》，知道该事故应由机械公司承担主要责任后，本着实事求是公平合理的想法与机械公司多次协商，双方在2021年10月8日签订《赔偿变更协议》。”

【案件焦点】

如何确定保险人与被保险人之间的权利义务关系。

【法院裁判要旨】

福建省厦门市思明区人民法院经审理认为：对于保险理赔中发生的单方免责承诺，在理解存有争议或承诺所依据的基础条件发生重大改变的情形下，应综合运用目的解释、诚信解释等方法合理确定当事人之间的权利义务关系，使保险人在其应承担的赔付范围内发挥保险合同转移风险的合同目的。

福建省厦门市思明区人民法院依照《中华人民共和国民事诉讼法》第六十七条第一款规定，判决：

驳回机械公司的诉讼请求。

机械公司不服一审判决，提起上诉。

福建省厦门市中级人民法院经审理认为：保险合同是建立在诚实信用基础上的一种射幸合同。保险在国民经济中占有十分重要的作用，保险运作的原理就是各个投保人通过向保险人缴纳一定的保险费从而形成一定的保险基金，由保险人来承担被保险人可能出现的风险。本案事故发生后，工程公司与机械公司已就事故赔偿达成协议。区应急管理局出具的《证明》仅载明“经初步调查，肇事吊车负主要责任”，该《证明》并未明确是吊车的管理指挥者工程公司负主要责任还是吊车的驾驶人员机械公司负主要责任。因此，工程公司与机械公司在第一次达成协议时，责任认定并未完全确定。双方在责任明确后对原协议进行变更，于法不悖。而机械公司在原协议基础上出具《承诺书》，显然也是基于当时案涉事故已经协商完毕。此后，双方再行变更协议约定显然并非机械公司在理赔时所能预见到的。机械公司在原承诺时的基础和前提发生变化，其所应承担的赔偿数额明显增加的情况下，再行申请理赔符合保险合同约定，亦不悖法律规定。综上所述，民事主体应以善意、合法的方式行使权利，不得以损害他人和社会利益的方式来获取私利。在当事人约定不明确或者订约后客观情形发生重大改变时，应依诚实信用的要求确定当事人的权利义务和责任。在案涉保险事故属于保险公司理赔范围的情形下，机械公司与工程公司根据最终的责任认定变更赔偿协议，导致机械公司原理赔基础发生变化，保险公司应依照诚实信用原则处理理赔事项，据实理赔。

福建省厦门市中级人民法院依照《中华人民共和国民事诉讼法》第一百七十条第一款第二项，《最高人民法院关于审理人身损害赔偿案件适用法律若干问题的解释》第六条、第十四条、第十五条、第二十三条，《最高人民法院关于确定民事侵权精神损害赔偿责任若干问题的解释》第十条规定，判决：

一、撤销福建省厦门市思明区人民法院民事判决；

二、保险公司应于本判决生效之日起七日内向机械公司支付保险赔偿金 635418.3 元及资金占用费（以 635418.3 元为基数，按照同期全国银行间同业拆借中心公布的一年期贷款市场报价利率自 2021 年 11 月 17 日起计至保险公司实际付清款项时止）；

三、驳回机械公司其他上诉请求；

四、驳回机械公司一审其他诉讼请求。

【法官后语】

本案的争议焦点在于诚实信用原则在保险案件中的适用。

1. 保险合同的性质。

保险合同是建立在诚实信用基础上的一种射幸合同。保险在国民经济中占有十分重要的作用，保险运作的原理就是各个投保人通过向保险人缴纳一定的保险费从而形成一定的保险基金，由保险人来承担被保险人可能出现的风险。而保险公司作为专业理赔机构，基于专业经验及对保险合同的理解，更应遵守诚信原则，对属于保险合同理赔范围的保险事故应及时予以理赔。

2. 保险合同的解释。

案涉《承诺书》虽然是被保工程公司单方出具的文件，但该《承诺书》作为被保险人应保险人要求出具的理赔材料，涉及保险合同中双方权利义务的实质性安排，系保险合同不可分割的组成部分，应依意思自治原则将其纳入保险合同之中，根据保险合同的相关条款、目的、性质、实际履行情况等对《承诺书》的内容进行解释。根据《中华人民共和国民法典》第一百四十二条第一款规定，有相对人的意思表示的解释，应当按照所使用的词句，结合相关条款、行为的性质和目的、习惯以及诚信原则，确定意思表示的含义，开展解释作业的方法主要包括文义解释、体系解释、历史解释、目的解释与诚信解释。

（1）文义解释。按照通常的理解对用语进行解释，是意思表示解释的首要方法。《承诺书》载明“机械公司承诺，在保险公司履行本案赔付义务后，后续因本案产生的任何费用及赔偿与保险公司无关”，根据字面含义，保险公司赔付义务范围的确定存在两种解释可能：其一，机械公司承诺以《承诺书》的出具时间为结算时点，确定保险公司的赔付义务，《承诺书》出具后发生的费用不纳入保险公司的赔付范围。其二，按照《承诺书》中机械公司申请的赔付数额确定保险公司的赔付范围，申请数额之外的费用属于与保险公司无关的后续费用。

（2）目的解释。所谓目的解释，是指在对意思表示进行解释时，应当根据当事人作出意思表示所追求的目的，对有争议的意思表示进行解释。机械公司出具《承诺书》的目的在于向保险公司申请理赔款，理赔依据包括工程公司和死者家属签订的《死亡赔偿协议书》，以及工程公司与机械公司签署的《赔偿协议书》。

考虑到自事故发生到责任结果的最终确定之间存在一定的时间间隔，责任人在责任结果最终确定前先行就责任比例达成协议，应理解为工程公司与机械公司之间暂时性的权利义务安排，以避免工程公司长期全额垫付赔偿数额所遭受的不利益，不具有责任确定的终局效力，不能作为保险公司赔付义务的确认依据。再者，保险运作的原理在于各个投保人通过向保险人缴纳一定的保险费从而形成一定的保险基金，由保险人来承担被保险人可能出现的风险，因此以被保险人应该承担的责任范围为依据确认保险公司赔付义务，更有利于保险合同目的的实现。若保险公司无须依照最终确定的责任结果进行赔付，将使保险人得到的赔付数额远低于其实际赔付的数额，违反保险合同意在分配被保险人事故风险的目的意旨。

(3) 诚信解释。诚信解释是指以一个诚实守信的当事人为标准来判断、理解意思表示的内容和条款的含义，这要求法官平衡双方当事人的利益，公平合理地确定意思表示的内容。本案中，机械公司与工程公司就有权机关作出的责任认定结果变更责任分配的协商比例，并未不当增加保险公司的负担，而机械公司在其所应承担的赔偿数额明显增加的情况下，再行申请理赔亦符合保险合同约定，属于其理应享有的保险利益。反观保险公司明知案涉事故的责任认定结果，却未将该重要信息提示、告知被保险人，反而要求被保险人签署《承诺书》作为理赔材料，系以减损被保险人的保险利益为代价实现自身义务的部分免除，违反诚实信用原则。民事主体应以善意、合法的方式行使权利，不得以损害他人和社会利益的方式来获取私利，第二种关于保险人赔付义务确定方式的文义解释不符合诚实、善意的履约要求，故不予采纳。保险公司应依照诚实信用原则处理理赔事项，据实理赔。

综上，风险保障为保险业的应有之义，对于保险理赔中存在的单方免责允诺、免责条款，在存在理解争议的情况下，应综合运用目的解释、诚信解释等解释方法合理确定被保险人与保险人之间的权利义务关系，避免不当增加保险人负担或不当减损被保险人利益，使保险人在其应承担的赔付范围内发挥保险合同转移风险的合同目的。

编写人：福建省厦门市中级人民法院　许莹

18

雇主责任险项下保险金请求权转让须综合审查

——工程公司诉甲保险公司责任保险合同案

【案件基本信息】

1. 裁判书字号

上海金融法院（2022）沪74民终1405号民事判决书

2. 案由：责任保险合同纠纷

3. 当事人

原告（上诉人）：工程公司

被告（被上诉人）：甲保险公司

第三人（被上诉人）：建筑公司

【基本案情】

建筑公司向甲保险公司投保雇主责任险。保单载明：被保险人为建筑公司，工伤身故100万元/人。雇员清单列明朱某在其中。

2020年9月14日，生产安全事故调查组出具《事故调查报告》，事故总包单位为案外人建设集团，钢结构工程分包单位为工程公司，钢结构施工安装单位为建筑公司，死者朱某系建筑公司的钢结构安装工。2020年7月16日15时30分许，事发工地上钢梁脱索掉落砸中朱某致其死亡。2020年8月14日，县人力资源和社会保障局出具《认定工伤决定书》。

2020年7月19日，工程公司、建设集团与死者家属签订《人民调解协议书》，约定一次性赔偿死者家属122万元，建筑公司未参与调解，赔款由建设集团、工程公司先行支付。与前述协议落款时间、调解字号均相同的另一份《人民调解协议书》载明，由工程公司一次性赔偿死者家属122万元。嗣后，工程公司履行完毕，转账备注“代为建筑公司支付朱某赔偿款”。2020年7月21日，工程公司与建筑公司签订《协议书》，将案涉保单权益转让给工程公司。

另查明，根据浙江省衢州市柯城区人民法院（2021）浙0802民初3694号生效民事判决（以下简称3694号），建设集团为新建厂房项目向乙保险公司等投保建筑工程团体意外伤害保险。2021年4月28日，工程公司与死者家属签订《保险金权益转让协议书》，受让取得意外险项下保险金权益。法院认为，朱某家属将意外险保险金权益转让给工程公司前，双方已就朱某死亡所造成的损失签订《人民调解协议书》，工程公司按调解协议约定支付122万元赔款，故朱某家属将保险金权益转让给工程公司并不是单纯的放弃继承权，而是由工程公司对朱某死亡损失进行赔偿后所作出的保险金权益转让，双方存在对价转让关系。遂判决乙保险公司等支付工程公司保险赔偿款120万元。

【案件焦点】

工程公司代建筑公司赔付的主张能否成立，工程公司可否受让取得雇主责任险的保险金请求权。

【法院裁判要旨】

上海市虹口区人民法院经审理认为：根据《中华人民共和国保险法》规定，被保险人对第三者的赔偿责任确定方能触发责任保险事故，被保险人未实际向第三者赔偿的，保险人不得向被保险人赔偿保险金。雇主责任险项下，被保险人对保险人直接享有保险金请求权的前提是被保险人对第三者的赔偿责任确定并已实际承担赔偿责任，否则被保险人无权请求保险人向其支付保险金，保险金请求权转让亦无从谈起。本案中，工程公司主张系代建筑公司赔付，意在将赔付行为的法律效果归于建筑公司，以视为建筑公司向朱某家属履行了雇主赔付责任，以此触发责任保险事故，并据此受让保险理赔权益。但3694号认定工程公司向朱某家属赔付122万元与其自朱某家属处受让取得意外伤害保险金权益构成对价关系，并据此判决工程公司取得意外伤害保险金120万元。基于此，工程公司在 3694 号中就向朱某家属赔付 122 万元的性质已重新作出确认。在此情况下，工程公司在本案中再行主张系代建筑公司赔付及与受让雇主责任险保险权益形成对价，与前述生效判决认定显相矛盾。工程公司基于同一赔付行为，就赔付款项的性质及对价关系的解释不应前后矛盾，否则有悖于诚实信用原则。综上，案涉保单项下建筑公司未实际承担任何责任，工程公司赔付行为亦难视为代建筑公司赔付，故建筑公司无权向甲保险公司主张保险金，工程公司主张受让取得保险金请求权亦无从谈起。工程公司因赔付所遭受的损失，已由朱某家属让渡意外伤害保险金基本获得填补。故，对于工程公司的诉讼请求，法院无法支持。

上海市虹口区人民法院依照《中华人民共和国合同法》第六条，《中华人民共和国保险法》第五条、第六十五条第三款至第四款规定，判决：

驳回工程公司的全部诉讼请求。

工程公司不服一审判决，提起上诉。

上海金融法院经审理同意一审法院裁判意见，依照《中华人民共和国民事诉讼法》第一百七十条第一款第一项规定，判决：

驳回上诉，维持原判。

【法官后语】

在建设施工、物流运输、物业服务等劳务用工密集型领域，雇主企业未按法律规定为员工投保工伤保险的情况较为普遍，加之企业日常现金流有限，经营抗压能力不强，一旦发生雇员因工致害的情况，雇主企业有时难以妥善处置或赔付，甚至逃避责任或注销公司。为分散用工风险，目前多数企业选择投保雇主责任险。

在投保雇主责任险的情况下，对于雇主企业无力赔付雇员的情形，通常存在两种解决思路。其一，雇主对雇员赔付责任的确定系触发保险事故的关键。雇主可先行与雇员达成赔付协议明确责任关系，之后雇主可请求保险人直接向雇员赔付保险金。在雇主怠于请求的情况下，亦可由雇员直接向保险人索赔，以化解企业在先赔付能力不足的困境。其二，雇主企业在员工出险后寻找有偿付能力的第三方主体代自身履行对雇员的赔付责任，事后将雇主责任险项下的保险金请求权转让给该第三方。此类处置方式并不鲜见。究其原因，雇员出险后，雇主企业通常面临雇员或其家属施压，社保、安全职能部门调查等多方压力，为及时安抚雇员及其家属，防止矛盾激化，雇主企业在自身无力赔付的情况下亟须寻找到具有偿付能力的第三方主体先行代赔。否则，即便与雇员方面达成赔偿协议或通过诉讼、仲裁程序确定责任后再行申请保险理赔，之后也将面临保险公司调查核赔等漫长的理赔流程，此间或难以缓和用工矛盾或无法及时救济保障受害人。

第三方主体赔付行为的法律性质及所确立的对价关系是确定赔付行为所产生的法律后果能否归属于被保险人雇主的关键。第三方代赔的法律本质为第三方代为履行，按照一般原理，第三方代为履行的法律后果体现为：一是权利人接受该第三方的履行，视为原义务主体履行完毕；二是因第三方代替履行存在瑕疵而应由原义务主体向权利主体承担法律责任。在雇主责任险项下，如被保险人与第三方达成代赔约定，且第三方主体按约向雇员履行赔付责任，那么视为被保险人履行赔偿，被保险人依法取得直接向保险人请求保险金的权利；若第三方未能替代履行赔付义务，则被保险人仅能请求保险人向雇员支付，其自身无法直接请求受益。实务中，即便被保险人与第三方起初存在代赔约定，但在实际履行中，基于第三方主体同为雇员出险事故的责任方等特殊情况，或第三方主体依据其他对价关系进行赔付，均可能导致第三方主体的赔付行为无法被评价为代雇主履行，进而使得雇主无法取得直接的保险金请求权。在此情况下，保险金请求权的转让亦无从谈起。

雇主责任险本质上属于财产保险。被保险人在出险后享有对保险人索赔的权利即为保险金请求权，本质是一种特殊的债权请求权。基于保险射幸原理，保险事故的发生具有不确定性，故在保险事故发生之前被保险人仅享有期待权，惟在触发保险事故后，被保险人的期待权才会被特定化为具体请求权，在此前提下，被保险人方可转让处分该项请求权。保险金请求权的转让本质上是一种债权转让，仍应受到合同法限制转让情形的规制。据此，在雇主责任险触发保险事故后，若被保险人基于第三方代赔而向该第三方主体转让保险金请求权，则可认为第三方主体的赔付行为与受让该保险金请求权构成对价关系。基于诚信原则，第三方主体针对自身同一赔付行为的对价关系的解释应当是合理且唯一的。若第三方主体赔付行为同时还基于其他对价关系，基于对价关系审查及考虑到同一主体不能基于同一赔付行为获取额外利益，可合理认定该赔付行为不应再视为代雇主履行赔付责任，相应后果无法归属于被保险人雇主。

编写人：上海市虹口区人民法院　夏梦

19

外卖骑手猝死后未尸检，保险公司能否拒赔

——网络公司诉保险公司责任保险合同案

【案件基本信息】

1. 裁判书字号

江苏省南京市中级人民法院（2022）苏01民终13939号民事判决书

2. 案由：责任保险合同纠纷

3. 当事人

原告（被上诉人）：网络公司

被告（上诉人）：保险公司

【基本案情】

网络公司于2020年3月22日向保险公司投保中小微企业组合保险，保险期间自2020年3月22日0时至2020年3月23日2时，雇员1人（冯某一），雇主责任（人身伤亡）保险金额800000元，雇主责任（医疗费用）保险金额80000元。双方在保单中特别约定：（1）本保单承保的骑手年龄范围16周岁至

60周岁，限投保一份；（2）保障期限：为排班表时间范围内及上下班时间（释义：本保单所述上下班时间是指排班表起始时间向前2小时期间和排班表结束时间向后2小时期间）；（3）保险期间内，被保险人指定雇员在其雇佣期间在中国境内，接受“某平台”“某外卖”指定服务期间发生意外事故所致伤残或死亡且符合《工伤保险条例》第十四条、第十五条可认定为工伤的，依照中华人民共和国法律应由被保险人承担的经济赔偿责任，保险人按照本保单约定负责赔偿：①身故赔偿限额每人不超过80万元；②伤残赔偿评定标准按《劳动能力鉴定 职工工伤与职业病致残等级》（GB/T 16180—2014）执行，1~10级给付伤残赔偿金残限额为100%、80%、70%、60%、40%、30%、20%、15%、7%、5%；③本保单扩展承保在保险期间内因身体急性症状发生后即刻或48小时内经抢救无效导致的猝死责任，但由既往病史导致的突发疾病身故不属于保险责任；如发生猝死事故，必须由有鉴定资格的医院或公安部门指定法医鉴定机构进行尸检以确定死亡原因，如未能提供相关证明材料导致无法确定死亡原因的，在已有证据可排除既往病史原因的情况下，保险人按不超过身故限额的10%进行赔付等。

2020年3月22日，冯某一从事某外卖配送工作中摔倒。当日13时36分，冯某一因意识丧失，呼之不应被送往医院救治。《110快反处置接处警登记表》载明：报警内容为2020年3月22日13时26分，接110指派，在某街东口有一较胖男子摔倒，被群众扶起后又自行摔倒；处置情况为民警到场后，发现有一体型较胖男子仰面躺在地上，旁边停着某平台送餐车。经核实，该男子名叫冯某一。据围观群众介绍，该男子在骑行过程中摔倒，被群众扶起后，再次摔倒，后被120送到医院进行救治。

2020年3月22日，医院出具《居民死亡医学证明（推断）书》，记载：直接死亡原因为“睡眠呼吸暂停综合征”。

2020年10月21日，网络公司向区人力资源和社会保障局提交冯某一的工伤认定申请，该局于2020年12月17日作出《认定工伤决定书》，认定冯某一受到的事故伤害，属于工伤认定范围，认定为工伤。

2021 年 3 月 26 日，法院立案受理冯某一的家属冯某二诉网络公司劳动争议案。后双方达成和解，法院于 2021 年 4 月 21 日作出民事调解书。2021 年 5 月 21 日，网络公司向冯某一家属冯某二转账支付 57 万元。

【案件焦点】

保险公司是否应当对网络公司承担雇主责任险的保险赔偿责任。

【法院裁判要旨】

江苏省南京市玄武区人民法院经审理认为：当事人对自己提出的诉讼请求所依据的事实应当提供证据加以证明，当事人未能提供证据或证据不足以证明其事实主张的，由负有举证证明责任的当事人承担不利的后果。本案中，无尸检报告限赔的条款属于“特别约定”的内容，而且直接关系到投保人或者被保险人的理赔率，保险公司作为提供格式合同的一方，应对保险合同双方就此达成合意进行举证。保险公司主张网络公司对无尸检报告限赔的条款明知，但在案证据不能证明保险公司已在网络公司投保时与其就该特别约定条款进行过协商，因此保险公司应承担举证不利的法律后果。现网络公司要求保险公司在保险限额内赔偿 570000 元，有事实及法律依据，法院予以支持。

江苏省南京市玄武区人民法院依照《中华人民共和国保险法》第十三条、第十七条、第十九条，《最高人民法院关于适用〈中华人民共和国保险法〉若干问题的解释（二）》第九条，《中华人民共和国民事诉讼法》第六十四条规定，判决：

保险公司于本判决生效之日起十日内向网络公司支付保险理赔款 570000 元。

保险公司不服一审判决，提起上诉。

江苏省南京市中级人民法院经审理认为：根据《中华人民共和国保险法》第十七条的规定：订立保险合同，采用保险人提供的格式条款的，保险人向投保人提供的投保单应当附格式条款，保险人应当向投保人说明合同内容。对保险合同中免除保险人责任的条款，保险人在订立合同时应当在投保单、保险单或者其他保险凭证上作出足以引起投保人注意的提示，并对该条款的内容以书面或者口头的形式向投保人作出明确说明；未作提出或明确说明的，该条款不产生效力。《最高人民法院关于适用〈中华人民共和国民事诉讼法〉的解释》第九十条规定：当事人对自己提出的诉讼请求所依据的事实或者反驳对方诉讼请求所依据的事实，应当提供证据加以证明，但法律另有规定的除外。在作出判决前，当事人未能提供证据或者证据不足以证明其事实主张的，由负有举证证明责任的当事人承担不利的后果。本案中，保险公司应当对网络公司承担雇主责任险的保险赔偿责任，主要理由是：首先，经法院调解，网络公司已经向冯某一家属承担 57 万元的赔偿责任，网络公司作为案涉责任保险的被保险人，有权要求保险公司承担保险责任，故网络公司主体适格；其次，保险公司应当提供回溯视频证明其就免责条款向投保人尽到提示和说明义务，但保险公司未能提供证据证明其在投保过程中，已经向投保人就案涉免责条款作出过提示说明，故该条款对投保人网络公司不发生效力。最后，进行尸检的目的是确定死亡原因，只有在无法确定死亡原因的情况下，才有尸检的必要性，但是本案中，医院出具的《居民死亡医学证明（推断）书》中载明冯某一的直接死亡原因为“睡眠呼吸暂停综合征”，该证明已经明确了冯某一的死亡原因，保险公司亦无证据证明冯某一系因既往疾病导致死亡，故法院支持网络公司的诉请，对保险公司以冯某一死亡后未进行尸检为由拒赔的意见不予采信。

江苏省南京市中级人民法院依照《中华人民共和国民事诉讼法》第一百七十七条第一款第一项规定，判决：

驳回上诉，维持原判。

【法官后语】

外卖骑手作为“互联网+服务业”和“智能+物流”的关键环节，是伴随平台经济的发展而产生的庞大就业群体。为强化其职业伤害保障，外卖平台运营商以及相关物流供应商往往会选择购买商业保险。“日保型”雇主责任险系近年来推出的新型保险产品，其依托人工智能（AI）大数据等科技手段，为灵活就业者提供了保障，有效避免了因员工流动性大，工作日不固定而造成的购买“年付型”保险的浪费，有效契合了外卖行业的工作特点。本案系因“日保型”雇主责任险合同中关于雇员猝死后未能进行尸检的理赔争议。

一、从保险合同目的考量

案涉保险条款特别约定中的第三条约定，保险期间内，被保险人指定雇员在其雇佣期间在中国境内，接受“某平台”“某外卖”指定服务期间发生意外事故所致伤残或死亡且符合《工伤保险条例》第十四条、第十五条可认定为工伤的，依照中华人民共和国法律应由被保险人承担的经济赔偿责任，保险人按照本保单约定负责赔偿身故赔偿限额每人不超过80万元等。由此可见，案涉保险合同的目的在于保障雇员在工作中所遭受的损害。案涉雇员冯某一作为网络公司的雇员，在从事外卖配送工作期间，发生猝死，属于案涉保险的保障范围。经法院调解，网络公司已经向冯某一家属承担57万元的赔偿责任，网络公司作为案涉责任保险的被保险人，理应有权要求保险公司承担保险责任。

二、从诚信原则考量

保险合同作为一种最大诚信合同，在订立保险合同时，保险人和投保人均应当将保险合同涉及的重要事项向对方作如实的说明或告知。保险条款具有专业性和复杂性，且通常由保险人单方面制定，投保人只能被动地选择接受与否，而难以对其进行更改，保险公司对险种的功能与效用、产品定价方式及其基础、合同条款的制定与解释，保险双方的权利和义务等方面拥有绝对的信息优势。如果对保险人的诚信行为缺乏有力约束，就可能使其利用这些信息优势，做出有损投保方利益的行为。因此，在合同出现漏洞以及约定冲突而产生争议的情况下，司法应充分考察保险公司在订立保险合同的过程中是否符合诚信原则的要求。

具体到本案中，案涉保险合同内容具有一定的个性化特征，系由保险公司单方制定。案涉保单系通过网络投保的方式投保，保单中的特别约定关于“猝死后未进行尸检拒赔”的条款系其单方制作的格式条款，免除了保险人的义务，且未向投保人履行提示与明确说明的义务，损害了投保人的利益，显然违反了诚实信用原则，故该条款对投保人即网络公司不产生效力，保险公司以骑手猝死后未进行尸检为由拒赔，无法律依据。

三、从人文关怀考量

案涉外卖骑手猝死后，当地医院已对骑手的死亡原因作出医学推断。进行尸检的目的是确定死亡原因，只有在无法确定死亡原因的情况下，才有尸检的必要性。从人文关怀角度考量，外卖骑手猝死后，死亡原因已确定，并无必须尸检的必要性，尊重死者家属的意愿，避免给其家人再次造成精神方面的损害。

该案件的裁判结果既保障了被保险人的合法权益，同时也将引导保险公司规范保险合同条款的制定和保险销售的流程。

编写人：江苏省南京市玄武区人民法院　黄彦杰　郁苏

二、人身保险合同纠纷

（一）人寿保险合同纠纷

20

人身保险合同中投保人如实告知义务的认定标准

——顾某诉保险公司人寿保险合同案

【案件基本信息】

1. 裁判书字号

浙江省湖州市中级人民法院（2022）浙05民终1592号民事判决书

2. 案由：人寿保险合同纠纷

3. 当事人

原告（被上诉人）：顾某

被告（上诉人）：保险公司

【基本案情】

2020年11月5日，顾某通过网络平台电子投保方式在保险公司处投保了某重大疾病保险，投保人及被保险人均为顾某本人，保险期间为终身，交费期间30年，每年交纳保险费7695元，基本保险金额为500000元，责任选项为基本保险责任+恶性肿瘤扩展保险金。投保过程中，顾某对投保网络页面询问的“健康、财务及其他告知事项”中“近两年内是否接受过以下检查或检验且结果异常：血常规……B 超……”“您目前或曾经是否患有下列疾病或存在下列情况：肿瘤相关疾病……不明原因淋巴结肿大、性质不明的结节、囊肿、肿块，包括甲状腺结节、乳腺结节……”等均勾选为“否”。后顾某于当晚支付首期保险费，保险合同于次日生效。2021 年 11 月 6 日，顾某向保险公司支付了第二年的保险费。

2021 年 12 月 16 日，顾某入住医院，入院诊断为甲状腺恶性肿瘤及颈部淋巴结继发恶性肿瘤，于 2021 年 12 月 20 日进行切除手术，于 2021 年 12 月 30 日出院。后顾某向保险公司提交理赔申请书，保险公司以“因订立保险合同时，投保人未履行如实告知义务”为由决定不予给付保险金并解除保险合同。

另查明，2020 年 11 月 5 日，顾某前往卫生院就诊并行超声检查。超声检查报告单显示右侧腮腺旁探及数枚大小不等的低回声椭圆形团块，境界清晰，较大者约 10.6×6.4mm。临床（初步）诊断为淋巴结炎，并配消炎药以治疗，未有其他医嘱。

再查明，顾某所确诊疾病属于案涉保险合同所约定的重大疾病，保险合同的保险条款第 2.8.3 条约定，重大疾病保险金=本合同基本保险金额×重大疾病保险金给付比例；被保险人初次确诊重大疾病之日的到达年龄，60 周岁以下的重大疾病保险金给付比例为 180%。保险条款第 6.2 条约定“我们就您和被保险人的有关情况提出询问，您应当如实告知。若您故意或者因重大过失未履行前款规定的如实告知义务，足以影响我们决定是否同意承保或提高保险费率的，我们有权解除本合同”。

【案件焦点】

保险公司应否承担向顾某给付案涉保险金的赔偿责任。

【法院裁判要旨】

浙江省湖州市吴兴区人民法院经审理认为：顾某与保险公司签订的人身保

险合同，合法有效，双方均应按约履行。保险合同签订后，顾某已按约向保险公司支付保险费，被保险人确诊恶性肿瘤时，保险公司应按合同约定履行赔付义务。关于保险公司提出顾某在订立保险合同时未履行如实告知义务，不予赔付的抗辩意见，顾某在卫生院就诊的临床诊断为淋巴结炎，未显示有其他医嘱。淋巴结炎的病因有多种，顾某非医务工作人员，无法苛求其就超声检查报告单作出专业的病理判断，医院仅给予消炎药治疗，按照通常理解，超声检查报告单所示内容难以归类于投保健康询问中的 B 超检查结果异常情况。罹患疾病及时治疗利于康复，超声检查结果距顾某确诊甲状腺恶性肿瘤时隔一年有余，无证据证明顾某在此期间进行复查及治疗的情况，故无法认定顾某在投保时已知晓健康状况异常情况而故意或者重大过失未履行如实告知义务，对保险公司该抗辩意见，不予采信。对顾某的诉讼请求，予以支持。

浙江省湖州市吴兴区人民法院依据《中华人民共和国民法典》第四百六十五条、第五百零九条，《中华人民共和国保险法》第一百一十四条，《中华人民共和国民事诉讼法》第六十七规定，判决：

保险公司应于判决生效之日起十日内向顾某支付保险金 900000 元。

保险公司不服一审判决，提起上诉。

浙江省湖州市中级人民法院经审理认为：投保人如实告知的内容应当合理界定为其所知道的“重要事实”，即足以影响保险人决定是否承保或提高保险费率的各种客观事实和情况，并非只要保险人询问，投保人未如实告知，就会产生不利法律后果。本案中，投保当日顾某虽在医院就诊，但临床诊断为淋巴结炎，并未显示有其他医嘱，医院仅给予消炎药治疗，故超声检查报告单所示内容难以归类于 B 超检查结果异常情形。另，案涉超声检查结果距顾某确诊甲状腺恶性肿瘤已一年有余，无证据证明顾某在此期间存在复查及治疗情况，无法认定顾某在投保时已明知其健康状况异常而故意或重大过失未履行如实告知义务，一审法院判决并无不当。

浙江省湖州市中级人民法院依照《中华人民共和国民事诉讼法》第一百七十七条第一款第一项规定，判决：

驳回上诉，维持原判。

【法官后语】

基于保险合同的特殊性，合同双方当事人应当最大限度地诚实守信。投保人履行如实告知义务不仅是诚实守信的一项内容，更是一项法定义务。只有投保人将相关情况如实告知保险人，保险人才能依据具体情况决定是否承保或是否提高保险费率，但关于其认定标准在司法实践中一直较难把握。

《最高人民法院关于适用〈中华人民共和国保险法〉若干问题的解释(二)》第五条规定："保险合同订立时，投保人明知的与保险标的或者被保险人有关的情况，属于保险法第十六条第一款规定的投保人'应当如实告知'的内容。"该条款实际上提高了认定投保投保人故意不履行如实告知义务和因过失不履行如实告知义务的条件，即投保人明知的与保险标的或者被保险人有关的情况，属于《中华人民共和国保险法》第十六条第一款规定的投保人"应当如实告知"的内容，其立法目的在于加大对投保人的保护力度。

《中华人民共和国保险法》第十六条第一款、第二款规定："订立保险合同，保险人就保险标的或者被保险人的有关情况提出询问的，投保人应当如实告知。投保人故意或者因重大过失未履行前款规定的如实告知义务，足以影响保险人决定是否同意承保或者提高保险费率的，保险人有权解除合同。"据此，投保人如实告知的范围应当从两个方面进行考量：一是保险人就保险标的或者被保险的有关情况提出询问，对于被保险人未询问的情况，投保人无须主动告知，且该询问内容应是具体、明确的，对于概括性询问及兜底性条款，投保人若回答不全面或不予告知，不应视为未履行如实告知义务。二是限于投保人知悉且重要的事实，其中"知悉"应认定为保险人提问的内容若超出投保人知道或者应当知道的范围，保险人不得据此主张投保人未履行如实告知义务；"重要"应认定为足以影响保险人决定是否承保或提高保险费率的各种客观事实和情况，并非只要保险人询问，投保人未如实告知，就会产生不利法律后果。其中，"足以影响"是针对保险人的判断，应当采用理性保险人的标准，但基于利益平衡原则，同时考虑投保人一方的判断能力与合理期待则更为合理。

本案中，投保人非医务工作人员，不具备专业系统的医学知识，不宜对其履行如实告知义务设定过高过严的标准，不应苛求其就医学检查报告单作出专业的病理判断。投保人已按约交付保险费，保险公司应按保险合同约定向投保人履行赔付义务

编写人：浙江省湖州市吴兴区人民法院　李元光　陈甜甜

21

保费受理迟延情形下保险人中止保险合同效力的责任认定

——费某诉保险公司人身保险合同案

【案件基本信息】

1. 裁判书字号

上海金融法院（2022）沪74民终1105号民事判决书

2. 案由：人身保险合同纠纷

3. 当事人

原告（被上诉人）：费某

被告（上诉人）：保险公司

【基本案情】

2001年9月15日，费某向保险公司投保人寿保险，保险投保书对红利领取方式未作勾选。同年9月20日，费某与保险公司签订《人身保险合同》，约定：投保人及被保险人均为费某，主险为终身保险（交费年期20年，年缴）。

保险合同另约定：投保人支付首期保费后，应当按约定的交费期支付其余各期的保费；被保险人于保单生效日后每满三周年时仍生存，保险人按保险金额的8%给付生存保险金；保单红利累积生息，红利留存于保险人，按保险人

每年确定的红利累积利率，以复利方式储存生息，并于合同终止或投保人申请时给付；首期后分期保费应按保险单所载明的方法及日期交付，如到期未交付，自保险单所载明的交付日期的次日起六十日为宽限期；投保人逾宽限期仍未交付保费的，本合同自宽限期满的次日零时起中止效力；本合同中止时，累积生息的红利余额从合同中止日起停止计息。

同日，费某缴纳了首期保费合计1782元。首次保费发票载明：保费缴至日为2002年9月15日。2002年至2015年，保险公司每年均于费某缴费账户中足额扣划当期保费。保险公司分别于2004年、2007年、2010年、2013、2016年各向费某支付生存保险金1600元。费某银行账号的交易明细显示，其于2016年6月17日向缴费账户存入1820元，2016年9月14日缴费账户入账1600元（名目为保险），2016年9月19日支取3600元（误将已存入缴费账户的保费视作红利予以支取）。上述银行账户在2016年至2020年的每年9月15日均留有足额款项供扣划当年保费。

2016年11月15日，保险公司因当期保费扣划失败，将案涉保险合同状态列为中止。2021年8月，费某得知自2016年起保费即未扣划，保险公司已将案涉保险合同状态列为中止。2021年8月13日，费某向保险公司发送《解除合同通知》，通知保险公司自2021年8月13日起，解除该《人身保险合同》，并要求保险公司赔偿损失。该《解除合同通知》于2021年8月16日送达保险公司。

2021年11月16日，中国银保监会上海监督局向费某出具《上海银行保险违法行为举报事项答复书》，载明："您反映的保单销售人员不具备保险代理人资质的情况，经查属实。我局将对本次调查发现的违规行为依法采取相应的监管措施。"

【案件焦点】

1. 费某是否构成未支付保费的违约情形；2. 保险公司将保险合同列为"中止"是否构成违约，保险合同是否因保险公司违约而解除；3. 费某的资金占用损失如何认定。

【法院裁判要旨】

上海市浦东新区人民法院经审理认为：首先，在双方未另行约定保费缴纳期限的情况下，可以推定其余各期保费支付期限应为首期保费缴费日的对应日（9 月 15 日）。其次，案涉保费缴纳方式系由费某将当年度保费存入约定缴费账户，后由保险公司通过该账户扣划。保险公司在约定账户中扣划保费系受领保费给付。再次，保险公司理应在年度保费缴费期限届满后及时扣划当年保费，并将保费扣划结果通知费某。在 2016 年至 2020 年的年度缴费期限届满日，费某缴费账户内均有足额款项可供扣划当期保费，且针对首次保费未实际缴纳年度（2016 年），保险公司在 2016 年 9 月 19 日费某支取款项前均可足额扣划当期保费。最后，保险公司提供的证据不足以证明在保费扣划失败后向费某进行了告知或在宽限期内向费某进行了催缴。费某虽然于 2016 年 9 月 19 日支取了 3600 元，但并无拒绝支付当期保费的意思，也不存在通过支取款项使保险公司扣划保费失败的恶意。据此，费某不构成未支付保费的违约情形。

费某不构成未支付保费的违约情形，保险公司将保险合同列为“中止”缺乏合同依据，构成违约，且该行为表明在保险合同效力未恢复的情况下，保险公司不再向费某支付“中止日”之后产生的保险金及红利；且无论保险合同效力是否恢复，保险公司也不再完整地履行保险合同生效状态下红利的给付义务，而保险金及红利的给付系保险公司在保险合同项下的主要债务。上述情形已符合合同解除的构成要件。《解除合同通知》于 2021 年 8 月 16 日到达保险公司，现费某主张保险合同于该日解除，具有事实及法律依据。

保险公司将应属生效状态的保险合同列为“中止”，构成违约；且实际向费某销售保险并办理缔约手续的人员并非保险合同中载明的代理人，亦在一定程度上导致费某在获取保费扣划信息时出现障碍，并进而误将存入扣款账户的保费视作红利予以支取。然，费某在支取款项时亦未审慎查看自身银行账户的交易明细，对案涉保险合同解除事由的发生及自身损失也具有一定的过错。综合考虑双方的过错程度等因素，酌定保险公司应赔偿费某资金占用损失 10000 元。

上海市浦东新区人民法院依照《中华人民共和国民法典》第五百六十三

条、第五百六十五条、第五百六十六条、第五百九十二条规定，判决：

一、确认案涉《人身保险合同》于 2021 年 8 月 16 日解除；

二、保险公司应于判决生效之日起十日内返还费某保费 18728.1 元（已扣除费某应返还的保险金 8000 元）；

三、保险公司应于判决生效之日起十日内赔偿费某资金占用损失 10000 元。

保险公司不服一审判决，提起上诉。

上海金融法院经审理同意一审法院裁判意见，依照《中华人民共和国民事诉讼法》第一百七十条第一款第一项规定，判决：

驳回上诉，维持原判。

【法官后语】

本案纠纷实质系由“孤儿保单”引发，案涉保单的保险代理人及保单销售人员均已离职，投保人年事已高，对于保费缴纳、扣划以及保险金领取事项缺乏足够了解，保险人也未安排其他业务人员与投保人对接履约事宜，这都在一定程度上导致了本案纠纷的产生。通过本案的裁判，一方面督促保险人合理行使合同权利、重视合同附随义务的履行、完善业务合规管理；另一方面也通过依法认定投保人自身过错，引导金融消费者加强对所购买金融产品的了解，在缔约、履约过程中尽到合理注意义务。

一、保费的给付与受领

保费的缴纳通常是由投保人在指定期限前将保费存入缴费账户，后由保险人进行扣划，但对保险人扣划时间一般未作约定。从合同履行的角度看，投保人事实上仅能决定何时将保费缴入约定账户，而保险人何时扣划于投保人而言无法掌控，因此，不能从保费缴纳的结果状态来认定投保人是否违反保费给付义务。投保人在指定期限届满前将保费汇入缴费账户系给付保费的履约行为，保险人从缴费账户中扣划系对投保人保费给付的受领行为。一般认为，受领给付系债权人的权利，受领迟延并不构成债权人违约，但债务人的注意义务将因此相应减轻，仅就故意或重大过失行为负责。本案中，投保人在保费缴纳期限前已足额缴纳当期保费，但保险人在保费缴纳期限届满后的合理时间内未予划扣，构成受领迟延。即使此后投保人从缴费账户中误取了已缴纳的保费，但鉴于本案保单销售人员并非保单载明的保险代理人，该人员在投保人致电询问缴费账户款项时并未给出准确清晰的答复，而保险人也未安排其他业务人员与投保人对接履约事宜，这都在一定程度上导致投保人获取保费扣划信息时出现障碍，故投保人误取保费尚不构成故意或重大过失，亦不能以此认定投保人构成未支付保费的违约情形。

二、保险人“通知催缴”义务的履行与先履行抗辩的行使

所谓保险合同的“中止状态”，系指在投保人未履行保费支付义务的情况下，保险人不再履行各项保险责任，保险合同“中止”的实质系保险人行使先履行抗辩，即以投保人未履行其在先的保费支付义务对抗投保人对保险人的履行请求。本案中，投保人未构成在先保费支付义务的违反，保险人亦不存在行使先履行抗辩的前提基础。然而，投保人虽未违反在先的保费支付义务，但保费实际未缴纳成功，保费债务未因清偿而消灭，若苛责保险人在未实际收取保费的情况下继续履行保险责任，亦有违基本的合同权利义务对等原则。由于该“合同履行僵局”的形成系因保险人受领迟延所导致，故此时应由保险人履行相应的附随义务，即及时有效通知投保人保费扣缴失败并进行催缴。保险人在履行该附随义务后，投保人在先保费支付义务的违约豁免消失，投保人未在保险人指定的合理期限内重新给付保费的，保险人可行使先履行抗辩，依约将保险合同列为中止。本案中，保险人未举证证明其履行了相应的通知、催缴等附随义务，其径行将保险合同列为中止构成违约，该行为亦表明保险人不再完整地履行保险合同项下的主要债务，综合考虑投保人的合同缔约目的以及保险合同的实际履行可能，法院确认上述保险合同解除。

三、保险合同解除的法律后果及资金占用损失的认定

保险合同解除后，保险人应向投保人返还已支付的保费，而受益人（同时系本案投保人）也应向保险人返还已受领的生存保险金。保险合同因保险人违约解除的，投保人可以要求保险人赔偿损失。关于损失金额的认定，首先，需考虑投保人主体性质、经营性情况确定合理的损失计算标准；其次，若保险人

在保险合同履行期间也履行了保险金、红利等价金支付义务，该部分价金产生的孳息在计算资金占用损失时应予一并考虑；最后，需考虑投保人对保险合同的解除是否存在过错，在认定损失赔偿金额时予以体现。

编写人：上海市浦东新区人民法院　顾天翔

22

人身保险合同指定受益人的认定规则

——江某诉保险公司、保险公司海门公司意外伤害保险合同案

【案件基本信息】

1. 裁判书字号

江苏省南通市中级人民法院（2022）苏06民终4831号民事判决书

2. 案由：意外伤害保险合同纠纷

3. 当事人

原告（被上诉人）：江某

被告（上诉人）：保险公司

被告：保险公司海门公司

【基本案情】

江某系陆甲生前的女朋友。2020年1月15日，陆甲向保险公司投保了一份人身保险合同，投保的险种主险为终身寿险并附加意外险，上述终身寿险的保险金为151000元、附加意外险的保险金为50000元。身故保险金的受益人载明为江某，与被保险人关系上载明为“配偶”。终身寿险保险条款中载明：“在本主险合同保险期间内，我们将承担以下保险责任：身故保险金，被保险人身故，我们按照身故时本主险合同基本保险金额给付身故保险金，本主险合同终

止。”意外险中载明承担的保险责任为：“意外身故保险金，被保险人因遭受意外伤害，并自该意外伤害发生之日起 180 日内因该意外伤害身故的，我们按本附加险合同基本保险金额给付意外身故保险金，本附加险合同终止。”

2021 年 5 月 25 日，陆甲因停车问题与案外人陈某发生争执，陆甲头部遭陈某击打数拳后倒地昏迷，被送至医院治疗，而后因病情严重医治无效于同年 6 月 4 日死亡，死亡原因系由于头面部遭拳击致广泛性蛛网膜下腔出血死亡。

2021 年 6 月 4 日，案外人陆乙（系陆甲女儿）向保险公司申请重疾理赔，因材料不全，保险公司予以拒赔。

另查明，陆甲于 2017 年与前妻周某离婚后未再婚。

【案件焦点】

江某是否为案涉保险指定的身故保险金受益人。

【法院裁判要旨】

江苏省南通市海门区人民法院经审理认为：商事合同中，应当充分尊重当事人意思自治，法律并没有明确规定保险人不能指定没有亲属关系的人为身故保险金的受益人，故江某有权作为受益人。本案中，保险合同中载明“身故保险金受益人为江某，是被保险人配偶的理解”不能单纯地因为江某不是陆甲的配偶，就认为没有指定受益人，因为《最高人民法院关于适用〈中华人民共和国保险法〉若干问题的解释（三）》第九条第二款第三项规定的“受益人的约定包括姓名和身份关系，保险事故发生时身份关系发生变化的，认定为未指定受益人”。上述规定中身份关系变化指的投保至保险事故发生期间内夫妻双方离婚或者其他情形，而本案中，陆甲在为自己投保时没有配偶，发生保险事故时也没有配偶，可以看出其在指定受益人为江某时意思表示是明确的，同时本案中，也不存在出现两个受益人的情形，故陆甲指定受益人是明确的，江某应当取得案涉保险金。因案涉保险合同的保险人为保险公司，故江某无权要求保险公司海门公司承担责任。

江苏省南通市海门区人民法院依照《中华人民共和国保险法》第三十九

条、第四十条规定，判决：

一、保险公司于判决发生法律效力之日起十日内赔付江某保险金201000元；

二、驳回江某的其他诉讼请求。

保险公司不服一审判决，提起出上诉。

江苏省南通市中级人民法院经审理认为：对保险合同中有关受益人的指定认定，应当根据合同约定作出全面、正确的理解。本案中，陆甲投保时指定江某为受益人，并载明了性别、身份证号码和受益比例等信息，其中还包括“是被保险人的配偶”信息。虽然案涉保险自投保时起至保险事故发生时，江某并非陆甲配偶，但陆甲对江某身份表述的错误，并不导致指定受益人不明，陆甲并无与江某相冲突的实际配偶，陆甲指定江某作为受益人的意思表示明确，且符合投保人真实的投保意愿。故，保险公司对江某受益人身份的异议不成立，依法不予支持。

江苏省南通市中级人民法院依照《中华人民共和国民事诉讼法》第一百七十七条第一款第一项规定，判决：

驳回上诉，维持原判。

【法官后语】

被保险人作为人身保险中的保障对象，因可能在保险事故中死亡，故需在被保险人之外确定其他领取保险金的主体，受益人制度得以产生。《中华人民共和国保险法》第十八条第三款规定：“受益人是指人身保险合同中由被保险人或者投保人指定的享有保险金请求权的人。投保人、被保险人可以为受益人。”本案处理的重点在于陆甲作为被保险人和投保人，在投保人身保险时指定江某作为受益人，但身份关系错误表述为“配偶”，此种情形是否为指定受益人不明的情形？结合保险法立法原理及本案情况分析如下：

一、受益人的指定应符合行为人的真实意愿

受益人既是人身保险合同的关系人，也是人身保险合同履行后的最终利益获得者。通过指定受益人，首要体现的是被保险人与投保人的投保意愿。基于被保险人理性角度考虑，其不会以自己生命为赌注指定与自己无关的第三人为受益人。因此，受益人的指定应符合投保人内心的真实意思表示。而被保险人死亡后，其真实意愿难以探究，身故保险金受益人如何确定，关系到投保人、被保险人、受益人等多方利益。本案中，陆甲生前和江某对外系以夫妻名义生活，只是一直没有领取结婚证，陆甲投保时载明江某为其配偶，体现了陆甲自身视江某为其配偶并分配保险金的意愿，亦未违反法律、行政法规的强制性规定。

二、受益人明确具体，且身份关系未变化

受益人指定不明的情形视为未指定受益人，其原理在于此种情形下产生了冲突的不同受益人，导致认定受益人存在争议。根据《最高人民法院关于适用〈中华人民共和国保险法〉若干问题的解释（三）》第九条第二款第三项规定：受益人的约定包括姓名和身份关系，保险事故发生时身份关系发生变化的，认定为未指定受益人。因为身份关系的变化，通常系因被保险人与其所指定的受益人关系恶化所致，此种情况下，基本可以推定被保险人不欲将保险金给予所指定的受益人，视为保单未指定受益人，从而由被保险人的法定继承人领取保险金。但本案中，陆甲在指定受益人时既载明了姓名江某，也注明了身份关系为配偶，可从其同时注明江某的身份证号码可确定该主体唯一，而江某是否系陆甲的配偶，并不影响保险合同的成立。虽然陆甲指定江某为受益人时江某并非其配偶，但江某的身份关系直至保险事故发生时并未发生改变，且保险事故发生前后陆甲一直也不存在法律意义上的配偶，故陆甲指定的受益人自始至终明确且唯一，不存在争议，不属于指定受益人不明的情形，所以认定江某为受益人符合上述司法解释的本意。

此外，如果当事人对保险合同所约定受益人存在争议，但投保人或者被保险人在保险合同之外存在其他约定，该约定能够消除争议，准确认定受益人的，则不适用上述规定。例如，投保人以自己为被保险人订立人身保险合同，在保险合同中约定受益人为其配偶，在合同存续期间两人离婚，离婚协议中明确保单项下的权利均属于其配偶，则仍应以其配偶为受益人，而不适用上述规定。

编写人：江苏省南通市中级人民法院　牟森琳　张肖飞

（二）意外伤害保险合同纠纷

23

人身保险中投保人如实告知义务及保险人明确说明义务的认定

——郝某、王某诉保险公司人身保险合同案

【案件基本信息】

1. 裁判书字号

山东省济宁市中级人民法院（2022）鲁 0811 民终 4476 号民事判决书

2. 案由：人身保险合同纠纷

3. 当事人

原告（被上诉人）：郝某、王某

被告（上诉人）：保险公司

【基本案情】

2020 年 12 月 4 日，郝某为其夫王某在保险公司处投保了守护专享两全保险、附加守护专享两全保险、附加意外伤害保险（两份）、个人意外伤害保险、附加意外伤害医疗费用医疗保险、安享百万医疗保险的保险合同。上述合同签订后，郝某依约支付了保险金。

2021 年 6 月 30 日 3 时 55 分许，王某驾驶重型牵引车，与前方同向行驶停车等待交通信号灯的韩某驾驶的重型半挂牵引车发生追尾碰撞，后王某驾驶的重型牵引车驶入道路东南侧绿化带内，致王某受伤、两车、绿化树木、货物部分损坏，造成交通事故。事故发生后，王某被送往日照市中医医院救治，经诊断为特重型颅脑损伤、多发性大脑挫裂伤等多种损伤，王某在该院住院治疗 34 天（从 2021 年 6 月 30 日至 8 月 3 日），住院期间花费医疗费 209439.37 元（自费）。出院后，王某在该院门诊花费 366 元，在其他医院门诊花费各项检查费合计 1502.50 元。法院基于的郝某、王某申请委托司法鉴定所对王某的伤残等级进行了鉴定，结论为被鉴定人王某颅脑上诉后构成十级伤残；颅脑损伤后遗脑软化灶形成伴神经系统后遗症构成十级伤残；左膝关节功能丧失程度构成十级伤残。郝某、王某于 2021 年 8 月 27 日到保险公司处理赔，但保险公司拒绝理赔保险金，并于 2021 年 9 月 9 日作出《理赔决定书》，告知投保人、被保险人解除保险合同并不退还保费。

【案件焦点】

保险公司主张投保人未尽到如实告知义务，其不应赔付是否有事实和法律依据。

【法院裁判要旨】

山东省济宁市任城区人民法院经审理认为：双方在主险和附加险合同条款中均约定：被保险人酒后驾驶、无合法有效驾驶证驾驶或驾驶无有效行驶证的机动车导致被保险人伤残或身故的，保险人不承担给付保险金的责任；但从主险和附加险合同条款中均不能体现驾驶员职业成为保险公司拒保的条件。退一步讲，即便驾驶员职业为保险公司拒保的条件，保险公司在投保人投保时应对投保人或被保险人进行明确说明，如投保人或被保险人未进行如实告知，则构成《中华人民共和国保险法》第十六条规定保险公司不承担赔偿或者给付保险金的责任，并不退还保险费不承担赔偿或者给付保险金的责任，并不退还保险费的处理结果。本案中，保险公司业务员与投保人郝某系同村邻居，应对投保人或被保险人的职业状况有一定的了解，且应对投保人或被保险人进行明确说明，且应提供证据加以证明保险人对投保人或被保险人尽了明确说明义务，保险公司的辩解无证据支持，不能说明其向投保人或被保险人尽了明确说明义务。双方之间形成的保险合同，系当事人的真实意思表示，不违反法律法规的禁止性规定，该合同合法有效，双方形成了保险合同关系。《最高人民法院关于适用〈中华人民共和国保险法〉若干问题的解释（二）》第九条规定："保险人提供的格式合同文本中的责任免除条款、免赔额、免赔率、比例赔付或者给付更免赔或者减轻保险人责任的条款，可以认定为保险法第十七条第二款规定的'免除保险人责任的条款'。"保险公司提供的附加守护专享意外伤害保险条款和个人意外伤害保险条款的约定属于免除或减轻保险人责任的条款，保险公司未举证证明向投保人尽到提示和明确说明义务，故该免责条款依法不发生法律效力。王某的伤情构成三处十级伤残，未超过法律规定，但超过了附加守护专享意外伤害保险 10 万元的保险限额，郝某、王某就此主张赔偿 10 万元，法院依法应予支持；如上所述，同理，王某的残疾赔偿金金额超过了其保额 10000 元（两份），郝某、王某要求保险公司合计给付个人意外伤害保险 20000 元，不超过双方合同约定和法律规定，法院依法应予支持。意外伤害保险属于人身保险，不适用损害填补原则。本案中，王某受伤后在医院救治，合计花费医疗费 211307.87 元。郝某、王某主张赔付上述费用符合双方合同约定和法律规定，应予支持。王某所花费的医疗费远远超过个人意外伤害保险保额 2000 元，郝某、王某要求保险公司给付个人意外伤害保险金 2000 元，不超过双方合同约定和法律规定，法院依法应予支持。综上，郝某、王某合法的诉求，法院依法予以支持。

山东省济宁市任城区人民法院依照《最高人民法院关于适用〈中华人民共和国民法典〉时间效力的若干规定》第一条第二款，《中华人民共和国民法总则》第三条，《中华人民共和国合同法》第八条、第四十四条第一款、第六十条，《最高人民法院关于适用〈中华人民共和国保险法〉若干问题的解释（二）》第九条规定，判决：

保险公司于本判决生效之日起十日内计付郝某、王某意外伤残保险金、意外伤害医疗费用合计 333307.87 元。

保险公司不服一审判决，提起上诉。

山东省济宁市中级人民法院经审理认为：《中华人民共和国保险法》第十

七条规定，订立保险合同，采用保险人提供的格式条款的，保险人向投保人提供的投保单应当附格式条款，保险人应当向投保人说明合同的内容。第三十条规定：采用保险人提供的格式条款订立的保险合同，保险人与投保人、被保险人或者受益人对合同条款有争议的，应当按照通常理解予以解释。对合同条款有两种以上解释的，人民法院或者仲裁机构应当作出有利于被保险人和受益人的解释。《最高人民法院关于适用〈中华人民共和国民事诉讼法〉的解释》第九十条规定："当事人对自己提出的诉讼请求所依据的事实或者反驳对方诉讼请求所依据的事实，应当提供证据加以证明，但法律另有规定的除外。在作出判决前，当事人未能提供证据或者证据不足以证明其事实主张的，由负有举证证明责任的当事人承担不利的后果。"依据上述规定，法院认为，案涉投保单告知事项部分中关于是否是职业司机的询问条款系格式条款，保险人应当向投保人说明合同的内容，本案中，案涉保险单据中并未对"职业司机"的定义作出清晰、明确的约定，保险公司亦未能就"职业司机"的定义向法院作出合理解释，也未提交有效证据证明其曾向投保人郝某说明该条款的具体含义。保险公司主张被保险人王某系职业司机的理由为王某持有经营型道路货物运输驾驶员资格证（上岗证），且事故发生时王某驾驶重型牵引车，而被上诉人主张其仅是持有资格证件，并非以司机作为职业，双方对"职业司机"的条款存在不同理解，故按照上述规定，应作出有利于投保人和被保险人的理解，结合通常理解和生活常识，法院认为应对"职业司机"限定在以交运、货运等业务的司机作为专职职业较为符合常理，保险公司并未提交有效证据证明王某符合上述情形，故对其该项上诉主张，法院依法不应支持，保险公司仍应承担相应的保险责任。

保险公司主张根据保险合同应当按照伤残等级给付比例计算被上诉人应获赔的保险金数额，法院认为，保险合同中有关按比例赔付等内容的格式条款系对被保险人获得保险赔偿数额和范围的限制，属于《最高人民法院关于适用〈中华人民共和国保险法〉若干问题的解释（二）》第九条第一款规定的比例赔付情形，应当认定为《中华人民共和国保险保险法》第十七条第二款规定的免除保险人责任的条款。现有证据显示，关于上述免责条款保险公司并未采用足以引起投保人注意的文字、字体、符号或其他明显标志作出提示，保险公司亦未有其他证据证明对该免责条款尽到了提示和明确说明义务，故该条款对被上诉人不产生效力，保险公司的上诉理由依法不能成立。

山东省济宁市中级人民法院依照《中华人民共和国民事诉讼法》第一百七十七条第一款第一项规定，判决：

驳回上诉，维持原判。

【法官后语】

本案主要涉及人身保险合同中投保人未尽到如实告知义务的认定及保险人格式条款明确说明义务的认定问题。

保险关系是一种风险的转移，是围绕保险标的产生的承保风险和提供的保险服务，风险的接受者（保险人）和风险的转移者（投保人或被保险人）彼此分别存在信息不对称的情况。正因为影响保险标的风险的各种客观因素来自投保人或被保险人，故而保险人对保险风险责任的评估，亦来自投保人和保险人提供的信息。对于本案所呈现的相关问题，承办法官从以下两个方面把握审判思路：

一、关于投保人未如实告知义务的认定

如实告知义务，即为保证双方意思表示的真实，投保人应当将保险标的的有关情况向保险人告知和披露，理论上也称之为投保人的如实告知。《中华人民共和国保险法》第十六条第一款规定："订立保险合同，保险人就保险标的或者被保险人的有关情况提出询问的，投保人应当如实告知。"由此可知，《中华人民共和国保险法》采用的是询问告知原则，即投保人的如实告知义务是当保险人询问时，保险人应当如实告知。在司法实践中，未告知的事实未经保险人询问（海上保险合同除外），未告知的事实不属于重要事实，未告知的事实为投保人不知道或不可能知道，未告知的事实对承保的影响是正面的，未告知的事实是保险人知道或应当知道，在订立合同时保险人已经知道投保人未如实告知的情况等情形下，都不能认定投保人未履行如实告知义务。

关于保险人的解除权。《中华人民共和国保险法》第十六条第二款规定："投保人故意或者因重大过失未履行前款规定的如实告知义务，足以影响保险人决定是否同意承保或者提高保险费率的，保险人有权解除合同。"即只有投保人未告知的事实"足以影响保险人决定是否同意承保或者提高保险费率的"，保险人才有权解除合同。"足以影响"应当理解为该事实对保险人的承保决定具有实质影响，即如果保险人因投保人未进行告知而不知晓该事实，其承保行为会违背其真实意愿，如果保险人知道该事实则将会拒绝承保或提高保险费率。结合《中华人民共和国保险法》第十六条第四款、第五款的规定，保险人解除保险合同受到以下限制：一是投保人必须是故意或者重大过失。一般过失未履行如实告知义务的，不构成违反如实告知义务，保险人不得解除合同。二是即使是因重大过失未履行如实告知义务，其未告知的事实还应该是"对保险事故的发生有严重影响的"，否则，投保人也不构成违反如实告知义务，保险人不得解除合同。《中华人民共和国保险法》第十六条第六款规定的情况："保险人在合同订立时已经知道投保人未如实告知的情况的，保险人不得解除合同；发生保险事故的，保险人应当承担赔偿或者给付保险金的责任。"此外，保险人知道或应当知道的重要事实投保人不必告知。这应包括保险人已经知道和推定其应当知道的情况。保险人被推定知道的公共信息和常识，以及在其一般业务过程中应当了解的事项。

二、关于格式条款中保险人明确说明义务的认定

关于明确说明义务的认定标准。所谓明确说明义务，是指保险人在与投保人订立保险合同时，对于保险合同中的免责条款，除在保险单上提示投保人注意外，还应当将保险合同中关于保险人责任免除条款的概念、内容及其法律后果等，向投保人作出解释，以便投保人明了该条款的真实含义和法律后果。《中华人民共和国保险法》第十七条规定："订立保险合同，采用保险人提供的格式条款的，保险人向投保人提供的投保单应当附格式条款，保险人应当向投保人说明合同的内容。对保险合同中免除保险人责任的条款，保险人在订立合同时应当在投保单、保险单或者其他保险凭证上作出足以引起投保人注意的提

示，并对该条款的内容以书面或者口头形式向投保人作出明确说明；未作提示或者明确说明的，该条款不产生效力。”根据该条规定，免责条款生效的法律要件为保险人必须在和投保人签订保险合同之前或者签订保险合同时向投保人送达保险条款，并对其中的免责条款进行提示、解释和说明，免责条款才能具有法律效力。投保人签署投保单或者声明其理解免责条款，只是对保险人履行了免责条款的提示、解释和说明义务的记录，在诉讼中保险人可以作为其履行明确说明义务的证据。但是当有相反证据证明保险人确实没有履行免责条款的提醒、解释和说明义务时，那么保险合同中关于保险人免责的条款也将不产生法律效力。

关于说明形式及程度，《中华人民共和国保险法》中并没有明确规定，一般来说，可采取书面形式和口头形式。采取书面形式的，若投保人在阅读完书面材料后对说明内容存有疑问对保险人进行询问时，保险人仍应采取口头形式予以解答，直至其理解合同条款内容。除传统的书面或口头形式外，保险人还可能借助电子邮件等电子方式进行说明。当然，无论是口头说明、书面说明还是其他方式的说明，保险人都必须对其履行说明义务承担举证责任。此外，保险人的明确说明，应达到一个普通人以其所应具备的知识和社会经验，能够与保险人在对保险条款的认识上达成一致标准。

关于说明的判断。对保险人明确说明的判断，应结合明确说明的内容和说明的对象进行。

关于明确说明义务举证责任的分配。《最高人民法院关于适用〈中华人民共和国保险法〉若干问题的解释（二）》第十三条规定：“保险人对其履行了明确说明义务负举证责任。投保人对保险人履行了符合本解释第十一条第二款要求的明确说明义务在相关文书上签字、盖章或者以其他形式予以确认的，应当认定保险人履行了该项义务。但另有证据证明保险人未履行明确说明义务的除外。”对于明确说明义务的履行，应由保险人承担举证责任。在本案中，所谓职业司机，应当是专职从事客、货运输的人员。从一般人通常性理解的角度来看，职业司机也应当是长期专职从事运输活动的司机，而仅持有相关驾驶资格证书，并不能实质性认定投保人就是职业司机。此外，在保险合同中，有关职业司机的限制条款，减轻或者免除了保险人的责任，属于格式条款的内容范围，保险人应当主动询问投保人的相关情况或者应当尽到提示及明确说明义务。明确说明义务并不是合同义务，而是存在于保险合同订立阶段的先合同义务，保险人必须主动履行该义务，不以投保人要求说明为条件。原因在于，保险合同中，保险人属于保险合同制定一方，对合同内容专业性属于的掌握相较于投保人来说更为精通，因而在保险业务交易过程中，二者信息掌握情况并不均衡。从维护交易公平原则把握，对是否履行了明确说明义务的举证责任分配给保险人承担则更为合理。

编写人：山东省济宁市任城区人民法院　李园园

24

人身意外伤害保险合同中特别约定“家庭成员保额均分”的效力认定

——王甲等诉保险公司意外伤害保险合同案

【案件基本信息】

1. 裁判书字号

江苏省苏州市中级人民法院（2021）苏05民终10391号民事判决书

2. 案由：意外伤害保险合同纠纷

3. 当事人

原告（被上诉人）：王甲、郭某、耿某、黄某

被告（上诉人）：保险公司

【基本案情】

王甲、郭某、耿某、黄某分别系王乙的父母、配偶、子女。2019 年 6 月 11 日，王乙因交通事故死亡。王甲、郭某、耿某、黄某在整理王乙遗物时发现其生前在保险公司处投保了人身意外伤害保险，王乙持有保单。保单记载：被保险人为王乙，受益人法定受益，保险期间自 2018 年 9 月 13 日至 2019 年 9 月 12 日。保障项目：意外身故、残疾给付，每人保险金额 12 万元。特别约定：被保险人的配偶和子女默认为本保险合同的连带被保险人，被保险人与连带被保险人的年龄范围为 6 个月到 65 周岁，本保单各保险责任项目的保额由所有被保险人和连带被保险人均分，若保险期间内发生赔款，原保额扣除赔款后，剩余保额再由所有被保险人和连带被保险人进行均分。王甲、郭某、耿某、黄某对王乙购买该人身意外伤害保险并不知情，发现该保单后向保险公司主张理赔，保险公司认为该保单被保险人实际应为王乙与其配偶耿某及子女黄某，保额为三人均分，王乙的死亡赔偿金最多能赔付 4 万元。王甲、郭某、耿某、黄某因协商未果，遂提起诉讼。

【案件焦点】

人身意外伤害保险合同中特别约定被保险人的配偶和子女默认为连带被保险人，保额由所有被保险人和连带被保险人均分条款的效力。

【法院裁判要旨】

江苏省常熟市人民法院经审理认为：本案系意外伤害保险合同纠纷。王乙与保险公司订立的保险合同系当事方真实意思表示，不违反法律、行政法规的强制性规定，依法成立并生效，对当事方具有法律约束力。王乙是投保人和被保险人，保险公司是保险人。关于特别约定条款和免责条款，双方存在争议。保险单特别约定载明："被保险人的配偶和子女默认为本保险合同的连带被保险人……本保单各保险责任项目的保额由所有被保险人和连带被保险人均分。"保险公司援引特别约定条款和免责条款主张被保险人和连带被保险人均分保额和免责不能成立，特别约定关于"配偶和子女为连带被保险人、保额均分"的内容，与保险单记载的《人身意外伤害保险个人保险单》的表述、被保险人明细中“被保险人：王乙”一人和保额12万元等记载不同，本应由被保险人一人获得的保额变为按被保险人和连带保险人的总人数均分，限制了被保险人权利、限缩了保险人义务，会产生免除保险人责任的实质效果，保险人未在投保单、保险单或其他保险凭证上对该条款以足以引起投保人注意的文字、字体、符号或者其他明显标志作出提示和明确说明，因此该条款不发生法律效力。从合同解释的角度看，“连带被保险人”的概念在保险公司提交的保险条款中未予明确。根据《中华人民共和国保险法》第三十条规定，受益人与保险人对合同条款有争议的，应当按照通常理解予以解释，对合同条款有两种以上解释的，应当作出有利于被保险人和受益人的解释。此外，保险公司主张免责事由，不属于保险条款规定的原因除外和期间除外所列之情形，其在诉讼过程中也未提交投保单等证据证明其自身或代理人对保险合同中有关免除保险人责任条款的概念、内容及其法律后果以书面或者口头形式向投保人作出常人能够理解的解释说明。据此，保险公司的抗辩无事实和法律依据，其应当按照保单的约定向王乙法定继承人也即王甲、郭某、耿某、黄某赔偿意外身故保险金12万元。

江苏省常熟市人民法院依照《中华人民共和国保险法》第十七条、第二十三条、第三十条，《中华人民共和国继承法》第十条，《中华人民共和国民事诉讼法》第六十四条、第一百四十二条规定，判决：

保险公司应于判决生效之日支付王甲、郭某、耿某、黄某保险理赔款120000元。

保险公司不服一审判决，提起上诉。

江苏省苏州市中级人民法院经审理认为：案涉人身意外伤害保险个人保险单的“特别约定”条款载明：被保险人的配偶和子女默认为本保险合同的连带被保险人，本保单各保险责任项目的保额由所有被保险人和连带被保险人均分，若保险期间内发生赔款，原保额扣除赔款后，剩余保额再由所有被保险人和连带被保险人进行均分。在保险公司提交的意外伤害保险条款中并没有连带被保险人的概念及适用范围、适用规则等内容，该“特别约定”条款是在意外伤害保险条款之外，另行约定的条款。该条款亦非单独针对某一自然人创设，而是针对该类型险种均会附加该项“特别约定”。特别约定条款作为保险合同的一部分，其效力与基本条款相同，对于“特别约定”条款，保险人有义务向投保人说明合同内容。据王乙家属所称，案涉保险单是在整理王乙遗物时发现的，其配偶对王乙购买该保单并不知情。在投保人以自己作为被保险人，且无特别约定受益人时，上述“特别约定”条款的内容虽然看似增加了被保险人的范围，让投保人的家庭成员亦能同时享有保额分享利益，但实际上该约定会缩减投保人自身所能享受的保险利益，故保险人应针对该“特别约定”内容向投保人王乙履行明确说明义务，以表明王乙是在知悉该内容的情况下，自愿作出的选择，现保险人未提供已向投保人王乙履行明确说明义务的证据，而在案的个人保险单虽由王乙持有，但其内容均由保险人制作，亦不足以证明保险人已履行明确说明义务，故而该“特别约定”条款不产生效力，保险公司主张该保单保额应在王乙及其配偶、子女之间均分的意见不能成立。综上所述，保险公司的上诉请求不能成立，应予驳回。一审判决认定事实清楚，适用法律正确，应予维持。

江苏省苏州市中级人民法院依照《中华人民共和国民事诉讼法》第一百七十条第一款第一项规定，判决：

驳回上诉，维持原判。

【法官后语】

保险法中的特别约定，是指在保险合同的格式条款或一般条款之外，经投保人与保险人共同商议确定的特殊内容或事项。在双方协商一致后，这些内容会附加在保险合同中成为保单上的特殊条款，名称直接冠以“特别约定”字样，其效力优先于格式条款或一般条款。特别约定事项一般约定的是格式条款或一般条款之外的其他注意事项或者免责约定，常见于设置免赔额、免赔率、赔付限额、附加条款等。在司法实践中，投保人与保险人在订立保险合同时，除在保单、保险条款中对免责条款进行约定外，有时也会采用“特别约定”条款对保险人的免责事项进行约定，此时“特别约定”事项是否有效往往成为案件审理的争议焦点。

《中华人民共和国民法典》第四百九十六条规定："格式条款是当事人为了重复使用而预先拟定，并在订立合同时未与对方协商的条款。采用格式条款订立合同的，提供格式条款的一方应当遵循公平原则确定当事人之间的权利和义务，并采取合理的方式提示对方注意免除或者减轻其责任等与对方有重大利害关系的条款，按照对方的要求，对该条款予以说明。提供格式条款的一方未履行提示或者说明义务，致使对方没有注意或者理解与其有重大利害关系的条款的，对方可以主张该条款不成为合同的内容。"

《中华人民共和国保险法》第十七条规定："订立保险合同，采用保险人提供的格式条款的，保险人向投保人提供的投保单应当附格式条款，保险人应当向投保人说明合同的内容。对保险合同中免除保险人责任的条款，保险人在订立合同时应当在投保单、保险单或者其他保险凭证上作出足以引起投保人注意的提示，并对该条款的内容以书面或者口头形式向投保人作出明确说明；未作提示或者明确说明的，该条款不产生效力。"相较于《中华人民共和国民法典》对格式条款的规定，《中华人民共和国保险法》对格式条款提供方履行提示说明义务的载体、形式等进行了更为严格的规定，之所以如此规定，是因为保险公司是专业金融机构，格式条款中的免责条款的直接受益主体为保险人，对其理应课以更严格的义务。

格式条款具有以下两个主要特征：一是事先单方决定：一般先由一方当事人事先确定，实践中多为提供商品或服务的一方制定并提出。在保险行业，"特别约定"条款一般由投保人与保险人共同商议确定，因此"特别约定"条款通常并非保险人预先拟定，而是在签订保险合同时临时添加，不具有格式条款单方事先决定的特征。二是广泛性和持久性：所谓广泛性，是指格式条款必须是面向公众或者某一类特定可能成为承诺人的人发出。而保险"特别约定"条款系保险人与投保人在签约时，临时就某事项达成的特殊约定，并非向公众或者某一类有可能成为承诺人的人发出，所以保险特别约定一般不具有广泛性特征。所谓持久性，是指格式条款一般总是表现为在某一特定时期将要订立的全部的合同条款。保险“特别约定”条款是保险人根据保险类型、客户需求、承保政策等具体情况，在签约时与投保人临时商议确定的，不同保险标的特别约定内容各有差异。

通常来说，保险“特别约定”条款一般不认定为格式条款，无须适用《中华人民共和国民法典》第四百九十六条以及《中华人民共和国保险法》第十七条关于提示告知义务的规定。但保险人有时会将格式条款纳入特别约定，或者在“特别约定”条款中使用含义模糊的词汇约定某些理赔重要事项，导致保险事故发生后产生争议。在适用“特别约定”条款时应当注意以下事项：

一、经过双方平等协商的“特别约定”条款具有法律约束力，双方均应当遵守

特别约定是否有效，主要是看该约定是否经由双方平等协商，在自愿的基础上就所商讨的内容达成合意，平等协商的判断标准：从形式上看，特别约定的内容有别于保险人提供的固定格式内容；从实质上看，特别约定并非投保人被动接受，而是遵循了常规合同的要约、承诺程序，表达了投保人的意志自由，投保人经过充分考虑后，接受特别约定内容。

二、以格式条款形式所作的“特别约定”条款，保险人应尽到提示和明确说明义务

若在保险合同中虽载明为特约条款，但该特约条款实质上为保险人以格式条款的形式提供的，不具有平等协商性，保险人仍负有提示和明确说明义务，如果保险人没有将条款向投保人作出提示及明确说明，投保人可以主张该条款不产生效力。

本案中，“特别约定”条款载明：被保险人的配偶和子女默认为本保险合同的连带被保险人，本保单各保险责任项目的保额由所有被保险人和连带被保险人均分。经保险人自认，该条款并非专门针对本案投保人创设，而是该类型险种均会附加该条款，故该“特别约定”条款具备格式条款的特征，条款的内容虽然看似增加了被保险人的范围，让投保人的家庭成员亦能同时享有保险利益，但实际上该约定将缩减投保人自身所能享受的保险理赔限额，故保险人应

针对该“特别约定”内容向投保人王乙履行提示和明确说明义务，案涉保单虽由王乙持有，但在保险人未就提示说明义务进行举证的情况下，并不能据此推定保险人已经完成提示说明义务，故该条款对被保险人不发生效力。

三、保险人对“特别约定”条款中的概念应当予以明确，否则应当承担不利后果

保险人在“特别约定”条款中有时会创设一些含义模糊的词汇，一旦发生保险理赔，双方往往就条款解释产生争议。《中华人民共和国保险法》第三十条规定，采用保险人提供的格式条款订立的保险合同，保险人与投保人、被保险人或者受益人对合同条款有争议的，应当按照通常理解予以解释。对合同条款有两种以上解释的，人民法院或者仲裁机构应当作出有利于被保险人和受益人的解释。对此，如果“特别约定”条款有两种以上解释的，应当作出有利于被保险人和受益人的判决。

本案中，保险单中载明保险金额12万元，“特别约定”条款使用了“连带被保险人”概念，但保险条款中未明确“连带被保险人”的具体含义，在12万元应由王乙单独享有还是由王乙及其配偶和子女均分时，应作出对保险人的不利解释。

综合以上情况，法院最终判决保险公司向王甲、郭某、耿某、黄某支付意外身故保险金12万元。

编写人：江苏省太仓市人民法院　胡兴瑞

25

保险责任赔偿范围的认定应当以保险合同条款为基础，并区分保险免责条款，必要时结合投保人的具体投保行为综合分析

——许某诉保险公司人身保险合同案

【案件基本信息】

1. 裁判书字号

山东省聊城市中级人民法院（2022）鲁15民终4114号民事判决书

2. 案由：人身保险合同纠纷

3. 当事人

原告（被上诉人）：许某

被告（上诉人）：保险公司

【基本案情】

许某在保险公司处投保了《综合保险》《综合保险附加机上人员责任保险》《综合保险附加第三者责任保险条款》《综合保险附加自燃保险》。其中《综合保险》保险标的部分第三条约定，经过当地农机相关管理部门登记并审定的用于农业生产的家庭农用机械，为本保险合同的保险标的。保险标的部分第六条约定："在保险期间内，由于下列原因造成保险标的的损失，保险人按照本保险合同的约定负责赔偿：（一）火灾、爆炸；（二）雷击、暴雨、洪水、暴风、龙卷风、冰雹、台风、飓风、暴雪……"《附加机上人员责任险》保险责任部分第二条约定，在保险期间内，被保险人允许的操作人员在使用保险标的的过

程中，因发生主险保险事故造成机上人员（保险事故发生时在保险标的上的自然人）人身伤亡的，依法应当由被保险人承担的经济赔偿责任，保险人依据本附加险合同的约定负责赔偿。

保险期间内，许某驾驶玉米收割机收割玉米过程中，收割机被玉米卡着不能运行。许某下去修理收割机，在拔出收割台里的玉米的过程中，收割机突然运行，把许某的右手带进去，导致其右手三根手指直接被截掉。后许某被送至医院住院治疗，花费医疗费等共计100025.75元。

其后，许某诉至法院，要求保险公司依据《附加机上人员责任险》赔偿其医疗费、误工费、护理费等共计10万元。

【案件焦点】

涉案事故是否属于保险公司的保险责任赔偿范围。

【法院裁判要旨】

山东省阳谷县人民法院经审理认为：许某在驾驶收割机过程中受伤，并住院治疗的事实清楚、证据充分，予以确认。许某在保险公司处投保有《综合保险》和《附加机上人员责任险》。该《附加机上人员责任险》保险条款第二条约定，在保险期间内，被保险人允许的操作人员在使用保险标的的过程中，因发生主险保险事故造成机上人员（保险事故发生时在保险标的上的自然人）人身伤亡的，依法应当由被保险人承担的经济赔偿责任，保险人依据本附加险合同的约定负责赔偿。因此，保险公司负有对许某受伤产生的损失进行赔偿的义务。诉讼中，保险公司以需发生主险保险事故造成机上人员受伤，被保险人不能以操作人员为由辩称许某受伤不属保险范围，该辩解意见与常理及习惯相悖，不予采信。

山东省阳谷县人民法院依据《中华人民共和国民法典》第五百零九条，《中华人民共和国保险法》第二十三条，《中华人民共和国民事诉讼法》第六十七条规定，判决：

保险公司于判决生效后十日内赔偿许某残疾赔偿金、医疗费等各项费用

100000元。

保险公司不服一审判决，提起上诉。

山东省聊城市中级人民法院经审理认为：许某在保险公司处投保《综合保险》和《附加机上人员责任险》。其中，《综合保险》保险险种部分第三条约定，经过当地农机相关管理部门登记并审定的用于农业生产的家庭农用机械，为本保险合同的保险标的。保险险种部分第六条约定："在保险期间内，由于下列原因造成保险标的的损失，保险人按照本保险合同的约定负责赔偿：（一）火灾、爆炸……"《附加机上人员责任险》保险责任部分第二条约定，在保险期间内，被保险人允许的操作人员在使用保险标的的过程中，因发生主险保险事故造成机上人员（保险事故发生时在保险标的上的自然人）人身伤亡的，依法应当由被保险人承担的经济赔偿责任，保险人依据本附加险合同的约定负责赔偿。本案中，许某系因在驾驶玉米收割机收割玉米过程中，因收割机被玉米卡着不能运行，下去修理收割机过程中因收割机突然运行，导致身体损伤，并不符合上述《附加机上人员责任险》保险责任部分第二条约定的应当由保险人承担赔偿责任的情形。保险公司不应就涉案损失向许某承担赔偿责任。

山东省聊城市中级人民法院依照《中华人民共和国保险法》第二条、第十条、第十六条第七款，《中华人民共和国民事诉讼法》第一百七十七条第一款第二项规定，判决：

一、撤销山东省阳谷县人民法院民事判决；

二、驳回许某的诉讼请求。

【法官后语】

本案主要涉及保险责任范围的认定问题。随着经济社会的发展，各种风险也日益增多，种类繁多的保险因此成为人们转嫁风险、降低生产生活成本的需要。局限于不同保险赔偿条件的限定性和保障范围的有限性，对保险责任范围的认定就成为事故发生后纠纷双方争议的主要问题。司法实践中，保险责任范围的认定应当结合保险条款内容、保险责任条款与免责条款的区分及投保人的具体投保行为进行分析。就本案体现的典型性问题，应当根据以下审判思路予以正确把握。

一、从保险合同条款中有关保险标的及其赔偿条件分析

所谓保险标的是指保险保障的目标和实体，是保险合同双方当事人权利和义务所指向的对象。保险标的可以是财产、与财产有关的利益或责任，也可以是人的生命和身体。保险标的与保险责任范围密切相关，是判断事故是否属于保险公司赔偿范围的首要标准。实践中，对保险标的的赔偿往往还有诸多具体的限制和条件，并据此形成种类繁多的保险险种。对于以被保险人对他人依法应负的民事赔偿责任为保险标的的责任保险，尤其应当注意其与一般保险的区分。责任保险的承保方式有两种。一种是作为前提保险的组成部分或附加部分承保，不作为主要险种单独承保，如汽车保险中的第三人责任险、船舶保险中的碰撞责任险等。另一种是作为主要险别单独承保，如产品责任险、雇主责任险、职业责任险等。简言之，责任险是以“赔偿责任”作为保险标的，并非一般的人身或财产。本案中，根据涉案《综合保险》保险险种部分第三条约定和保险险种部分第六条的约定分析，上述附加机上人员责任险的保险险种应是“依法应当由被保险人承担的经济赔偿责任”。其赔偿条件包括四个方面：一是发生主险保险事故，即作为保险标的的家庭农用机械因火灾、爆炸等原因造成损失；二是发生保险事故时该家庭农用机械的操作人员应当为被保险人所允许的人员，因此应当排除被保险人自身操作该家庭农用机械的情况；三是保险事故发生时在该家庭农用机械上的自然人的人身伤亡与主险保险事故之间具有因果关系；四是该自然人的人身伤亡依法应当由被保险人承担经济赔偿责任。因此，还应当排除该自然人系被保险人本人的情况。从该险种的保险标的和赔偿条件分析，保险公司不应对被保险人本人的人身损害在《附加机上人员责任险》范围内承担赔偿责任。

二、从保险责任条款与免责条款的区分角度分析

实践中，保险公司是否应当就已经发生的事故承担保险赔偿责任，投保人多混淆保险责任条款与保险免责条款，并以保险公司未就保险责任条款内容尽到明确告知义务为由，主张条款不生效。分析认为，保险责任条款是保险合同

中关于保险人责任范围和责任大小的约定；免责条款则是在保险合同约定的保险责任范围内，减轻或免除既已约定的保险责任的条款。根据《中华人民共和国保险法》第十七条第二款规定，对保险合同中免除保险人责任的条款，保险人在订立合同时应当在投保单、保险单或者其他保险凭证上作出足以引起投保人注意的提示，并对该条款的内容以书面或者口头形式向投保人作出明确说明；未作提示或者明确说明的，该条款不产生效力。《最高人民法院关于适用〈中华人民共和国保险法〉若干问题的解释（二）》第九条第一款规定："保险人提供的格式合同文本中的责任免除条款、免赔额、免赔率、比例赔付或者给付等免除或者减轻保险人责任的条款，可以认定为保险法第十七条第二款规定的'免除保险人责任的条款'。"据此，保险责任条款与保险免责条款无论是在内容、性质或是后果上均具有明显差异，应注意正确区分。就本案而言，《附加机上人员责任险》第二条约定的内容因并未在保险人应承担保险责任的范围内减轻或免除其本应承担的责任，因此并非责任免除条款，而是属于对保险人承担保险责任范围予以确定的保险责任条款。投保人以此主张适用法律关于免责条款的后果规定并抗辩条款不生效的理由不能成立。

三、从投保人的具体投保行为分析

鉴于实践中保险公司与投保人在保险专业性方面的差异，许多投保人往往不清楚其投保的保险的具体保障范围，双方因此在事故发生后对是否应当由保险公司承担赔偿责任产生争议。但为转嫁事故风险，增加赔偿概率和范围，部分投保人也往往会针对同一"物"投保多种保险。该事实也可以作为判断投保人是否了解不同保险的保险范围的有限性，及对自身投保行为的性质和后果是否明确知晓的标准，有助于司法实践中增加法官对相关事实判断的内心确信。本案中，投保人为玉米收割机投保了综合保险、附加机上人员责任险、附加三者责任险、附加自燃险不同种类的4种保险，一定程度上反映出其知晓具体保险赔偿范围的有限性及具体保险赔偿范围的事实。该投保人并未投保保险标的为其本人人身的保险，其与保险公司因此没有成立相关的保险合同。其要求保险公司赔偿其本人因事故造成的人身损害，显然缺乏依据。

综上，在认定相关事故是否属于保险公司的保险责任赔偿范围时，应当严格审查相关保险条款的内容。对保险合同约定的保险标的和赔偿条件进行审慎分析，并准确区分保险责任条款和保险免责条款，必要时结合投保人的具体投保行为分析，以认定投保人或被保险人提出的赔偿请求是否成立。避免仅以结果上的人身损害事故发生为由，即认定保险公司应当承担保险赔偿责任；对投保人而言，也应当根据自身需要，选择适合自身情况的保险险种。同时避免产生其只要发生了事故，保险公司就应当赔偿的主观认识误区。本案无论是对于司法实践中正确认定保险责任范围，公正合理地平衡双方当事人的权益，还是引导当事人选择适合的保险险种，树立正确的理赔观念，都有一定的典型意义。

编写人：山东省聊城市中级人民法院　董慧

26

关于被保险人死因不明时的法律适用及认定标准

——吴甲等诉保险公司人身保险合同案

【案件基本信息】

1. 裁判书字号

广西壮族自治区梧州市中级人民法院（2022）桂04民终1967号民事判决书

2. 案由：人身保险合同纠纷

3. 当事人

原告（上诉人）：吴甲、黎某、吴乙、吴丙、梁某

被告（被上诉人）：保险公司

【基本案情】

吴丁生前在保险公司处投保了驾乘意外伤害保险、个人意外伤害保险（C款）及机动车商业保险中的车上人员责任险（司机），保额分别为 300000 元、30000 元及 10000 元。保险合同生效期限内，吴丁作为被保险人在驾车接小孩途中驶出右侧人行道碰撞到路边的树木和灯杆，后经 120 急救医生现场抢救无效死亡。公安局交通管理大队作出《事故证明》：2022 年 5 月 2 日上午，吴丁驾驶小型轿车时，因个人身体原因，车辆驶出右侧人行道碰撞到路边的树木和灯杆，后经 120 急救医生现场抢救无效死亡，体表无伤痕，后家属自行处理善后事宜。医院出具《居民死亡医学证明（推断）书》，载明吴丁的死亡日期为 2022 年 5 月 2 日，死亡地点为其他场所（公园公路旁边），死亡原因：1. 心源性猝死？2. 脑挫伤？3. 闭合性胸腹伤？

另查明，《120 急救中心院前急救出诊记录单》载明：患者吴丁简要病情：30 分钟前家属代述，患者开车到公园接小孩，不知什么原因车撞在路边电线杆，家属一直打电话无人接听，就到路边查看，发现患者在车内，具体时间不详，呼之不应，神志不清，急呼 120 出诊。体查：神志不清，瞳孔散大到边，对光射消失，无心跳及呼吸，腹稍肽，四肢冰冷无力。初步诊断：1. 心源性猝死？2. 脑挫伤？3. 闭合性胸腹伤？4. 其他。

吴甲等要求保险公司赔付上述保险金共计 340000 元未果。

【案件焦点】

吴丁是否属于意外身亡，保险公司是否需要在案涉保险范围内承担保险金支付责任。

【法院裁判要旨】

广西壮族自治区蒙山县人民法院经审理认为：案涉保险合同约定，本车上的人员因疾病造成的人身伤亡保险人不负责赔偿。本案中，被保险人吴丁驾驶轿车时，因个人身体原因，车辆驶出右侧人行道到路边的树木和灯杆，后经 120 急救医生现场抢救无效死亡，体表无伤痕。经 120 急救中心院前初步诊断为：1. 心源性猝死？2. 脑挫伤？3. 闭合性胸腹伤？4. 其他。被保险人吴丁的死亡原因不是保险合同约定的意外身故，故吴甲等请求保险公司按照保险合同的约定赔偿保险金340000元，证据不足，法院不予支持。被保险人吴丁的死亡原因并非保险合同约定的事项，保险公司按照合同约定拒绝赔偿，符合法律规定，法院予以支持。

广西壮族自治区蒙山县人民法院依照《中华人民共和国保险法》第十条、第十一条、第十三条、第十四条，《中华人民共和国民事诉讼法》第六十七条，《最高人民法院关于适用〈中华人民共和国民事诉讼法〉的解释》第九十条规定，判决：

驳回吴甲、黎某、吴乙、吴丙、梁某的诉讼请求。

吴甲等不服一审判决，提起上诉。

广西壮族自治区梧州市中级人民法院经审理认为：第一，关于吴丁的死亡原因能否确定的问题。医院出具的《居民死亡医学证明（推断）书》没有明确认定吴丁的死亡原因。吴丁死后未进行尸检，故现有证据无法认定吴丁的死亡原因。交通管理大队作出的《事故证明》所记载的"因个人身体原因"，该描述无任何证据支持，故不能作为认定本案事实的依据。第二，关于死因不明时双方的责任问题。吴丁发生交通事故后，其家属及时向保险公司报案，并提供了证明被保险人吴丁死亡经过的初步证据。保险公司作为专门从事保险业务的机构，应当对事故具有更为专业的判断，但其在接到家属报案后，既未派人到现场进行勘验及调查，也未及时向医疗机构或交警部门了解死因、告知死者家属是否需要进行尸检等与意外伤害保险理赔相关的重要事项，在保险事故的性质、原因等情况调查方面没有尽到相应职责及责任，在被保险人是否因意外伤害死亡存疑的情况下，也没有及时指导死者家属进行尸检并进一步查明死亡原因。对于吴丁死因不明后果的造成，保险公司具有过错，应承担相应的过错责任。第三，关于本案责任承担的问题。吴甲等与保险公司均无法充分举证证明吴丁的死因，根据《最高人民法院关于适用〈中华人民共和国保险法〉若干问题的解释（三）》第二十五条规定："被保险人的损失系由承保事故或者非承保事故、免责事由造成难以确定，当事人请求保险人给付保险金的，人民法院可以按照相应比例予以支持。”综合考虑本案事故的过程、医疗机构出具的死亡意见、事故发生后各方对证据的保存及死亡原因查明的过错责任等，该院酌定由保险公司按60%承担意外伤害保险金赔付责任，保险公司应向吴丁的被继承人即吴甲等支付保险金204000元。

广西壮族自治区梧州市中级人民法院依照《中华人民共和国保险法》第十条、第十四、第四十二条，《中华人民共和国民事诉讼法》第六十七条、第一百七十七条第一款第二项，《最高人民法院关于适用〈中华人民共和国保险法〉若干问题的解释（三）》第二十五条规定，判决：

一、撤销广西壮族自治区蒙山县人民法院民事判决；

二、保险公司应在本判决生效后十日内向吴甲、黎某、吴乙、吴丙、梁某支付保险金204000元。

【法官后语】

关于被保险人是否属于意外身亡，被保险人死因不明时的法律适用及认定标准，是本案值得研究探讨的重点问题。

一、关于死因的认定

根据《道路交通事故处理程序规定》第六十七条规定，道路交通事故基本事实无法查清、成因无法判定的，公安机关交通管理部门应当出具道路交通事故证明，载明道路交通事故发生的时间、地点、当事人情况及调查得到的事实，分别送达当事人，并告知申请复核、调解和提起民事诉讼的权利、期限。交通管理大队出具的《事故证明》属于公安交警部门依职权作出的公文书证，尽管具有较高的证明力，但仍然需要法官根据具体案情对交通事故证明书加以审查。本案中，交通管理大队确定吴丁驾车时“因个人身体原因”驶出人行道碰撞到路边的树木和灯杆，无任何证据支持。结合医院出具的《居民死亡医学证明（推断）书》尚且无法明确认定吴丁的死亡是心源性猝死、脑挫伤或是闭合性胸腹伤导致，在吴丁也未进行尸检的情况下，一审法院认定吴丁的死亡为“个人身体原因”所致显属不当，本案中被保险人应认定为死亡原因不明。

二、被保险人死因不明时的法律适用及认定标准

关于人身保险合同纠纷中，被保险人死因不明情况下的保险责任承担问题。第一种观点认为，索赔方无法举证证明被保险人的死亡是意外伤害所致，应驳回索赔方的诉讼请求；第二种观点认为，保险公司未能提供充分证据反驳被保险人为意外身亡，也没有及时告知家属通过尸检核定死亡原因，保险公司应全额承担保险赔偿责任；第三种观点认为，应综合考虑被保险人的死亡情形、举证责任的分配、事发后采取的措施、对于死因无法查明的责任等因素，酌定保险公司按比例赔付。对于本案的处理，笔者赞成采纳第三种意见，即二审法院的裁判观点。《中华人民共和国保险法》第二十二条第一款规定："保险事故发生后，按照保险合同请求保险人赔偿或者给付保险金时，投保人、被保险人或者受益人应当向保险人提供其所能提供的与确认保险事故的性质、原因、损失程度等有关的证明和资料。"从举证责任来看，吴丁发生交通事故后，吴丁的家属立即向保险公司报案，并根据保险公司的要求提供事故证明、急救出诊记录单、医学证明等能证明被保险人吴丁死亡经过的初步证据，尽管吴丁家属所举证据不足以证明吴丁是因此次交通事故而导致的意外伤亡，但可以认定家属已完成了初步的证明责任。此时，若保险公司对死因存有异议，应举证证明被保险人的死亡不属于意外事故。但本案中，保险公司同样无法举证证明吴丁是因个人身体原因死亡属于免责条款范围。由于吴丁死亡后没有进行尸检，故即使是由于吴丁个人身体原因导致此次事故发生，但亦无法排除此次事故对吴丁死亡的原因力。根据《最高人民法院关于适用〈中华人民共和国保险法〉若干问题的解释（三）》第二十五条规定："被保险人的损失系由承保事故或者非承保事故、免责事由造成难以确定，当事人请求保险人给付保险金的，人民法院可以按照相应比例予以支持。"人民法院应综合考虑相关因素，酌定保险金的赔付比例。从事故发生后当事人采取的措施来看，家属在事发后已及时报案，保险公司作为专门从事保险业务的机构，本应对事故有更为专业的判断，但其既未派人到现场进行勘验及调查，也未及时向医疗机构或交警部门了解死因、告知死者家属是否需要进行尸检等与意外伤害保险理赔相关的重要事项，也没

有在尸体火化前核定死亡原因或告知家属在核定前不得火化。同时，按照生活常识，家属的报案行为即表明其对保险金请求的意愿，本案保险公司从吴丁家属报案到请求赔付直至诉讼阶段，均没有作出明确拒赔通知，而只是一直强调只要吴丁家属提交符合意外伤害死亡的材料即可得到赔偿，违反了《中华人民共和国保险法》的相关要求，属于消极不作为。从导致吴丁死因无法查明的责任来看，如前所述，保险公司在保险事故的性质、原因等情况调查方面没有尽到相应职责及责任，保险公司具有过错，应承担相应的过错责任。本案在依法适用《最高人民法院关于适用〈中华人民共和国保险法〉若干问题的解释（三）》第二十五条时，综合考量被保险人的死亡情形、举证责任的分配、事发后采取的措施、对于死因无法查明的责任等因素，酌定保险公司按照60%的比例承担保险金赔付责任，实现了当事人利益的平衡，妥善解决了该起人身保险合同纠纷，对被保险人死因不明时保险责任承担的法律适用及认定标准提供了参考价值。

编写人：广西壮族自治区梧州市中级人民法院　黄楚恩

27

保险人应当就保险合同中伤残保险金比例给付条款予以提示说明

——韦某诉保险公司意外伤害保险合同案

【案件基本信息】

1. 裁判书字号

广西壮族自治区河池市中级人民法院（2022）桂12民终2539号民事判决书

2. 案由：意外伤害保险合同纠纷

3. 当事人

原告（被上诉人）：韦某

被告（上诉人）：保险公司

【基本案情】

2020年，韦某的父亲覃某在保险公司处投保了一份学生意外伤害保险，保单后附的条款简介中第八条保险责任中的二载明：意外伤残保险责任，保险人按本保险合同所载的该被保险人意外伤害保险金额及该项伤残所对应的给付比例给付伤残保险金。如自意外伤害发生之日起第180日治疗仍未结束，按第180日的身体情况进行鉴定，并据此给付伤残保险金。如被保险人的伤残程度不在《人身保险伤残评定标准及代码》（JR/T 0083—2013）之列的，保险人不承担给付伤残保险金责任。当同一保险事故造成两处或两处以上伤残时，应首先对各处伤残程度分别进行评定，如果几处伤残等级不同，以最重的伤残等级作为最终的评定结论；如果两处或两处以上伤残等级相同，伤残等级在原评定基础上最多晋升一级，最高晋升至第一级。

2021年7月6日中午，韦某在学校操场打篮球，与同学争夺篮球时发生意外受伤后被送至医院治疗。本次意外造成韦某九级残疾。后因双方未能就理赔达成一致意见，韦某向法院提起诉讼。

保险公司在庭审中陈述，在韦某父亲投保时，保险公司交给其的投保单中已经附有保险条款简介，但是按照保险条款释义的内容，条款中不再附有《人身保险伤残评定标准及代码》全文，即保险公司认为无须再送达给投保人。

本案提及的《人身保险伤残评定标准及代码》第一条范围载明："本标准规定了意外险产品或包括意外责任的保险产品中伤残程度的评定等级以及保险金给付比例的原则和方法，用于评定由于意外伤害因素引起的伤残程度。本标准规定了功能和残疾的分类和分级，将人身保险伤残程度划分为一至十级，最重为第一级，最轻为第十级，与人身保险伤残程度等级相对应的保险金给付比例分为十档，伤残程度第一级对应的保险金给付比例为100%，伤残程度第十级对应的保险金给付比例为10%，每级相差10%。"

【案件焦点】

1.《人身保险伤残评定标准及代码》能否作为计算本案损失的依据；2. 韦某的损失如何认定。

【法院裁判要旨】

广西壮族自治区河池市宜州区人民法院经审理认为：从《人身保险伤残评定标准及代码》的内容看，其定残标准更高，大大减轻或免除了提供格式条款的保险公司的赔偿责任，因此性质上应属于免责条款，保险公司需尽到提示和明确说明义务，否则该条款不生效。本案条款简介中虽提及《人身保险伤残评定标准及代码》，但并未附有该标准及代码全文内容；且保险公司未将《人身保险伤残评定标准及代码》送达给投保人，保险公司亦无充分证据证明就《人身保险伤残评定标准及代码》的内容向投保人尽到了提示和明确说明义务。故，该标准不能作为计算本案损失的依据。本案在保险公司未对伤残保险金的计算等问题向投保人予以明确的情况下，韦某主张按照人身损害赔偿标准计算伤残保险金的理由成立。根据鉴定结论，韦某按照人身损害赔偿标准项下的九级残疾赔偿金数额远远超过本案保险金上限，故韦某请求赔付 80000 元伤残保险金有事实和法律依据。韦某支出的鉴定费是其为查明和确定保险标的的损失程度及防止或者减少保险标的的损失所支付的必要的、合理的费用，依法应由保险公司承担。

广西壮族自治区河池市宜州区人民法院依照《中华人民共和国保险法》第二条、第十一条、第十七条，《中华人民共和国民事诉讼法》第一百四十五条规定，判决：

保险公司于本判决生效之日起十日内赔付给韦某伤残保险金 80000 元和鉴定费 1700 元。

保险公司不服一审判决，提起上诉。

广西壮族自治区河池市中级人民法院经审理认为：根据《中华人民共和国民法典》第四百九十六条规定，提供格式条款的一方应当采取合理的方式提示对方注意免除或者减轻其责任等与对方有重大利害关系的条款，按照对方的要求，对该条款予以说明。提供格式条款的一方未履行提示或者说明义务，致使对方没有注意或者理解与其有重大利害关系的条款的，对方可以主张该条款不成为合同的内容。本案《人身保险伤残评定标准》规定，与人身保险伤残程度等级相对应的保险金给付比例分为十档，按伤残等级所对应的比例赔付保险金，该内容涉及保险金给付的计算方法，与被保险人重大利益相关，因保险公司未将《人身保险伤残评定标准》交付投保人，只是笼统地说保险合同适用该标准，而该标准的具体内容又规定了保险金如何计算的重大内容，而在案其他证据也不能证明保险公司就《人身保险伤残评定标准》的重要内容向投保人进行了提示，故《人身保险伤残评定标准》关于按伤残等级所对应的比例支付保险金的内容，对投保人不具有合同约束力。

广西壮族自治区河池市中级人民法院依照《中华人民共和国民事诉讼法》第一百七十七条第一款第一项规定，判决：

驳回上诉，维持原判。

【法官后语】

本案双方争议焦点在于，保险合同中伤残保险金比例给付条款是否对投保人发生法律效力。这一问题涉及对于伤残保险金比例给付条款性质的理解。

伤残保险金比例给付条款应认定为保险责任条款，而非免责条款。首先，保险人按照伤残程度按比例支付保险金，是保险市场在售此类险种的通例，也符合保险监管部门对该险种的认识，并非额外设置的免责。例如，中国保险监督管理委员会在《关于人身保险伤残程度与保险金给付比例有关事项的通知》中明确："保险责任涉及伤残给付的人身保险合同应在保险条款中明确约定伤残程度的定义及对应保险金给付比例。保险公司应科学划分伤残程度，公平设定保险金给付比例。"其次，对于伤残保险金给付类保险的保险责任为按照伤残程度轻重给付保险金，投保人理应具有一定预期。不论是《最高人民法院关于审理人身损害赔偿案件适用法律若干问题的解释》第十二条所规定的残疾赔偿金制度，还是《工伤保险条例》第三十五条规定的一次性伤残补助金制度，均体现了按照其伤残程度轻重确定伤者应得的残疾赔偿金或一次性伤残补助金的原则。类似地，在保险合同中，按不同伤残等级对应保险金额的相应比例计算保险金，该标准体现轻伤少赔、重伤多赔的保险原理，也符合社会公众的普遍认知。最后，伤残保险金比例给付条款，是伤残保险金给付类保险合同的核心条款、必要条款，也是保险人根据风险依大数法则厘定保险费的基础。对于保险人而言，被保险人轻微伤残、烫伤、一级伤残、十级伤残发生的概率显然不同，保险人在不同伤残程度下支付的保险金也不同，保险人正是基于不同程度事故发生的概率及支出的保险金厘定了相应保险费率。人身意外伤害保险合同中，关于被保险人因意外伤害造成不同程度的伤残，由保险人进行不同额度赔付的约定，体现了保险合同的公平原则。若不论伤残程度如何，均能得到全部保险金额，将导致投保人以较为低廉的保费即获得不应获得的保障，不符合公平原则与对价平衡原则。

虽上述保险条款不属于免责条款，但并不意味着上述保险条款当然产生法律效力。根据《中华人民共和国民法典》第四百九十六条第二款规定："采用格式条款订立合同的，提供格式条款的一方应当遵循公平原则确定当事人之间的权利和义务，并采取合理的方式提示对方注意免除或者减轻其责任等与对方有重大利害关系的条款，按照对方的要求，对该条款予以说明。提供格式条款的一方未履行提示或者说明义务，致使对方没有注意或者理解与其有重大利害关系的条款的，对方可以主张该条款不成为合同的内容。"本案中，《人身保险伤残评定标准及代码》规定，与人身保险伤残程度等级相对应的保险金给付比例分为十档，按伤残等级所对应的比例赔付保险金，该内容涉及保险金给付的计算方法，与被保险人重大利益相关，根据《中华人民共和国民法典》第四百九十六条的规定，因保险公司未将《人身保险伤残评定标准及代码》交付投保人，只是笼统地说保险合同适用该标准，而该标准的具体内容又规定了保险金如何计算的重大内容，故本案的保险金计算方式谈不上已经提示的问题，而在案其他证据也不能证明保险公司就该重要内容向投保人进行了提示，故关于按伤残等级所对应的比例支付保险金的内容，对投保人不具有合同约束力。

编写人：广西壮族自治区河池市中级人民法院 李慧莹

28

可能降低理赔额的鉴定标准条款 属于减轻保险人责任的条款应做提示与明确说明

——袁某诉保险公司人身保险合同案

【案件基本信息】

1. 裁判书字号

福建省厦门市中级人民法院（2022）闽 02 民终 6080 号民事判决书

2. 案由：人身保险合同纠纷

3. 当事人

原告（被上诉人）：袁某

被告（上诉人）：保险公司

第三人：工程公司

【基本案情】

工程公司在保险公司处投保建筑工程施工人员团体意外伤害保险，保单载明工程名称、工程地点；意外身故、保险期限，残疾保险每人保额为 1000000 元；特别约定第 14 条约定：被保险人发生意外伤害事故，如需评定伤残等级，应到国家认可的合法司法鉴定机构进行伤残鉴定，否则不予认可。保险公司《建筑工程团体意外伤害保险条款》第五条第二项载明："在保险期间内，被保险人在指定的施工区域和生活区域内从事建筑施工及相关工作时遭受意外伤害事故，并自该事故发生之日起 180 日因该事故造成《人身保险伤残评定标准及代码》（JR/T 0083—2013）所列残疾之一的，保险人根据伤残等级对应的给付比例乘以意外伤害保险金额给付残疾保险金（分为十档，伤残程度第一级对应的保险金给付比例为 100%，伤残程度第十级对应的保险金给付比例为 10%，每级相差 10%)。如第 180 日治疗仍未结束的，按当日的身体情况鉴定残疾。”

市人力资源和社会保障局出具的《职工工伤认定书》认定：“袁某，系工程公司招用的钢筋工。2021 年 9 月 4 日在上述项目工地安装梁板时跌倒受伤，医院诊断为：肱骨骨折；上肢关节损伤。根据国务院《工伤保险条例》第十四条第一项规定，予确认为工伤。”

市劳动能力鉴定委员会于 2022 年 5 月 13 日出具的《劳动能力鉴定结论书》载明：“根据《劳动力能力鉴定职工工伤与职业病致残等级》国家标准，经劳动能力鉴定专家组鉴定，目前伤残情况为伤残八级。”

【案件焦点】

保险公司进行理赔所依据的伤残标准。

【法院裁判要旨】

福建省厦门市思明区人民法院经审理认为：本案系人身保险合同纠纷，各方当事人对于讼争保险事故的发生经过及该事故属于保险公司的保险范围均无异议，本案的争议焦点为保险公司进行理赔所依据的伤残标准。法院认为，依据《中华人民共和国保险法》第十七条第二款及《最高人民法院关于适用〈中华人民共和国保险法〉若干问题的解释（二）》第九条第一款规定，保险人对其提供的格式合同文本中的免除或减轻保险人责任的条款应当尽到提示、明确说明义务。由于各方当事人均确认袁某若按案涉保险合同约定的《人身保险伤残评定标准及代码》评定的伤残等级比按《劳动能力鉴定 职工工伤与职业病致残等级》评定的伤残等级更低，保险公司主张援引《人身保险伤残评定标准及代码》是为了实质上减轻其赔付责任，因此案涉保险合同中关于适用《人身保险伤残评定标准及代码》的条款属于免除或减轻保险人责任的条款，鉴于投保人工程公司在庭审中明确否认保险人曾向其履行提示、明确说明义务，且保险人在庭审中确认没有证据证明其曾经在投保时向投保人履行上述义务，依法应承担相应的不利后果。因此，法院认定保险人保险公司并未充分履行提示与明确说明义务，案涉保险合同中约定适用《人身保险伤残评定标准及代码》的条款不发生效力。

关于保险公司应当理赔的金额标准。袁某向法院提交的《劳动能力鉴定结论书》系国家认可的合法司法鉴定机构市劳动能力鉴定委员会作出的，在没有相反证据的情况下，其作出的鉴定意见伤残八级应属合法有效，法院予以认可。保险公司应当向袁某理赔的金额为300000元，于法有据，法院予以支持。

关于袁某主张的利息。法院认为，袁某并未举证证明其向保险公司申请理赔，在案也无其他证据证明袁某曾向保险公司申请理赔或遭遇保险公司拒赔，因保险合同双方对理赔金额有争议，在保险公司的保险责任经由生效判决确定成立前，保险公司尚未理赔的行为并不构成保险合同的迟延履行，故袁某主张于法无据，法院不予支持。

福建省厦门市思明区人民法院依照《中华人民共和国保险法》第十七条，《最高人民法院关于适用〈中华人民共和国保险法〉若干问题的解释（二）》第九条第一款、第十三条，《中华人民共和国民事诉讼法》第六十七条第一款规定，判决：

一、保险公司应于本判决生效之日起十日内向袁某支付意外保险金300000元；

二、驳回袁某的其他诉讼请求。

保险公司不服一审判决，提起上诉。

福建省厦门市中级人民法院经审理同意一审法院裁判意见，依照《中华人民共和国民事诉讼法》第一百七十七条第一款第一项规定，判决：

驳回上诉，维持原判。

【法官后语】

本案涉及的争议焦点是，人身保险合同条款中关于约定伤残鉴定标准是否属于责任免除条款。人身意外伤害保险因其保费金额低，操作程序简单，与社会生产生活密切相关等优势，吸引了众多消费者投保。但在发生保险事故后，对被保险人的伤情予以伤残等级鉴定是索赔的一项前置程序，就应当适用何种伤残等级评定标准以确定保险人赔付的保险金成为消费者所关注的一大焦点问题。目前，我国并没有统一的人体损伤致残程度鉴定标准。在司法实践中，依照《劳动能力鉴定 职工工伤与职业病致残等级》（GB/T 1680—2014）鉴定出被保险人的伤残等级，大多要高于依据保险合同中保险人格式化约定的《人身保险伤残评定标准及代码》鉴定标准鉴定出的伤残等级。因此，一旦发生人身伤亡事故，被保险人或受益人更倾向于选择申请司法鉴定机构援引《劳动能力鉴定 职工工伤与职业病致残等级》形成伤残等级鉴定意见，从而要求保险公司支付更高的保险金，但绝大多数的保险公司会以“出具的伤残等级评定标准与合同约定的评定标准不适格”为抗辩理由而拒绝赔付，双方的争议之处就在于《劳动能力鉴定 职工工伤与职业病致残等级》是否能成为人身意外伤害保险中受益人的伤残鉴定标准。《劳动能力鉴定 职工工伤与职业病致残等级》属于鉴定伤残等级的国家标准（GB系列），该标准由国务院社会保险行政部门会同国务院卫生行政部门制定，由国家标准化管理委员会批准发布。而《人身保险伤残评定标准及代码》属于评定人身伤残等级的金融行业标准（JR系列），该标准由中国金融标准化技术委员会保险分技术委员会制定，由原中国保监会发布，二者均系国家标准。一方面，《劳动能力鉴定 职工工伤与职业病致残等级》归属于劳动法①，追求的是社会公共利益的最大化，往往对劳动关系的弱势一方即劳动者采取倾斜保护，保护劳动者的政策考量削弱了法律平等对待法律关系各方主体的特性，使得《劳动能力鉴定 职工工伤与职业病致残等级》中的各项鉴定标准相对而言更加有利于被鉴定人，因而在一定程度上扩大了保险人承担的理赔范围，减损了保险人的商业利益；另一方面，人身保险合同中投保人以一个相对低廉的保费取得了一个获得较大赔偿金额的可能，作为保险人在作出承诺时必然会考虑自己的收支平衡，在事故发生后计算合同理赔金额时，必

① 《劳动能力鉴定 职工工伤与职业病致残等级》由国家标准化管理委员会批准发布，于2007年5月1日实施，其中前言部分明确载明：“根据《工伤保险条例》制定本标准。”而《工伤保险条例》是劳动法的配套性法律法规，是调整劳动关系与劳动关系有着密切联系的社会关系的法律法规。

然想方设法剔除那些影响精确核算的因素，以避免给自己带来商业风险，在此过程中，便可能存在保险公司为了谋求利益不当地缩小保险责任，使得原本合同中约定鉴定标准的条款成为免除己方责任，加重对方责任的不公平条款，进而减损了被保险人或受益人的人身利益。因此，如何平衡好人身利益与商业利益之间的冲突与矛盾，成为司法实践中一大难题。

笔者认为，人身保险作为一种商事合同行为，原则上应当严守意思自治原则，以保险条款中约定的鉴定标准为基础，但鉴于保险人提供合同的优势地位，其通常会通过设计条款将部分风险排除在自己的承诺范围之外，当发生保险人事先承诺范围争议时，保险人不承担保险金赔付义务的合理性需要司法审查。本案中，保险合同中有关伤情鉴定标准的条款，究其实质，可视为保险公司在既有价格、政策等机制背景下合理分配风险的措施，是维护企业合理化经营的一种手段。鉴于据此会减轻赔偿责任，即可依照《最高人民法院关于适用〈中华人民共和国保险法〉若干问题的解释（二）》第九条之规定，将该条文视为“免除保险责任的条款”。

编写人：福建省厦门市思明区人民法院　林鸿

29

以禁止性规定情形作为保险合同免责条款并不免除保险人的提示义务

——黄甲等诉保险公司人身保险合同案

【案件基本信息】

1. 裁判书字号

福建省泉州市中级人民法院（2022）闽05民终1256号民事判决书

2. 案由：人身保险合同纠纷

3. 当事人

原告（被上诉人）：黄甲、胡某、黄乙、黄丙

被告（上诉人）：保险公司

【基本案情】

黄丁向保险公司投保了个人人身意外综合保险，意外身故保险金额人民币100000元，保险期间为2021年3月22日至2022年3月21日。2021年5月26日6时57分，未取得相应驾驶资格的黄丁驾驶二轮摩托车时，与案外人王某驾驶的轻型厢式货车发生碰撞，导致黄丁受伤送医院抢救无效于当日死亡。黄甲、胡某、黄乙、黄丙作为黄丁的第一顺位法定继承人，向保险公司主张要求赔付保险金。

【案件焦点】

保险合同将法律、行政法规中的禁止性规定列为免责条款，是否免除保险人对该部分免责条款的提示义务。

【法院裁判要旨】

福建省南安市人民法院经审理认为：该意外险卡单手册中对免责条款的加黑加粗提示并不明显。在操作电子保险卡的激活过程中，对保险条款的阅读选项默认设置为打钩“已阅读”、可径直跳过保险条款的阅读过程而进行下一步激活步骤，可见保险公司对保险条款，特别是免责条款的提示说明义务也并未尽责。

福建省南安市人民法院依照《中华人民共和国民法典》第四百九十六条、第五百零九条，《中华人民共和国保险法》第二条、第十四条，《中华人民共和国民事诉讼法》第六十四条规定，判决：

保险公司应于本判决生效之日起三日内给付黄甲、胡某、黄乙、黄丙保险金人民币100000元。

保险公司不服一审判决，提起上诉。

福建省泉州市中级人民法院经审理同意一审裁判意见，依照《中华人民共和国民事诉讼法》第一百七十七条第一款第一项规定，判决：

驳回上诉，维持原判。

【法官后语】

保险合同是常见的格式合同之一，《中华人民共和国保险法》第十七条规定了保险人应当就格式合同中的免责条款尽到明确说明和提示义务。实践中常常出现将法律、行政法规中的禁止性规定作为保险合同免责条款，针对该部分免责条款是否仍要求保险人尽到提示和说明义务，《最高人民法院关于适用〈中华人民共和国保险法〉若干问题的解释（二）》第十条作出了不同于一般免责条款的规定，即对该部分免责条款，保险人仅需尽到提示义务即可，无须履行明确的说明义务。针对该规定，可以从以下几方面进行理解：

第一，以禁止性规定作为免责事由的免责条款不同于法定免责条款。“法律、行政法规中的禁止性规定”是指严格禁止当事人从事一定行为的强行性规范，任何人都应当遵守。因该部分禁止性规定本就为普通民众所应知晓的常识性内容，应当区别于一般性免责条款，保险人无须再对其概念、内容和法律后果作出明确说明。

第二，保险人将禁止性规定作为免责条款的，虽不再要求其尽到明确说明义务，但仍应向投保人进行提示和说明，即采用足以引起投保人注意的文字、符号、字体等特别标识对该免责条款进行提示。如果保险人未对该部分免责条款进行提示，无法举证证实其尽到提示义务的，该免责条款不发生法律效力，保险人仍应承担相应的保险赔付责任。

第三，保险人对以禁止性规定情形作为免责事由的免责条款进行提示后，投保人、被保险人或者受益人不得再以保险人未履行明确说明义务为由主张该条款不生效。禁止性规定属于法律强制性规范，投保人对禁止性规定的概念和内容应当是知道的，只是不知道被保险人违反禁止性规定将导致保险人免责的后果，故如果保险人就上述后果通过充分的提示使得投保人知道违反禁止性规定与保险人免责之间的直接关联性，投保人、被保险人或者受益人不得再以保险人对该条款的概念、内容等未进行明确说明为由主张该条款不生效。

具体到本案，《最高人民法院关于适用〈中华人民共和国保险法〉若干问题的解释（二）》第十条规定："保险人将法律、行政法规中的禁止性规定情形作为保险合同免责条款的免责事由，保险人对该条款作出提示后，投保人、被保险人或者受益人以保险人未履行明确说明义务为由主张该条款不生效的，人民法院不予支持。"据此，无证驾驶属于法律禁止性规定，保险公司将无证驾驶作为免责条款，仍应向投保人履行提示义务。本案黄丁支付保险费取得激活卡保险手册时，保险手册对上述免责条款的加黑加粗提示并不明显，保险公司亦未能举证证明对保险手册的上述免责条款已履行提示义务。而在操作电子保险卡的激活过程中，无论黄卯是保险公司的代理人，还是黄丁的熟人，保险公司提供的证据亦不足以证明在激活过程中其通过网页、音频、视频等形式履行了提示义务。故，保险公司对上述免责条款未履行提示义务，上述免责条款不发生效力，保险公司应依约支付保险金。

编写人：福建省南安市人民法院　黄婷婷

30

意外伤害保险受益人仅就发生保险事故承担初步的有限举证责任

——陈甲、朱某诉保险公司人身保险合同案

【案件基本信息】

1. 裁判书字号

福建省漳州市中级人民法院（2022）闽 06 民终 1639 号民事判决书

2. 案由：人身保险合同纠纷

3. 当事人

原告（被上诉人）：陈甲、朱某

被告（上诉人）：保险公司

第三人：某学校

【基本案情】

陈乙原系某学校初中2020级学生，由学校向保险公司投保了平安学平险。2021年12月6日，陈乙参加学校组织的体检，对心、肝、脾、肺、脊柱等进行日常检查，未有异常。2021年12月18日20时许，陈乙在运动场打篮球期间突然摔倒在地，经医院院前抢救仍无生命迹象，遂宣告临床死亡。接诊医院出具《居民死亡医学证明（推断）书》，载明陈乙的死亡原因为：意外死亡。2021年12月19日11时，陈乙被进行火化安葬。陈甲、朱某为陈乙的父母，为第一顺序法定继承人。

【案件焦点】

1. 是否存在保险责任范围内的保险事故；2. 是否存在免除赔偿责任的情形。

【法院裁判要旨】

福建省平和县人民法院经审理认为：本案属保险合同纠纷。人身意外伤害保险是指被保险人在保险期间内遭受意外事故，以致死亡、身体残疾、支付医疗费用或暂时丧失劳动能力，由保险人给付保险金的保险。首先，陈甲、朱某持有法定证明死亡原因的人口死亡医学证明即《居民死亡医学证明（推断）书》，根据保险条款约定，已完成证明存在人身意外伤害保险事故的证明责任。其次，根据保险合同的约定只在没有保险合同要求的死亡证明可证明死亡原因的情况下，保险申请人才需提供死因鉴定报告。因此，在索赔人已提供初步证据的情况下，不能苛求其尽尸检的举证责任。最后，根据“谁主张，谁举证”

的原则，保险公司主张不存在责任范围内的保险事故，负有提供证据证明其主张的责任。

保险公司辩称陈乙的死亡符合猝死的相关特征，属免责范围，不予采信。其一，依保单所载，双方“无其他特别约定”，明确未有特别约定免除保险人责任的条款。其二，陈甲、朱某提供的陈乙的健康体检报告已初步排除了病理性猝死的可能，保险公司应当承担保险理赔责任。

福建省平和县人民法院依照《中华人民共和国保险法》第二条、第十三条、第十七条、第二十一条、第二十三条、第二十四条、第三十条、第四十二条第一款第一项，《最高人民法院关于适用〈中华人民共和国保险法〉若干问题的解释（二）》第十四条、第二十条，《中华人民共和国民事诉讼法》第六十七条，《最高人民法院关于适用〈中华人民共和国民事诉讼法〉的解释》第二百四十条规定，判决：

一、保险公司应于本判决生效之日起十日内向陈甲、朱某支付保险金 16 万元；

二、驳回陈甲、朱某的其他诉讼请求。

保险公司不服一审判决，提起上诉。

福建省漳州市中级人民法院经审理认为：双方保险合同约定保险金申请人应提交材料为公安部门或医疗机构出具的被保险人死亡证明书可证明死亡原因的，可用死亡证明作为材料提交而无须进行死因鉴定。本案无须对陈乙进行尸检即可确认其死亡原因。一审判决认定事实清楚，适用法律正确，程序合法，应予维持。

福建省漳州市中级人民法院依照《中华人民共和国民事诉讼法》第一百七十七条第一款第一项规定，判决：

驳回上诉，维持原判。

【法官后语】

当前，在人身意外伤害保险合同的审理过程中对举证责任的分配，未有统一的尺度，尤其过分依赖尸检。以关键词“尸检”在中国裁判文书网类案搜索，共有31058篇一审民事判决书。综合来看，形成两种观点：一种观点认为保险受益人根据“谁主张，谁举证”的原则，应当承担发生保险事故以及该保险事故存在于保险合同范围的绝对证明责任。在这种观点下，保险人以未有尸检鉴定抗辩死亡原因不明，进而认为受益人主张的事实处于真伪不明的状态，保险人可以减轻或免除赔偿责任。另一种观点认为保险受益人仅承担发生保险事故以及该保险事故存在于保险合同范围的初步证明责任。在这种观点下，保险人负有反证义务。

笔者认为，从法律渊源、对价平衡、风险构成三个维度上分析，意外伤害保险受益人仅需就发生保险事故承担初步的有限举证责任。

一、从法律渊源上看，保险受益人仅负力所能及的举证责任

《中华人民共和国保险法》第二十二条规定，“保险事故发生后，按照保险合同请求保险人赔偿或者给付保险金时，投保人、被保险人或者受益人应当向保险人提供其所能提供的与确认保险事故的性质、原因、损失程度等有关的证明和资料”。该规定明确了保险索赔方的举证程度为“其所能提供的”，即初步证明责任。《中华人民共和国保险法》第二十二条第二款确立了保险人的通知义务，是一项典型的被保险人举证责任免除的事由。换句话说，在索赔诉讼中，只要索赔人在保险事故发生后完成了初步举证，相应的举证责任就适时转移至保险人。保险人作为专业的保险机构，应承担反驳争议事实的举证责任。这也从法律渊源上肯定了保险索赔诉讼的举证责任的特殊性。

二、从对价平衡上看，对偶发的保险事故积极理赔符合“保险对价平衡原则”理念，保险人负有拒赔或不赔的证明责任

保险经营的对价公平在于投保人交付的保险费与保险人风险承担及实际保险赔偿之间的总体收支平衡，这是维持保险机制运转所必需的“给付与对待给付均等”制度。在保险索赔诉讼中，索赔方一般为普通民众，缺乏专业保险技能与法律素养，而保险事故通常具有偶发性、复杂性，故不宜对索赔方课以过于严格的举证责任。否则，不利于索赔程序的经济高效进行，进而阻碍保险事业的发展，势必会破坏风险系数的整体公平对价，动摇整体的平衡基础。

三、从风险构成上看，在保险人未能提供证据有效地拒赔或抗辩的前提下，其提出的尸检要求不应得到支持

属于原因风险的，被保险人负有主要的举证责任；而对于结果风险，保险人负有主要的举证责任。而意外伤害保险属于结果型的风险，被保险人的损失和结果风险之间已经具有了有效的因果关系，保险人必须证明造成这种结果风险并最终导致被保险人损失的原因属于除外责任才可以有效地拒赔或抗辩。在保险受益人已经完成了初步的证明责任后，保险人以“莫须有”非保险范围内的可能发生，进而强求尸检鉴定有违人伦，无疑是给本已失去亲人的痛苦的保险受益人道德情感上的雪上加霜，不符合诚信、友善的社会主义核心价值观。

就本案的处理认定而言，较大的便利了司法对意外事故保险的处理和认定，也破除了实践中认为保险受益人不配合保险人提出的尸检要求即负有过错责任的错误认识。

编写人：福建省平和县人民法院　许春福

31

保险人不能因被保险人获得侵权损害赔偿而减免人身保险赔偿责任

——刘某诉保险公司人身保险合同案

【案件基本信息】

1. 裁判书字号

山东省德州市中级人民法院（2021）鲁14民终3515号民事判决书

2. 案由：人身保险合同纠纷

3. 当事人

原告（被上诉人）：刘某

被告（上诉人）：保险公司

【基本案情】

刘某之父刘某甲为刘某在保险公司投保附加意外伤害医疗保险，保险期间为自2020年9月5日至2021年9月5日。刘某于2020年12月15日发生交通事故，被程某甲驾驶机动车撞伤，程某甲及交强险已向刘某赔偿医疗费19388.17元。刘某向法院起诉主张依据意外伤害保险合同约定，保险公司应支付医疗费10000元及住院津贴3900元。保险公司抗辩按照保险合同约定仅承担刘某在交通事故中已获医疗费赔偿部分之外的90%的保险责任，刘某的医疗费已从第三人处获得赔偿，故其主张不能成立。

【案件焦点】

保险公司主张因刘某已从侵权方获得医疗费赔偿而免除保险责任是否成立。

【法院裁判要旨】

山东省夏津县人民法院经审理认为：保险公司未对免责条款尽到明确说明义务，该免责条款不产生效力。

山东省夏津县人民法院依照《中华人民共和国保险法》第十四条、第十七条、第十九条，《最高人民法院关于适用〈中华人民共和国保险法〉若干问题的解释（二）》第九条、第十一条，《最高人民法院关于适用〈中华人民共和国民事诉讼法〉的解释》第九十条、第一百零四条之规定，判决如下：

保险公司于本判决生效后十日内支付刘某13900元。

保险公司不服一审判决，提起上诉。

山东省德州市中级人民法院经审理认为：第一，损失补偿原则不适用于人身保险。损失补偿原则是适用于财产保险的一项重要原则，但本案中的附加意外伤害医疗保险属于人身保险的范畴。在人身保险中，《中华人民共和国保险法》第六十八条规定：“人身保险的被保险人因第三者的行为而发生死亡、伤残或者疾病等保险事故的，保险人向被保险人或者受益人给付保险金后，不得享有向第三者追偿的权利。但被保险人或者受益人仍有权向第三者请求赔偿。”该条明确规定被保险人或者受益人可以重复受偿，且保险人不得向第三人追偿。第二，交强险及侵权人的赔偿责任与本案的保险赔偿责任属于不同的法律关系，两者不存在竞合，互不影响。一审民事判决基于侵权法律关系明确由侵权人程某甲及程某甲投保的某财保公司赔偿刘某医疗费用。刘某之父刘某甲为刘某在保险公司投保附加意外伤害医疗保险，在发生涉案保险事故后，保险公司基于合同法律关系向刘某承担保险责任。刘某向保险公司及程某甲、某财保公司主张赔偿的请求权基础不同，即使程某甲、某财保公司向刘某履行了赔偿责任，保险公司也不因此而减轻或免除保险赔偿责任。第三，《附加意外伤害医疗保险条款》第 2.1 条第四项约定，若被保险人因意外伤害所致医疗费用按政府或法律法规的有关规定取得补偿或从其他社会福利机构、任何医疗保险机构处取得了补偿，保险公司仅承担剩余部分医疗费用的保险责任。该条款并未明确约定被保险人在获得第三人的侵权赔偿后，保险人仅针对剩余费用予以赔偿。所以，保险公司抗辩因刘某在交通事故责任纠纷中已获得了程某甲及相关保险公司的全额赔偿，其不再承担医疗费用及住院津贴给付责任的理由不能成立，法院不予支持。一审判决保险公司支付刘某医疗费及住院津贴 13900 元具有事实和法律依据。

山东省德州市中级人民法院依照《中华人民共和国民事诉讼法》第一百七十条第一款第一项规定，判决如下：

驳回上诉，维持原判。

【法官后语】

受害人在受到人身侵权损害时，侵权人毋庸置疑地应该承担侵权责任。但就本案所反映的问题，即受害人作为被保险人在保险公司投保人身保险，在这种情况下，在被保险人即受害人同时面临着保险责任赔偿和人身损害赔偿两种选择时，两者的适用关系如何，我国法律未进行明确规定。在处理该类问题上，两种赔偿责任并行不悖为目前的裁判趋势，且具有合法及合理性，以下将从三个角度予以分析论证。

一、补偿原则在保险合同法律关系中具有明确的适用界限，人身保险不适用补偿原则

《中华人民共和国保险法》对损失补偿原则并无明确规定，但其第五十五条、第五十六条对财产保险合同中的保险金额、保险价值及重复保险作出了规定，明确各保险人赔偿保险金的总和不得超过保险价值。而在人身保险合同中，《中华人民共和国保险法》未对重复投保进行限制。当人身作为保险标的时，同一被保险人可以重复投保，并且当保险事故发生时可以分别获得保险赔偿，互不影响。通过以上分析不难看出，人身保险合同中，并不适用损失补偿原则，损失补偿原则仅仅适用于财产保险合同中，在同为受害人的被保险人已经获得侵权赔偿的情况下，仅以被保险人获得双份赔偿有失公平而减免保险赔偿责任的理由，有违我国保险法的立法原则，不能成立。

二、人身保险合同关系中的保险人不具有向侵权第三人代位求偿权的权利

人身保险合同不同于财产保险合同，其保险标的是人的生命或者身体，无法确定其价值，不可能发生权利的转移。与财产保险中保险人具有代位求偿权（《中华人民共和国保险法》第六十条）不同的是，《中华人民共和国保险法》第四十六条规定："被保险人因第三者的行为而发生死亡、伤残或者疾病等保险事故的，保险人向被保险人或者受益人给付保险金后，不享有向第三者追偿的权利，但被保险人或者受益人仍有权向第三者请求赔偿。"因此，保险人在给付保险金后，并不能由此取得任何权利，即保险人不享有代位求偿权。既然保险人在赔偿之后不享有向侵权第三人进行追偿的权利，那必然不会影响侵权人承担赔偿责任，则被保险人作为受害人时，自然可以向侵权人再行主张权利，反之亦然，两种责任履行顺序的不同，不会影响各自责任的承担。

三、侵权赔偿与保险赔偿的请求权基础不同，不存在责任竞合

本案中，交强险及侵权人的赔偿责任与人身保险合同中的保险赔偿责任分属于不同的法律关系，两者不存在竞合，互不影响。所谓责任竞合，是指同一法律事实同时符合两种或两种以上的民事责任的构成要件，依法仅实现其中一

种民事责任，竞合的责任之一实现后，其他形式的责任也归于消灭。例如，买卖合同中的标的物存在质量瑕疵而造成买受人财产或者人身损失，则构成出卖人违约责任和侵权责任的竞合。而侵权行为所引发的侵权赔偿主体与人身保险合同的赔偿主体不同，且保险赔偿责任的产生除基于侵权行为导致的保险事故发生外，还基于被保险人（投保人）与保险人的合同约定，因此，引发两种责任的法律事实也并不完全相同，所以说本案所指的侵权赔偿责任与保险赔偿责任并不属于责任竞合。侵权赔偿责任与保险赔偿责任分别基于不同的请求权基础，也具有不同的责任承担主体，两种赔偿责任若能依据其中之一的履行而相互减免，既与法律逻辑相矛盾，也不能实现两者的价值功能。

综上，侵权人对受害人给予赔偿，系基于侵权行为而产生的侵权赔偿责任，与保险公司保险赔偿的合同义务非同一性质，不适用损失填补原则。本案中保险人在保险合同中约定，仅承担被保险人已获侵权赔偿部分之外的保险责任，既不符合法律规定，也缺乏法理基础，属于不合理的免除和减少责任承担的格式条款，类似条款不发生效力。

编写人：山东省德州市中级人民法院　杨贵孚　刘洋

32

非基础性疾病导致的中暑死亡保险公司应当赔付

——某建筑公司诉某保险公司意外伤害保险合同案

【案件基本信息】

1. 裁判书字号

新疆维吾尔自治区乌鲁木齐铁路运输中级法院（2022）新71民终52号民事判决书

2. 案由：意外伤害保险合同纠纷

3. 当事人

原告（被上诉人）：某建筑公司

被告（上诉人）：某保险公司

【基本案情】

某建筑公司为其所属200名员工在某保险公司处投保了建筑工程团体意外伤害保险及附加团体意外伤害医疗保险，保险期间自2021年4月10日0时起至2023年12月31日24时止，意外伤害身故保险金额为800000元、意外伤害医疗保险金额为80000元。成某于2021年4月26日与该建筑公司签订劳动合同，同年4月30日，在施工现场工作过程中，突然中暑晕倒经抢救无效死亡，死亡原因为热射病。之后，该建筑公司与成某家属签订赔偿协议，约定该公司向成某家属一次性赔偿900000元，成某家属收到上述赔偿款后，出具保险金权益转让协议，将案涉保险金请求权转让给了某建筑公司。据此，该公司向某保险公司申请理赔，某保险公司出具《理赔决定通知书》明确不予给付身故保险金。

【案件焦点】

1. 某建筑公司是否有权向某保险公司主张案涉保险金；2. 某保险公司是否应当对成某的死亡承担给付身故保险金及医疗保险金保险责任。

【法院裁判要旨】

新疆维吾尔自治区乌鲁木齐铁路运输法院经审理认为：成某的法定继承人与某建筑公司签订了“保险金权益转让协议”，将其享有的案涉保险金请求权转让给了该公司，依照《最高人民法院关于适用〈中华人民共和国保险法〉的解释（三）》第十三条“保险事故发生后，受益人将与本次保险事故相对应的全部或部分保险金请求权转让给第三人，当事人主张该转让行为有效的，人民法院应予支持，但根据合同性质、当事人约定或者法律规定不得转让的除外”的规定，保险事故发生后的保险金请求权属于可让与的财产权利，本案被保险人成某身故后，其法定继承人享有自愿转让保险金请求权的权利，案涉保险金权益转让协议符合民事自治原则，合法有效，故某建筑公司有权向某保险公司主张案涉保险金。成某系与某建筑公司存在劳动关系，在案涉建筑施工工程现场从事作业的人员，属于案涉保险合同约定的被保险人。其在保险合同约定的施工地点从事建筑施工相关作业时中暑晕倒，之后因热射病死亡。事故发生后某建筑公司在48小时内向保险公司报案，履行了自己的义务。造成被保险人死亡的热射病系被强烈的阳光照射所引发的身体突变，成某对自己在高温下工作可能会中暑，甚至会导致死亡是无法预见，亦无法控制的，且其在中暑晕倒之前在工地正常开展施工作业，身体未出现任何异常，事故的发生也非出于其本意。中暑虽已被列为职业病范畴，但成某的热射病是由外部环境所引发，并非由其自身疾病、原发性疾病因素所致。成某的死亡符合保险合同约定的意外事故“外来、突发、非本意、非疾病”的构成要件。被保险人成某在保险期间内，在案涉施工工地作业过程中发生意外伤害，并在180日内因该意外伤害为直接原因死亡，符合案涉保险合同约定的保险公司应承担保险责任的情形，故保险公司应当对成某的死亡承担给付意外伤害身故保险金及意外伤害医疗保险金保险责任。关于赔偿金额，保险公司应按保险合同约定的意外伤害身故保险金额800000元承担给付身故保险金保险责任。成某因意外伤害住院治疗产生医疗费22605.26元，双方对保险合同约定的免赔额及赔付比例予以认可，故某保险公司应按保险合同的约定扣除免赔额后按照赔付比例承担支付意外伤害医疗保险金18004.21元的保险责任。

新疆维吾尔自治区乌鲁木齐铁路运输法院依照《中华人民共和国保险法》第十条、第十二条、第十四条、第三十条、第六十四条，《中华人民共和国民法典》第五百四十五条，《最高人民法院关于适用〈中华人民共和国保险法〉若干问题的解释（三）》第十三条的规定，判决如下：

一、某保险公司于本判决生效之日起十日内向某建筑公司给付意外伤害身故保险金800000元；

二、某保险公司于本判决生效之日起十日内向某建筑公司给付意外伤害医疗保险金 18004.21 元；

三、驳回某建筑公司的其他诉讼请求。

某保险公司不服一审判决，提出上诉。

新疆维吾尔自治区乌鲁木齐铁路运输中级法院经审理认为：某保险公司已于二审中对案涉保险金请求权转让的事实予以认可，因此，本案争议焦点在于成某是否系因意外死亡，热射病是否属于保险事故范围。案涉保险条款对意外伤害的释义，是指以外来的、突发的、非本意的、非疾病的客观事件为直接且主要原因导致的身体伤害，猝死不属于意外伤害。

首先，本案中，成某因热射病死亡，其病因有外部环境高温的因素，也有自身机体因素，但从两者对成某因热射病死亡这一结果发生作用和效果的程度来看，外部环境高温是成某因热射病死亡的最主要、最直接原因即近因，而高温这一客观事件对于成某来说，符合保险条款中对意外伤害定义的“外来的”这一特征。其次，根据乌鲁木齐天气预报查询信息，事故当天最高温度 32 摄氏度，并未达到相关部门规定的停止户外工作的高温警戒线，即成某因高温中暑并非成某自身可预见到、可预防的，即符合意外伤害定义的“非本意的”这一特征。再次，虽然高温引起体内热量积蓄需要一定时间，但是热量积蓄引发热射病对于成某来说是突发的，并非成某原发的、自有的疾病，这里的突发不是时间概念，即高温这一客观事件符合意外伤害定义的“突发的”这一特征。最后，结合案涉保险合同订立的目的来看，意外伤害定义中的“非疾病性”本意应当是将被保险人自身疾病、原发性疾病导致的事故排除在保险范围外，而本案中成某因热射病死亡的主要原因为外部因素即高温这一客观事件，而并非成某自身疾病、原发性疾病导致，符合意外伤害定义的“非疾病性”。同时，本案保险条款中并未将热射病列入保险人责任免除范围，也未排除在意外伤害之外。某保险公司作为专业的保险机构，其制定的保险条款应让投保人清楚明白。本案中，保险条款既未对突然的和非疾病的意外伤害事故范围进行解释，又未明确热射病死亡不属于突然的和非疾病的意外死亡。同时，保险合同也未约定被保险人热射病死亡，保险人可免责，热射病死亡应属于意外死亡。故，一审判决认定事实清楚，适用法律正确，应予维持。

新疆维吾尔自治区乌鲁木齐铁路运输中级法院依照《中华人民共和国民事诉讼法》第一百七十七条第一款第一项之规定，作出如下判决：

驳回上诉，维持原判。

【法官后语】

本案中需要厘清以下问题：

一、关于某建筑公司与成某法定继承人签订的保险金权益转让协议效力问题

判定保险金权益转让协议的效力，应当全面审查转让时间、原因、金额及转让是否系当事人真实意思等因素。另外，根据合同性质、当事人约定或者法律规定不得转让的保险金请求权，依其合同性质不得转让。本案中，首先，案涉保险金请求权的转让发生在保险事故发生后，转让行为的主体为被保险人的法定继承人。人身保险合同中的保险金请求权在事故发生前不可让与，但在保险事故发生后，保险金请求权转变为可让与的确定性财产权利。其次，某建筑公司向某保险公司的索赔金额未超出其向成某法定继承人的赔付金额，即本案中不存在受让人因保险金请求权的转让获得法律上不认可的利益的情形。再次，案涉保险合同双方在签订合同时未约定保险金请求权不得转让。最后，为了审查案涉转让协议双方的关系及转让人意思表示的真实性，法院传唤成某家属到庭说明相关情况。经核实，案涉保险金权益转让协议系转让人真实意思表示，转让人与受让人之间无任何利益关系，该协议未违反法律规定，亦未违背公序良俗，故属合法有效。

二、导致成某死亡的热射病是否属于保险合同约定的意外事故

本案中，某保险公司认为“热射病属于疾病的范畴，保险合同约定的意外事故指的是外来的、突发的、非本意的、非疾病的事故。因此，热射病导致的被保险人的死亡不属于保险公司的保险责任”。热射病即中暑，是因高温高湿环境引起的体温调节失调，累及脑、肝、心脏等多器官受损，危及生命，诸如多脏器功能衰竭等症状都是热射病病情加重后的症状表现。被保险人成某在被

诊断为热射病之前在施工工地正常开展工作，身体未出现过异常，其死亡结果并非其自身原有疾病所致。而案涉保险合同中所约定的“非疾病的”，指的是潜在疾病，且保险条款中并未将“中暑死亡”即热射病列入保险人免责范围。案涉保险条款属于保险公司提供的格式条款，该条款并未对“疾病”的内涵及外延明确约定，在此情况下当事人对条款内容存在争议。依照《中华人民共和国保险法》第三十条的规定，应作出有利于被保险人的解释，即应认定中暑死亡属于保险合同约定的意外事故。

三、投保企业（用人单位）的安全保障义务

本案系意外伤害保险合同纠纷，解决的是保险合同双方之间因履行合同所引发的纠纷，案涉保险合同未约定投保人对被保险人应尽的相关责任，也没有证据证明案涉事故是因投保人的过错所致，故保险公司不能以投保人未尽到注意、防止义务为由，主张减轻或免除自己的保险责任。据此，法院在审理过程中未对某建筑公司的相应责任作认定及处理。为了避免类似于热射病的悲剧重演，保护以成某为代表的广大劳动者的合法权益，给劳动者更多尊重、理解和关爱，用人单位应当积极落实各项防暑降温措施，灵活调整工作时间及作息制度。加大安全生产和个人防护宣传力度，进一步完善应急措施，提高突发事件应变能力，以最大限度地降低员工发生中暑等突发事件的概率，为劳动者提供安全的工作环境。

编写人：新疆维吾尔自治区乌鲁木齐铁路运输法院　米热班·卡斯木

33

团体意外伤害保险合同约定指定生效日早于合同成立日应属无效

——刘某甲、翁某甲诉保险公司意外伤害保险合同案

【案件基本信息】

1. 裁判书字号

浙江省宁波市中级人民法院（2023）浙 02 民终 292 号民事判决书

2. 案由：意外伤害保险合同纠纷

3. 当事人

原告（被上诉人）：刘某甲、翁某甲

被告（上诉人）：保险公司

【基本案情】

2021 年 9 月 6 日，机械公司为职员 8 人在保险公司投保了团体意外伤害保险（B 款），保险金额为 50 万元/人，并于同日支付保险费 7040 元。刘某系被保险人之一。投保单载明：指定生效日为 2021 年 8 月 29 日；保险期间 1 年。保险单载明：合同成立日期为 2021 年 9 月 6 日；合同生效日为 2021 年 8 月 29 日；保险期间 1 年；合同期满日为 2022 年 8 月 28 日。另，团体意外伤害保险（B 款）条款第三条载明："除另有约定外，本合同生效的日期为本公司开始承担保险责任的日期。"

2022 年 8 月 30 日，刘某在某建筑工地施工时至河边清洗不幸溺亡。后刘某甲、翁某甲（系刘某父母）提起诉讼，要求保险公司支付保险金 50 万元。

【案件焦点】

1. 约定合同生效日早于合同成立日是否有效；2 指定保险责任开始时间早于合同成立日是否有效。

【法院裁判要旨】

浙江省宁波市海曙区人民法院经审理认为：根据《中华人民共和国保险法》第十三条、第十四条的规定，依法成立的保险合同，自成立时生效，投保人和保险人可以对合同效力约定附条件或附期限；保险合同成立后，投保人按照约定支付保险费，保险人按照约定的时间开始承担保险责任。法律关于“投保人和保险人可以对合同效力约定附条件或附期限”的规定，体现了合同自由的基本原则，但其前提是约定不能违反法律和行政法规的强行性规定。合同生效系以合同成立为前提，如果合同未成立，自然不可能发生效力。涉案保险合同将合同生效日指定在投保日之前，实质上缩短了保险期间，剥夺了部分保险利益，有违意外伤害保险的保险理念。涉案保险合同关于指定生效日 2021 年 8 月 29 日的约定应认定为无效。

浙江省宁波市海曙区人民法院依照《中华人民共和国保险法》第十三条第三款、第十四条、第四十二条第一款，《中华人民共和国民法典》第一千一百二十七条之规定，判决如下：

保险公司支付刘某甲、翁某甲保险赔偿金 50 万元。

保险公司不服一审判决，提起上诉。

浙江省宁波市中级人民法院同意一审法院裁判意见，判决驳回上诉，维持原判。

【法官后语】

本案的争议焦点在于，约定合同生效日早于合同成立日是否有效，指定保险责任开始时间早于合同成立日是否有效。笔者认为前述约定均无效，本案保险合同自成立时生效，保险责任开始时间应为生效日。案涉事故发生在保险责任期间内，保险公司应给付保险金。

一、合同生效时间的约定违反合同效力附期限的基本要求

依照《中华人民共和国保险法》第十三条第三款规定，依法成立的保险合同，自成立时生效。投保人和保险人可以对合同的效力约定附条件或者附期限。其中，合同效力所附期限可分为生效期限和终止期限。生效期限是指以其到来使合同发生效力的期限。该期限的作用是延缓合同效力的发生，期限到来合同始发生效力。终止期限是指以其到来使合同效力消灭的期限。合同所附期限均应为将来确定到来的期限，对期限的约定必须符合两点要求：一是期限不能是已经经过的时间；二是期限应当是必将到来的对应时间。

本案中，双方均认可投保人投保、保险公司同意承保的时间为 2021 年 9 月 6 日，即合同成立日。然，保险单载明的合同生效日为 2021 年 8 月 29 日，早于合同成立日，系已经经过的时间，不符合法律关于合同效力附期限的有关规定。故，本案对保险合同生效时间的约定应属无效。

二、保险责任开始日的约定不符保险合同的基本理念

保险责任开始的时间是保险人开始承担保险责任的时间，是被保险人开始享受保险合同保障的时间。《中华人民共和国保险法》第十四条规定，保险合同成立后，投保人按照约定交付保险费，保险人按照约定的时间开始承担保险责任。故，保险合同当事人可对保险责任开始时间进行特别约定；在没有特别约定的情形下，保险责任开始时间即为合同生效时间。

保险合同本质上是一种射幸合同，保险人所承保的是将来可能出现的不确定的风险，意即保险人是否将来需要给付保险金在合同签订时是不确定的，而是取决于合同约定的保险事件是否发生。因此，将保险责任开始时间约定早于合同成立日期有违保险基本理念。但有例外情形，《最高人民法院关于审理海上保险纠纷案件若干问题的规定》第十条规定，保险人与被保险人在订立保险合同时均不知道保险标的已经发生保险事故而遭受损失，或者保险标的已经不可能因发生保险事故而遭受损失的，不影响保险合同的效力。该司法解释虽肯定了追溯保险的效力，但有严格的限制条件：一是仅限海上保险领域；二是保险人与被保险人在订立保险合同时均不知道是否发生保险事故。本案系团体意

外伤害保险，投保人对于职员是否已发生保险事故，应当明知，不能适用上述司法解释。

三、约定缩短了被保险人的保险期间

保险期间是保险人承担保险责任的起讫时间。《中华人民共和国保险法》规定保险合同应当包含保险期间和保险责任开始时间。投保人交纳保费应当享受保险期间的保障。本案中，约定的保险期间为一年。保险公司抗辩投保人上一年也投保了相同险种，为了与前份保险期间接续，故出现指定生效日早于合同成立日。本案保险事故发生后，投保人申请继续新一年投保，保险期间亦接续，要求指定为2022年8月29日，则保险事故发生时间落入新投保险的期间内，但保险人拒绝承保。可见，保险人仅在已过时间内未发生过保险事故才同意投保时间接续，将保险责任开始日约定早于合同成立日。如此则会出现虽投保人每年都为相同保险缴纳保费，但有部分期间并不受保险保障的情况。此种将保险责任开始日指定在投保日之前，实质上缩短了保险期间，剥夺了被保险人部分保险利益。

四、约定不利于保障雇主权益

本案险种为团体意外伤害险，由雇主作为投保人为雇员投保意外伤害险，保费一般由雇主缴纳。保险事故发生后，雇员从保险公司获得保险金可以减轻雇主的赔偿责任。投保团体意外伤害险，既可以减少雇主的经营风险，也能为雇员多一份权益保障。

实践中，短期团体险存在不少与本案相同的约定情形，投保人对合同生效日、保险期间、合同生效日等法律概念可能并不清晰，多认为如每年缴纳保费，并使每年的保险期间都与前份保单时间接续，就应当能够享受完整的保障。殊不知，将保险责任开始日指定在投保日之前，存在较大法律风险。纠纷发生后，保险人拒绝支付保险金的，投保人将对保险人及保险制度产生怀疑和不信任。长此以往，不利于保障投保人、被保险人的合法权益，更不利于我国保险行业的健康有序发展。

编写人：浙江省宁波市海曙区人民法院　庄春梅　邱丽婷

34

公司业务交接导致员工保险的投保人主体变更的，不影响保险合同效力

——供应链公司诉保险公司意外伤害保险合同案

【案件基本信息】

1. 裁判书字号

北京金融法院（2022）京 74 民终 58 号民事判决书

2. 案由：意外伤害保险合同纠纷

3. 当事人

原告（被上诉人）：供应链公司

被告（上诉人）：保险公司

第三人：网络公司

【基本案情】

2019 年 4 月 18 日，网络公司作为投保人为员工梁某甲在保险公司处投保附加个人责任保险条款，保险金额为 20 万元，保险期间自 2019 年 4 月 18 日 6 时 56 分 2 秒起至 5 月 17 日 23 时 59 分 59 秒止。后网络公司与供应链公司签订交接协议，供应链公司同意购买网络公司全部配送站点的物资、接收并聘用网络公司全部配送站点的人员并开展配送业务。2019 年 4 月 27 日，梁某甲驾驶电动自行车在北京某小区与案外人曲某甲发生交通事故，经认定，梁某甲负全部责任，曲某甲无责任。后曲某甲起诉至法院，法院查明事发时梁某甲系供应链公司的工作人员，受供应链公司指派从事送餐业务。法院作出民事判决书，判令供应链公司赔偿曲某甲医疗费等费用共计 189079.01 元。2021 年 8 月 25

日，供应链公司已履行完毕。后供应链公司向保险公司申请理赔被拒绝，为维护其合法权益，故起诉至法院，要求保险公司向供应链公司给付保险金189079.01元。

【案件焦点】

公司之间因业务交接导致员工雇主变更及员工保险的投保人主体变更，保险期间因被保险人发生保险合同中约定的赔偿情形，变更后的投保人作为被保险人雇主赔偿后是否有权向保险人主张合同中约定的权利义务。

【法院裁判要旨】

北京市通州区人民法院经审理认为：根据《中华人民共和国保险法》第六十五条第四款规定："责任保险是指以被保险人对第三者依法应负的赔偿责任为保险标的的保险。"网络公司为梁某甲投保了配送人员意外险，附加个人责任保险。本案中，梁某甲从事送餐业务过程中造成曲某甲受伤，因网络公司与供应链公司签订交接协议，供应链公司作为梁某甲的雇主已经按照生效判决向曲某甲履行了赔付义务，故供应链公司有权要求保险公司承担赔付责任。关于保险公司辩称被保险人为梁某甲，供应链公司无权主张权利的答辩意见，法院不予采信。关于保险公司应承担的赔付金额，法院认定：

1. 关于残疾赔偿金部分，首先，保险公司在保险合同中约定适用人身伤残鉴定标准为《人身保险伤残评定标准及代码》（JR/T 0083-2013），网络公司否认收到保险合同，保险公司对此亦未提交证据证明其将保险合同和保险条款交付网络公司。其次，保险公司提交的证据并无如不按照《人身保险伤残评定标准及代码》（JR/T 0083-2013）标准进行鉴定将免除保险责任的约定，亦缺乏对免除责任条款进行告知和说明的内容，故保险公司应在保险限额内承担此部分赔偿责任。

2. 关于营养费、误工费、护理费，保险合同中对于营养费、误工费、护理费赔付的限制应属于免责条款性质，保险公司未就其在网络公司投保时就该免责条款尽到提示及说明义务提供充分证据，关于保险公司主张的计算方式于法无据，法院不予采信。

3. 保险合同中未就鉴定费和精神损害抚慰金、医疗费、住院伙食补助费、交通费进行明确限制，故上述费用应属于保险公司的赔偿范围。

北京市通州区人民法院依照《中华人民共和国保险法》第二条、第十七条、第六十五条，《中华人民共和国民事诉讼法》第六十四条之规定，判决如下：

保险公司向供应链公司支付保险赔偿金189079.01元。

保险公司不服一审判决，提起上诉，

北京金融法院同意一审法院裁判意见，判决驳回上诉，维持原判。

【法官后语】

随着我国市场经济的日益发展，企业之间因经营范围调整等原因而进行业务交接的行为是常见的市场行为，且日益增多，一定程度上促进了市场的活力和发展。公司之间业务转让的过程，包含了工作人员的雇主变更这种情况。为了维护市场经济的秩序和发展，加强司法保护企业及其员工的合法权益，在上述情形的投保人主体变更后，若公司员工作为被保险人在保险期间发生了保险合同约定的赔偿情形时，变更后的投保人作为新雇主对被造成损害的第三人进行赔偿后，是否有权利向保险人主张赔偿，亟须明确。

意外伤害保险是人身保险业务之一，以被保险人因遭受意外伤害造成死亡、残废为给付保险金条件的人身保险。依据《中华人民共和国保险法》第三十一条规定，投保人对与投保人有劳动关系的劳动者具有保险利益。本案中，被保险人梁某甲本为原投保人网络公司的员工，网络公司与供应链公司签订交接协议，供应链公司合法购买网络公司全部配送站点的物资、接收并聘用网络公司全部配送站点的人员并开展配送业务，供应链公司作为梁某甲的新雇主和新的投保人，对梁某甲依然具有保险利益，是合法的新雇主和新的投保人。

从合同权利义务转让的角度来看，公司间业务交接转让，保险合同的当事人也发生变更，据此而言，类似债权债务的转移。首先需要说明的是，保险合同区别于其他合同的重要一点在于其三角架构，即保险合同虽然由投保人和被保险人签订，但却是由投保人、保险人和被保险人三方组成。其中，被保险人是保险合同的核心，其利益也是保险合同的核心利益。本案投保人的特殊之处在于其购买此保险的目的是降低自己的责任风险，在该责任保险范围内，一旦被保险人发生保险事故，其应承担的赔付责任最终将由保险公司承担。在此种保险项下，投保人的变更并不影响被保险人利益的保护，亦不违反法律的禁止情形，从立法目的以及公平正义的角度考虑，投保人的变更应当是被允许的。按照《中华人民共和国民法典》合同编的规定，债权债务的概括转移应当经对方当事人同意。仅转让债务，亦应当经债权人同意。仅转让债权，未通知债务人的，该转让对债务人不发生效力。结合保险合同的特殊性来看，投保人在转让前已经支付了保险费用，投保人的主要义务已经履行完毕，此时保险合同项下转让的主要是权利，投保人在通知保险公司时即享有保险合同约定的权利。本案中，保险金的请求本身即可视为通知，至于变更手续，可以看作一种通知的形式，与口头通知并无实质的差别。供应链公司继受成为保险合同中的一方当事人，应当接替原投保人承担保险合同中所约定的权利义务。

根据《中华人民共和国保险法》第六十五条规定，保险人对责任保险的被保险人给第三者造成的损害，可以依照法律的规定或者合同的约定，直接向该第三者赔偿保险金。本案中，被保险人梁某甲在工作过程中发生交通事故导致第三人受伤，被认定为全责，供应链公司作为梁某甲的用人单位应当承担梁某甲因执行工作任务对他人造成的损害，在其向第三人承担赔偿责任后，有权利向保险公司主张赔偿，其具有合法的诉讼主体资格。保险公司已经收取保费，被保险人在保险合同期限内发生保险事故，属于保险合同中约定的保险责任，保险公司理应进行赔偿。

法律作为一种原则性规定，无法事无巨细地囊括司法实践中的一切具体情形。但是法律背后的立法目的、法律蕴含的公平诚信原则等法律精神以及社会主义核心价值观，都是指引我们办案的准则。另外，值得强调的是，为进一步保护广大投保人和被保险人群体的保险利益，促进保险市场的健康发展，应当完善上述情形变更投保人的相关规范和流程，这也是规范保险市场的必要手段。

编写人：北京市通州区人民法院　刘乙璞　张博

35

外卖配送员同送多平台订单时发生人身损害意外事故可分获保险理赔

——张某甲诉甲保险公司人身保险合同案

【案件基本信息】

1. 裁判书字号

重庆市第五中级人民法院（2023）渝05民终1058号民事判决书

2. 案由：人身保险合同纠纷

3. 当事人

原告（被上诉人）：张某甲

被告（上诉人）：甲保险公司

【基本案情】

2021年5月29日，张某甲配送外卖订单时驾驶二轮摩托车与驾驶小汽车的案外人卢某在路口接触，造成两车受损，张某甲受伤的交通事故。交警部门认定卢某承担全部责任，张某甲不承担责任。张某甲送医治疗后，经鉴定为八级伤残、十级伤残。

案外人外包公司为张某甲在甲保险公司处投保了配送员综合保险，意外身故、伤残保额65万元，意外伤害赔付标准八级为30%、十级为10%；几处伤残不同的，以最重伤残为最终评定结论。

事故发生后，张某甲于2021年向法院提起人身损害赔偿诉讼。经法院判决：乙保险公司在交强险以及商业三者险范围内赔偿张某甲223076.15元，客运公司、商务公司赔偿张某甲41420.9元，并驳回张某甲的其他诉讼请求。

另外，张某甲以配送某平台订单时在丙保险公司投保有配送员意外险为由，另案向法院提起保险合同诉讼，诉讼中与该公司达成调解协议，获赔175000元。

嗣后，张某甲诉至法院提起本诉，要求甲保险公司赔偿残疾赔偿金等各项损失共计207860元。

【案件焦点】

同一事故，在已获得人身损害赔偿，并获一平台购买的人身意外伤害保险理赔的情况下，被保险人是否还可以因同时配送的另一平台订单而主张该平台购买的人身意外伤害保险理赔，超出实际损失的部分是否构成重复理赔。

【法院裁判要旨】

重庆市巴南区人民法院经审理认为：本案投保人是案外人外包公司，同一事故中张某甲因配送外卖订单在其他甲保险公司获赔，与本案因配送外卖平台订单获赔，属不同保险标的、不同保险利益，不构成重复理赔。张某甲经案外人外包公司在甲保险公司处投保人身意外伤残保险，在保险条款约定的保险期间内因约定的配送事由发生意外伤害导致伤残，属于应予赔偿的保险事故，该公司应按约向原告支付保险金。张某甲伤残构成八级、十级，按最高伤残等级八级确认意外残疾保险金为195000元（650000元×30%），张某甲诉请支付于法有据，予以支持。

重庆市巴南区人民法院依据《中华人民共和国保险法》第十条、第十二条、第五十六条第四款之规定，判决如下：

一、甲保险公司支付张某甲意外残疾保险金195000元；

二、驳回张某甲的其他诉讼请求。

甲保险公司不服一审判决，提起上诉。

重庆市第五中级人民法院同意一审法院的裁判意见，判决驳回上诉，维持原判。

【法官后语】

现代意义上的保险萌芽于地中海沿岸风险极大的海上贸易，由一种民间交易行为逐渐过渡到经济规则，再发展成为法律。危险的偶然性特征，决定了保险行为的不特定性，即保险赔付依赖于小概率不确定是否出现的特定危险事由，如果出现则获得远高于保费的赔偿，如果该事件未出现，则失去保费，这和赌博极为相似。

一、保险利益原则的考量和动机

保险利益便是保险与赌博最本质的区别，保险利益原则要求指投保人与被保险人之间应当具有法律上承认的利益，否则投保合同无效。其主要考量有三点：

1. 防范道德危险。保险术语道德危险，是指投保人为获得保险金而故意造成、推动保险事故发生，或在事故发生时放任或者促使损失扩大的行为，这种行为严重背离保险制度防范危机、分担损失的初衷。如果投保人与被保险人之间无合法的财产、人身或者情感利益关联，即使被保险人获得保险赔偿，投保人也是无收益的，则投保人之前支出的保险费无利可换，这不符合人性；此外，由于其与被保险人在法律和道德上的陌生感，使得其制造道德危险时更没有顾忌，更易“谋财而损财”或“谋财而害命”。

2. 避免保险赌博。保险利益原则不允许随意投保他人财产或人身，有效地杜绝了不受损失而获利的赌博行为，确保保险损失补偿功能不被扭曲。

3. 保险补偿初衷。在保险实务中，保险赔偿的最高额以保险金额为限，而保险金额是以保险利益为基础的，应在保险利益范围内。这体现了保险的“补偿”性，也是保险制度防范危险，分担损失的初衷。

二、被保险人不在保险利益原则考量范围内，多劳多得应当倡导

可以看出，保险利益原则是为避免投保人或因赌博，或因道德危险而从保险事故中获得无损失的利益或者超过损失的利益，从而保护被保险人而设置，其针对对象是投保人，并非被保险人，而本案的原告是被保险人。

外卖配送员同时在多平台接单配送的情况并不少见，主观上是因配送员为

提高收入的积极选择，客观上，一趟多送能降低整体配送成本，提高配送效率，既能让消费者得实惠，也能提升了行业经济效益，因此，外卖平台普遍未禁止配送员同时配送其他平台订单，在实践中属于符合各方利益的合理存在。爱岗敬业是社会主义核心价值观，社会鼓励劳作者勤劳敬业，就应为勤奋工作的外卖配送员提供充分的制度保障。他们在遵守平台配送规则的情况下，同时配送多笔订单，体现出了勤劳致富，多劳多得的美好愿景，符合社会主义核心价值观指引，在不影响配送质量的情况下，应当褒扬。多送订单的配送员相较于少送者，工作效率更高，对行业和社会的贡献也更大，劳动付出与回报成正比，应多获保障。

三、多平台购买的人身意外伤害保险因保险利益不同不构成重复投保

《中华人民共和国保险法》第五十六条第四款规定，重复保险是指投保人对同一保险标的、同一保险利益、同一保险事故分别与两个以上保险人订立保险合同，且保险金额总和超过保险价值的保险。本案中，张某甲配送的外卖平台的订单，其保险利益体现为张某甲配送平台订单带来的经营利益，与之对应，其同时配送的外卖订单，保险利益体现为某平台经营利益，系不同保险利益。虽然因同一保险事故引起理赔，且保险标的均为张某甲的人身健康，但保险利益不同，故不属于重复投保情形。

但是，当外卖配送员同送同平台的多份订单，因接单规则自动投保、承保而产生多份保单时，则由于保险利益均为该平台经营利益而构成重复投保，当保险事故发生后，应按照《中华人民共和国保险法》第五十六条第一款至第三款的规定处理，该配送员仅能获得保险价值范围内的赔偿。

四、后赔免责对在先积极赔偿人不公，不良引导保险人拖延理赔

如果在后理赔时扣除被保险人之前已经取得的保险赔偿款，那么一事故发生后，在先及时理赔的保险人承担了配送员损失支出了赔偿金，而在后未及时理赔之保险人却因此免除合同责任获利，这明显对在先赔偿的保险人不公平。为趋利避害，之后再发生类似事件时，各保险人之间势必推诿，消极等待其他保险人先赔偿，以免除己方赔偿责任。保险人怠于理赔，必将导致被保险人权

益不能得到及时有效的救济；而如果允许保险人之间相互追偿，在先理赔的保险人也会增加确定被追偿主体、收集证据维权诉讼等成本支出，仍然处于不利的被动地位，不仅会增加诉累，且会引起案生案，产生不良社会效果。

编写人：重庆市巴南区人民法院　姚坤林

（三）健康保险合同纠纷

36

投保人履行如实告知义务的判断标准

——龙某某诉保险公司健康保险合同案

【案件基本信息】

1. 裁判书字号

广西壮族自治区柳州市中级人民法院（2022）桂02民终2586号民事判决书

2. 案由：健康保险合同纠纷

3. 当事人

原告（被上诉人）：龙某某

被告（上诉人）：保险公司

【基本案情】

2018年3月，龙某某在甲医院住院治疗并进行气胸肺大泡（非保守治疗）手术，医院诊断结果为“1. 右侧自发性气胸；2. 右侧肺大泡；3. 肝血管瘤？”。CT检查报告显示有右侧气胸，肺组织压缩，炎症等，建议治疗后复查，拟前纵脂肪瘤。

2019年5月26日，龙某某与保险公司签订保险合同，约定保险期间内保险公司承担重大疾病保险金责任，恶性肿瘤属于前述重大疾病保险金的疾病范畴。该保险合同明确约定，对保险公司就投保人、被保险人的有关情况提出的询问，投保人应当如实告知，投保人因故意或因重大过失未履行如实告知义务，足以影响保险公司决定是否同意承保或提供保险费率的，保险公司有权解除本合同并不承担给付保险金的责任，自保险公司知道有解除事由之日起，超过30日不行使而消灭，自合同成立日起超过2年的，保险公司不得解除合同，发生保险事故时，承担给付保险金的责任。保险公司在健康告知内容部分提供两个选项即“部分为是”“以上全否”供投保人填写，龙某某选择为“部分为是”，在异常告知选项的内容为“肺大泡、气胸”；关于是否单次发作，且经保守治疗已痊愈6个月以上的问题时，龙某某答复为“是”；关于血管瘤直径是否超过5cm，龙某某答复为“否”。

2020年11月，龙某某因身体不适入院手术，后经乙医院确诊患“纵隔高分化型脂肪肉瘤”。2021年5月，龙某某向保险公司申请理赔，保险公司在收到理赔申请的全部材料后，于2021年6月通知龙某某拒绝赔付。

二审期间，龙某某提交了其在前述2020年术后以甲医院2018年治疗存在漏诊等问题为由，向该医院医患接待办公室投诉并要求给予经济赔偿，该办公室就该投诉做出的书面回复，该书面回复载明有如下内容：2018年3月，龙某某因右侧胸痛等病症入院治疗并进行手术，术后于同月三次复查均未发现前纵隔内异常，2019年5月29日，龙某某在丙医院体检时查胸部X线检查结果亦为“未见明显异常”，结合前述体检报告，2020年的高分化脂肪肉瘤病情与2018年不存在关联关系，应为新发疾病情况。

【案件焦点】

1. 龙某某在订立保险合同时是否履行了如实告知义务；2. 保险公司是否应当向龙某某承担涉案理赔责任。

【法院裁判要旨】

广西壮族自治区柳州市鱼峰区人民法院经审理认为：《中华人民共和国保险法》第十六条第一款、第二款规定如实告知义务是投保人订立保险合同时必须履行的基本义务，其告知内容直接影响到保险人测评承保风险及是否承保，故投保人在订立保险合同前，应当如实回答保险人作出的询问、告知重要事项。龙某某在经历了长达八日的住院治疗，且CT检查报告单已经注明“拟前纵脂肪瘤”等的情况下称未获取相关报告、医生未告知其病情，也并未对医院提出漏诊异议，不符合常理，故龙某某属于投保人故意或者因重大过失未履行如实告知义务，保险公司有合同解除权且应在自合同成立之日起二年内行使，但保险公司未在法定期限内要求解除，其解除权消灭，仍应承担保险责任。

广西壮族自治区柳州市鱼峰区人民法院依照《中华人民共和国保险法》第十六条第三款的规定，判决如下：

一、保险公司向龙某某赔付保险赔偿金人民币377448元及利息损失；

二、确认龙某某与保险公司签订的保险合同未解除，依然有效，继续履行，并按合同约定豁免龙某某剩余应缴保费；

三、驳回龙某某的其他诉讼请求。

保险公司不服一审判决，提出上诉。

广西壮族自治区柳州市中级人民法院经审理认为：龙某某在二审期间提交的甲医院医患接待办公室书面回复，载明有该医院经审查认为2020年的恶性肿瘤病情与2018年的诊断不存在关联关系，应为新发疾病情况等内容，则龙某某作为一般自然人，在主治医生或相应诊疗结果并未明确告知其患有重大疾病或存在重大疾病风险的情况下，不应苛责其对专业的医学表述、身体存在的隐疾或疾病风险有清楚认知，现保险公司无直接证据证明龙某某存在隐瞒重大疾病的故意，故不宜认定龙某某系在投保时并未履行如实告知义务。《中华人民共和国保险法》第十六条规定应当在确定投保人存在故意或因重大过失不履行如实告知义务的前提下方才适用，本案不宜适用该条款，但一审法院裁判结果无误。

广西壮族自治区柳州市中级人民法院依照《中华人民共和国民事诉讼法》第一百七十七条第一款第一项的规定，判决如下：

驳回上诉，维持原判。

【法官后语】

购买健康保险作为普通家庭抵御健康风险的方式之一，可以满足人民的健康保障需求、增强消费信心。保险人通过询问投保人、被保险人的方式进行风险评估，在一定程度上可以抵御承保风险。但是，在保险事故发生后，保险公司往往以投保人在投保时未履行如实告知义务为由拒绝赔付，由此造成保险纠纷诉讼不断增加。目前，该类案件的审理重点主要在于保险人是否已就投保人未履行告知义务的后果进行提醒，以及如何判断投保人是否已经履行如实告知义务。

首先，虽该类案件的主要审查重点系投保人是否履行如实告知义务，但不因此免除保险人对于具备免责性质的条款的提示说明义务。《中华人民共和国保险法》第十六条明确如实告知义务为投保人的法定义务，通过订立合同，该义务又具有合同义务的性质。从形式上看，在保险合同内列明、供保险人反复多次使用的问询内容，毫无疑问属于格式条款；从结果上看，保险人因此享有的合同解除权具有“免责”的效果。基于此，如保险人未向投保人就其未履行如实告知义务的后果进行提示说明，则应承担合同条款无效的后果。因而，在该类案件的审理中，可以先审查保险人是否已就投保人未履行如实告知义务的后果进行过提醒说明。基于保险人为专门从事保险行业的专业商事主体、在订立合同中居于强势地位的客观背景，应由保险人对此承担举证责任。如双方对此均无异议，则可不必就此过多着墨论述。

其次，判断投保人是否履行如实告知义务，应以限于保险人的询问范围及符合投保人的认知作为基本标准。

第一，基于我国保险行业主要执行询问告知的背景，通常系由保险工作人员向投保人询问，或由投保人自行在合同内列明的询问问题、选项下方填写、勾选。在该情况下，投保人往往对于其需要告知的内容并不甚清楚，甚至对询问问题的具体含义难以理解，因此，根据公平原则，对于在保险人询问范围之外，投保人未主动履行告知义务的内容，不宜认定其存在隐瞒的故意或重大过失。

第二，投保人的合理认知范围应结合其具体身份进行确定。以本案健康保险合同为例，基于医学理论知识体系庞杂的特性，普通病患单纯根据医院作出的诊断记录，一般难以理解自身病症及相应疾病风险，需要依靠具备专业医学理论知识的人士进行解释方可初步理解病症轻重程度，以及是否需要必要治疗。因此，以投保人是否具备特殊身份作为划分，笔者有如下两点建议：其一，对于不具备专业医学知识的普通人，应当适当放宽认定标准，结合其投保时间、保险事故发生节点、保险事故发生的原因等因素，综合全局判断其在投保时是否具有隐瞒的故意或存在重大过失；其二，如投保人本人即为具备专业知识的医务人员，因其本身具备专业的医学理论知识，或因其医务人员身份，其所生活、工作的环境使得其在患病后对于获取自身病症及疾病风险涉及的医学信息的渠道更多，且相较于普通人更易于理解专业术语内涵，则其对于自身疾病状况应当具有高于一般人的认知，对于该类投保人如实告知义务的认定，可以从严把握。

编写人：广西壮族自治区柳州市中级人民法院　陆璐

37

互联网人身保险如实告知义务的司法认定

——徐某诉保险公司、保险公司深圳公司人身保险合同案

【案件基本信息】

1. 裁判书字号

北京金融法院（2023）京 74 民终 64 号民事判决书

2. 案由：人身保险合同纠纷

3. 当事人

原告（被上诉人）：徐某

被告（上诉人）：保险公司

被告：保险公司深圳公司

【基本案情】

2020年8月5日，徐某作为投保人和被保险人通过支付宝电子投保的方式向保险公司投保了重大疾病保险。基本保险金额为40万元，保险期间30年，年缴保险费2360元。保险期间内，重大疾病保险金额等于基本保险金额。保单载明签单机构为保险公司深圳分公司。

《重大疾病保险》健康告知询问如下："2. 被保险人目前或曾经患有下列疾病或症状：精神疾病、肺部肿块或结节或磨玻璃影……若有以上情况，请参看下方《例外事项》……《例外事项》：三、甲状腺结节，符合以下情况时，仍可投保本产品：TI-RADS分级3~6级。"徐某对以上询问内容均勾选否。重大疾病保险条款第6.1条约定：订立本合同时，本公司应向投保人说明本合同的内容。本公司就投保人和被保险人的有关情况提出询问，投保人应当如实告知，并约定了如果投保人未履行如实告知义务时保险人享有合同解除权及拒赔的相关情况。徐某按期交纳两期保费。

2021年11月，徐某于甲医院住院治疗，诊断为患有宫颈上皮内瘤变3级。徐某向保险公司申请理赔，经保险公司调查发现，2018年8月13日乙医院诊断徐某患双侧甲状腺结节，TI-RADS3级。2019年6月26日，徐某在丙医院就诊，主要诊断为焦虑状态、头晕。2021年12月21日，保险公司向徐某发送短信决定解除合同退回全额保费，本次理赔申请不予赔付。后保险公司向徐某退还案涉重疾险项下4720元保费。

2022年2月，徐某前往甲医院手术并住院治疗，医院诊断徐某患有宫颈鳞状细胞癌Ia1期等，并进行了腹腔镜筋膜外全子宫切除+双侧输卵管切除等手术。双方均认可本次诉讼所涉疾病为2022年2月徐某确诊的宫颈鳞状细胞癌

Ia1 期，属于保险合同约定的重症。

徐某称其在投保案涉保险产品同日在支付宝平台上电子投保保险公司悠长保癌症医疗保险时，在该份保癌症医疗险的健康告知中告知了自己患有甲状腺结节，履行了如实告知义务。经查，在该份保单健康告知部分，徐某告知患有甲状腺结节。但健康告知未询问甲状腺结节分级情况。对此，保险公司认为线上投保不同于线下通过保险代理人投保，每个保险产品都是独立提交投保信息、独立智能核保，两个产品并无关联，徐某在保险公司投保的悠长保癌症医疗保险中告知其甲状腺结节并不等于在本案重疾险中告知。保险公司认为通过防癌险中徐某的告知可推知徐某在投保时已经知道其患有甲状腺结节 3 级的情况，其浏览完重疾险全部健康告知条款后却仍未告知，属于故意不告知。徐某认为，其在投保案涉重疾险时没有看到健康告知，没有刻意隐瞒其身体状况，认为保险公司早在徐某 2020 年 8 月 5 日投保防癌险时已经知道徐某身体状况，保险公司仍收取保费予以承保，丧失合同解除权，应当支付理赔款，徐某同意返还保险公司退还的保费 4720 元。

【案件焦点】

保险公司是否有权以徐某未如实告知为由解除合同并拒赔？

【法院裁判要旨】

北京市东城区人民法院经审理认为：本案争议的焦点为保险公司是否有权解除合同并拒赔。首先，案涉重疾险徐某未告知的事项是否属于足以影响承保决定或费率变更的重要事项。保险公司主张徐某未告知的事项为甲状腺结节 TI-RADS3 级和焦虑状态。对此，法院认为案涉重疾险健康告知中明确问及被保险人是否患有甲状腺结节，TI-RADS3-6 级在健康告知中被明确为保险公司不予承保的范围，故患有甲状腺结节 3 级属于足以影响承保决定或费率变更的重要事项。而健康告知中并未问及“焦虑状态”，而是问及“精神疾病”，根据在案证据，徐某并未被确诊患有精神疾病，故焦虑状态并非健康告知中明确询问的内容，亦不构成影响承保决定或费率变更的重要事项，徐某不负有告知的义务。

其次，徐某在防癌险中关于甲状腺结节的告知是否等同于对本案重疾险的告知。法院认为，两份保险产品的询问主体虽均为保险公司，但产品险种不同，询问的内容亦不相同。徐某在投保防癌险时并未告知患有甲状腺结节 3 级，其在防癌险中的告知不能当然视为针对案涉重疾险的询问进行了如实告知。本案中，保险公司于 2021 年 12 月 1 日在徐某家中调查时知道其患有甲状腺结节 TI-RADS3 级，并于 2021 年 12 月 21 日作出解除合同的通知，并未超过法定的合同解除权行使期间。

最后，关于徐某未如实告知甲状腺结节 3 级的主观状态。徐某称其在重疾险的健康告知中未看到甲状腺结节 TI-RADS3-6 级的限制而未告知，并非故意。保险公司认为徐某明知其患病事实而未告知，属于故意。法院认为，徐某在投保当日购买两份保险，投保在后的防癌险中并未隐瞒其患有甲状腺结节的事实，不宜认定其投保时具有主观恶意。但因重疾险健康告知的内容清楚明确，徐某在知悉自己患有甲状腺结节的情况下，未告知其分级情况，其主观状态应为重大过失。

综上，徐某因重大过失未如实告知甲状腺结节 3 级的既往史，足以影响保险公司的承保决定或费率变更，保险公司有权解除合同。

保险公司是否应承担给付保险金的责任。徐某未如实告知甲状腺结节 3 级的既往史，但保险事故事由为确诊宫颈上皮内瘤变 3 级，根据医学知识与生活常识，甲状腺结节对于保险事故之发生并无重大影响，故保险公司应当向徐某支付理赔款。

综上，保险公司虽有权解除合同，但对于合同解除前发生的保险事故仍应当支付理赔款。

北京市东城区人民法院依照《中华人民共和国保险法》第十六条，《最高人民法院关于适用〈中华人民共和国保险法〉若干问题的解释（二）》第五条、第六条，《中华人民共和国民事诉讼法》第六十七条之规定，判决如下：

一、保险公司于本判决生效后十日内支付徐某理赔款 395280 元；

二、驳回徐某的其他诉讼请求。

保险公司不服一审判决，提出上诉。

北京金融法院同意一审法院裁判意见，判决驳回上诉，维持原判。

【法官后语】

如实告知义务是保险法特有的概念和制度，保险人依赖被保险人告知的内容评价风险，厘定费率并作出承保决定。实践中，违反如实告知义务是人身保险中保险人拒赔的高频原因之一。随着互联网技术在保险业的深度介入，投保、核保、理赔等各个环节均发生变化，如实告知义务的认定亦越发多样。因此，审判中需结合互联网保险的特点厘清《中华人民共和国保险法》第十六条七款规定之间复杂的逻辑关系与语义结构，明确主观方面与客观情况的审查标准、拒赔与解除合同的关系等。对此，笔者认为应着重审查三个方面。

一是查互联网保险合同订立流程。结合监管机构"双录"全程可回溯的要求，审查投保流程是否合规，重点关注保险人是否进行了询问，询问对象是否为投保人本人等关键节点。本案中，投保人在同一天线上投保的两份保险中分别进行了健康告知，并在之后的癌症医疗保险中告知了自己患有甲状腺结节的情况。保险人认为线上投保有别于线下，每个保险产品均独立提交投保信息、独立智能核保，两个产品并无关联，投保人在癌症医疗险中的告知不等于在本案重疾险中的告知。笔者认为，在互联网大数据以及算法迭代等科技赋能的基础上，保险人获取信息的能力提升，且通过互联网投保省去了人工成本，扩大了业务范围，其在享受互联网红利的同时若再以线上投保独立核保为由，减少其核保义务，则不利于平衡和保护保险消费者的权利。本案中如实告知甲状腺结节的产品投保在后，若该产品在前，其已告知的内容应视为保险人应知的事项，保险人仍予承保，应视为对该项询问告知内容的弃权。

二是查询问条款的效力以及未如实告知事项的客观情况。重点关注保险人询问的方式、询问的问题是否具体明确，询问的范围及内容是否存在歧义或争议，并根据询问的具体情况，合理适用"疑义利益"解释原则确定责任承担。本案中，案涉重疾险健康告知中明确问及被保险人是否患有甲状腺结节，TI-

RADS3-6 级在健康告知中被明确为保险公司不予承保的范围，该询问清晰且明确，故患有甲状腺结节 3 级属于重要事项。而健康告知中并未问及“焦虑状态”，而是问及“精神疾病”，故焦虑状态并非健康告知中明确询问的内容，亦不构成影响承保决定或费率变更的重要事项，徐某不负有告知的义务。

三是查投保人的主观状态。要注重区分投保人故意、重大过失和一般过失，在重大过失的情况下应当继续审查未告知事项与保险事故之间是否具有因果关系。如果投保人主观状态为故意隐瞒重要事实，那么保险公司对于本次发生的保险事故有权拒赔并解除合同，无须论证因果关系。如果投保人主观状态为重大过失，那么根据未告知的事实对于保险事故是否具有严重影响作出不同判断，如果有严重影响则本次事故有权拒赔并解除合同。如果没有严重影响，则保险公司可以解除合同但本次事故应当理赔。如果投保人主观状态仅仅为因一般过失，则保险公司应当予以理赔并无权解除合同。本案中，徐某当日在保险公司先后投保了两份保险，投保案涉保险后，在另一癌症医疗保险中对患有甲状腺结节 TT-RADS3 级的情况进行了如实告知，由此可知，若投保人想故意隐瞒患病事实，其并无必要在后投保的保险中又如实陈述，其辩称在先投保时未注意到相关告知要求，具有高度盖然性，因此，徐某未如实告知的主观状态应为重大过失。徐某未如实告知事实对于保险事故之发生并无重大影响，故保险公司虽有权解除合同，但对于合同解除前发生的保险事故仍应当支付理赔款。

编写人：北京市东城区人民法院　郝笛　刘宇佳

38

重大疾病保险理赔条件的认定

——胡某甲诉保险公司人身保险合同案

【案件基本信息】

1. 裁判书字号

广东省珠海中级人民法院（2022）粤04民终433号民事判决书

2. 案由：人身保险合同纠纷

3. 当事人

原告（被上诉人）：胡某甲

被告（上诉人）：保险公司

【基本案情】

2019年12月12日，胡某甲向保险公司投保终身重大疾病保险，基本保险金额10万元，缴费期限20年，每年保费为4460元，该合同于次日0时生效。根据保险条款约定，若被保险人初次发生并被医院专科医生确诊首次患有合同约定的重大疾病，保险公司按合同约定的基本保险金额给付首次重大疾病保险金，并豁免自确诊日后至合同期满期间的各期保险费。恶性肿瘤属于合同约定的重大疾病之一。

2021年3月，胡某甲在体检中发现甲状腺结节，遂前往甲医院诊治，同年4月2日的《细胞病理学诊断报告单》显示考虑甲状腺乳头状癌，建议手术及术中冰冻；同年4月22日，胡某甲在该院接受“（右）甲状腺癌根治术”治疗，术中补取“右甲状腺+峡部”甲状腺灶区纤维组织进行病理学冰冻诊断，该医院同日出具的《病理学冰冻诊断书》载明“考虑微小滤泡型乳头状癌”，临床诊断为甲状腺恶性肿瘤。同日，该医院《住院病历》将胡某甲疾病诊断从

“（右）甲状腺结节”修正为“（右）甲状腺恶性肿瘤”，医师戴某在病案上签名；同年4月25日，该医院在胡某甲的出院记录中载明出院诊断为“右微小滤泡型乳头状癌”，医师戴某在病案上签名。

2021年7月7日，保险公司向胡某甲发出《理赔决定通知书》，载明胡某甲疾病病理报告诊断为淋巴细胞性甲状腺炎，不符合理赔条件，不予赔付。同年7月9日，胡某甲就诊的医疗机构再次出具《病理学诊断报告》，诊断结论为：“1.‘右甲状腺+峡部’冰剩组织淋巴细胞性甲状腺滤泡炎，请结合冰冻报告。复阅F21-04593冰冻切片补充报告：‘右甲状腺+峡部’甲状腺灶区纤维组织中见微量滤泡上皮异型增生，考虑滤泡性乳头状微小癌……”该报告单列明的“临床诊断”为“甲状腺恶性肿瘤”。

【案件焦点】

重大疾病保险理赔条件如何认定，胡某甲所患疾病是否需要通过司法鉴定来判定是否属于重大疾病。

【法院裁判要旨】

横琴粤澳深度合作区人民法院经审理认为：胡某甲向保险公司投保了重大疾病保险，双方之间依法成立人身保险合同关系。从该案的基本事实看，胡某甲2021年3月因体检发现甲状腺结节入院检查，经病理学诊断、术中冰冻病理学诊断考虑滤泡微小型乳头状癌，经主治医师修正诊断结论为甲状腺恶性肿瘤，最终在出院诊断明确为右微小滤泡型乳头状癌，胡某甲的整个诊疗过程是连续的，医疗机构对于胡某甲疾病诊断是综合全面的，结论清晰明确且不存在逻辑矛盾，胡某甲所举证据已经形成证据链，足以证实胡某甲符合合同约定的由医院专科医生确诊为重大疾病的保险金理赔条件。保险公司仅择取胡某甲诊疗过程中特定阶段的病理学诊断报告当中的部分诊断文字主张胡某甲的疾病不符合理赔条件纯属断章取义，不足以反驳胡某甲的主张，保险公司援引相关医学教材的观点亦不足以对抗双方合同的约定。胡某甲的病变部位在2021年4月的手术中已经切除，医疗机构留存的术中冰剩组织切片难以反映胡某甲病变的全面状态，进行司法鉴定的前提条件已不存在，胡某甲也不同意，故对保险公司的司法鉴定申请不予准许。医疗机构在保险公司作出拒绝赔付决定之后再次出具的病理学诊断报告亦未改变“甲状腺恶性肿瘤”的诊断结论，故对保险公司的抗辩意见不予采纳。法院认定保险公司应依约向胡某甲支付重大疾病保险金10万元，并豁免胡某甲自确诊之日（2021年4月25日）至合同期满期间的各期保险费。胡某甲主张的利息无合同依据，不予支持。

横琴粤澳深度合作区人民法院依照《中华人民共和国民法典》第五百七十七条、《中华人民共和国保险法》第十四条规定，判决如下：

一、保险公司于判决发生法律效力之日起十日内支付胡某甲重大疾病保险金10万元；

二、保险公司豁免胡某甲自2021年4月25日起至合同期满（2039年12月12日）期间的各期保险费；

三、驳回胡某甲的其他诉讼请求。

保险公司不服一审判决，提起上诉。

广东省珠海市中级人民法院同意一审法院的裁判意见，判决驳回上诉，维持原判。

【法官后语】

一、重大疾病保险合同的现实困境

首先，保险公司理赔条款及判定标准混乱。很多保险公司通过拆分病种的方式将“重大疾病”扩充百余种，但实际理赔时又以未达到合同理赔的条件等理由拒绝赔付。另外，整个诊疗过程应是连续的，患病的各个时段所呈现的病状都不相同，片面截取某一次的病历而断定其不属于重大疾病的范围便不予赔付，理赔判定标准过于主观。

其次，对保险营销人员的约束和专业性培训缺位。重大疾病保险合同中包含众多专业医学术语，因此，保险从业人员需要具备一定的医学知识，以便充分解释保险条款和诊断标准给予投保人清晰的解释和认识，减少投保人和被保险人未达成明确的共识而引发纠纷。

二、重大疾病保险合同纠纷的司法审查原则

（一）确立重大疾病保险合同条款的解释规则

在重大疾病保险合同纠纷中，法院应适用统一的标准。首先，不利解释原则上只适用于格式条款，仅在文义解释、目的解释、体系解释无法达成一致意见时适用，并考虑投保人是否处于弱势地位。其次，引入合理期待原则，以被保险人订立合同时的合理诉求为导向，合理期待原则是不利解释原则的基础和前提，有助于保护投保人的权益，避免保险公司设置陷阱，敦促保险公司遵循诚实信用与公平缔约的原则，实现重大疾病保险合同的实质自由。

（二）确立重大疾病保险合同纠纷中的证据审核与认定核准

证据审核与认定应考虑证据的真实性和充分性，本案中，胡某甲所举证据已经形成证据链条，足以证实其一直诊疗情况连续清晰且结论并不矛盾，符合约定的保险金理赔条件，而保险公司仅选取诊断报告中的片段或援引教科书的观点尚不足以反驳胡某甲的主张。司法鉴定只应在必要时使用，避免司法鉴定的无效成本。证据链条形成时，法院综合全案事实、证据和日常生活经验后依照证据规则作出裁判。

三、重大疾病保险合同的风险提示

在面对重大疾病种类扩大化、轻症种类多样化的趋势，投保人在购买重大疾病相关保险时需要注意以下几点：第一，审慎选择保种。多了解、比较各保险公司推出的保险种类，不只关注被保险重大疾病种类、数量的宣传，还应关注重大疾病种类扩容之后带来的多次赔付、赔付分组情况。第二，仔细审查合同。在签订合同前，要重点关注保险合同的格式条款内容。明确知晓保险涵盖的重大疾病的种类名称，侧重了解保险的赔付标准、赔付比例和免赔条款，以及赔付程序、所需证明材料等。第三，严格依约履行。在发生保险理赔时，应当按照合同约定的理赔程序提出主张，并提供符合合同约定的有资质的医疗机构证明手续。第四，积极依法维权。当被保险人面临合法权益难以保障的理赔障碍，应当注意留存证据，并运用法律规则维护个人合法权益。

编写人：横琴粤澳深度合作区人民法院　郑恒　杨穗嘉

39

保险合同中违反告知义务

——朱某甲诉保险公司人身保险合同案

【案件基本信息】

1. 裁判书字号

湖南省岳阳市中级人民法院（2022）湘 06 民终 1537 号民事判决书

2. 案由：人身保险合同纠纷

3. 当事人

原告（被上诉人）：朱某甲

被告（上诉人）：保险公司

【基本案情】

2019 年 9 月 2 日，朱某甲在甲医院体检中心进行体检，查明朱某甲血脂异常，肝功能异常，乳腺结节，乳腺增生。朱某甲的哥哥朱某系保险公司代理商销售公司业务员，经朱某介绍，朱某甲于 2019 年 12 月 21 日通过手机 APP 在保险公司处投保重大疾病保险，基本保险金额为 20 万元，医疗保险（计划七），基本保险金额为 400 万元。朱某甲当即交清了首期保费，此后保险公司按约定在朱某甲的银行账户按年度扣缴。

2021 年 1 月 25 日，朱某甲因右乳肿胀前往乙医院检查，确诊为浸润性导管癌和乳腺恶性肿瘤。朱某甲住院治疗 15 天，在扣除城镇居民医疗保险赔偿部分后，个人实际支付的住院医疗费为 22714.6 元，门诊医疗费为 93332.92 元。朱某甲向保险公司申报理赔，2021 年 3 月 18 日，保险公司作出《解约合同及拒赔通知书》，决定解除双方之间的重大疾病保险及医疗保险（计划七）合同。

解除合同及拒赔原因为“未如实告知”。

【案件焦点】

朱某甲是否违反了告知义务，保险公司是否应该履行理赔义务。

【法院裁判要旨】

湖南省临湘市人民法院经审理认为：根据《保险公司人身保险投保单（代理人专用）》中保险单健康告知事项第十三条“女性告知：是否怀孕？是否曾患子宫、卵巢等妇科疾病？是否曾有异常出血或下腹部手术（剖腹产除外），放射性治疗等？若已怀孕，请填写怀孕日期”，由此可以看出朱某甲所患“血脂异常，肝功能异常，乳腺结节，乳腺增生”疾病不是朱某甲必须向保险公司如实告知的事项，因此，保险公司提出的拒赔理由不能成立，保险公司应依据保险条款履行合同约定的义务。保险公司对在重大疾病保险中赔偿朱某甲 20 万元无异议，所存在争议为医疗保险应如何理赔。根据《某百万安康（2019）医疗保险条款》第十三条规定：“给付比例为 100%，若投保时被保险人享有当地社会基本医疗保险或者公费医疗保障，但在保险事故发生时不再享有当地社会基本医疗保险或公费医疗保障，或在理赔申请时未从当地社会基本医疗保险或公费医疗管理部门获得医疗费用补偿的，我们按照本合同约定的医疗费用的 60%比例给付。”因此，朱某甲的住院医疗费在社会基本医疗保险赔偿后的部分按照 100%理赔，门诊医疗费未从当地社会基本医疗保险减免，按 60%理赔。朱某甲在扣除城镇居民医疗保险赔偿部分后实际支付的医疗费为 22714.6 元，应全额理赔。朱某甲的门诊医疗费 93332.93 元，应理赔 55999.75 元（93332.92×60%）。合计应理赔 278714.35 元。

湖南省临湘市人民法院依照《中华人民共和国民法典》第四百九十六条、第四百九十八条、第五百零九条、第五百七十七条之规定，判决如下：

一、保险公司在本判决生效后十五日内赔偿朱某甲保险理赔款 278714.35 元；

二、保险公司依据保险合同豁免保费继续为朱某甲承保重大疾病保险；

三、驳回朱某甲的其他诉讼请求。

保险公司不服一审判决，提起上诉。

湖南省岳阳市中级人民法院经审理认为：根据《中华人民共和国民法典》第四百九十六条规定，格式条款是当事人为了重复使用而预先拟定，并在订立合同时未与对方协商的条款。采用格式条款订立合同的，提供格式条款的一方应当遵循公平原则确定当事人之间的权利和义务，并采取合理的方式提示对方注意免除或者减轻其责任等与对方有重大利害关系的条款，按照对方的要求，对该条款予以说明。提供格式条款的一方未履行提示或者说明义务，致使对方没有注意或者理解与其有重大利害关系的条款的，对方可以主张该条款不成为合同的内容。经审查，2019年12月20日，朱某甲投保案涉保险，并填报了人身保险投保单。保险公司认为朱某甲违反了保险单健康告知事项“8.两年内是否曾体检而结果异常?”“i.曾经或当前患有恶性肿瘤，原因不明的发热，体重明显变化（一年内增加或减少超过5公斤）、原因不明的淋巴结肿大、未证实为良性或恶性之肿瘤、肿块、息肉、囊肿、结节、黑痣增大”。保险公司主张其在投保单上设置的保险单健康告知事项足以影响其决定是否同意承保或者提高保险费率的事项，则该事项应当属于与格式条款对方有重大利害关系的条款，保险公司应当尽到提示说明义务。在该投保单中，保险单健康告知事项第“8”项和第“i”项均未以突出字体或颜色进行表示，保险公司也未对此进行解释说明。朱某甲体检结论中的问题系一般的妇科常见病，通常情况下不会成为保险公司拒绝承保的条件。朱某甲未注意到上述条款，并在填报投保单时对于上述条款涉及情况填写为“否”，既非出于故意也无重大过失。故，保险公司认为朱某甲违反了如实告知义务，法院不予认可。在认定朱某甲没有违反法定或者约定义务的情况下，本案不适用《最高人民法院关于适用〈中华人民共和国保险法〉若干问题的解释（二）》第九条第二款的规定。故，一审法院否认保险公司的拒赔理由，判决其依据保险条款履行合同义务，并无不妥，应予支持。

湖南省岳阳市中级人民法院依照《中华人民共和国民事诉讼法》第一百七十七条第一款第一项规定，判决如下：

驳回上诉，维持原判。

【法官后语】

随着社会经济发展，我国保险业发展迅速，人身保险合同纠纷也层出不穷。我们应防范道德风险，维护最大诚信。人身保险合同涉及被保险人的生命安全，故审理中应注重防范道德风险，防止不法分子故意制造保险事故骗取保险金。同时，也要注意依法维持合同效力，防止不诚信的保险人与投保人通过主张保险合同无效来逃避责任。

保险合同是最大的诚信合同，在保险活动中，投保人应当遵守诚实信用原则，依法对其投保的标的按保险人的询问如实告知。发生保险事故，保险标的的危险程度增加，投保人都应如实告知。保险人应当遵守诚实信用原则，在承保时将保险合同的条款明确告知投保人；在发生约定的保险事故时，应当及时查明和确定保险事故的性质、原因和保险标的的损失程度，及时赔付保险金，不得拖延或逃避承担保险责任。这是对保险合同当事人说明告知义务的规定，法律规定这项义务遵循的是最大诚信原则，其目的是保证保险合同公平合理。

实践中，多数保险合同采取保险人提供的格式条款订立。格式条款是当事人为了重复使用而预先拟定，并在订立合同时未与对方协商的条款。对保险合同中免除保险人责任的条款，保险人在订立合同时应当在投保单、保险单或者其他保险凭证上作出足以引起投保人注意的提示，并对该条款的内容以书面或者口头形式向投保人作出明确说明，未作提示或者明确说明的，该条款不产生效力。其特别提示或说明的具体方式：（1）包括文字、符号、字体等特别标记，以及在合同相对方要求的情况下进行的特别说明，这里既包括书面方式，也包括口头方式，既包括符号，也包括条款的特别字体。比如，在合同中用黑体字予以特别标记，或以颜色、大小、下划线等方式进行特别标记；（2）作出特别说明时，所采取的特别标识必须足以引起对方的注意。

具体到本案中，朱某甲和保险公司之间签订的保险合同，同样属于格式合同。在该案涉投保单中，保险单健康告知事项未以突出字体或颜色进行表示，保险公司也未对此进行解释说明。朱某甲体检结论中的问题系一般的妇科常见病，不是朱某甲必须向保险公司如实告知的事项，通常情况下不会成为保险公司拒绝承保的条件。

随着经济和网络技术的发展，足不出户就可以在网络上签订保险合同，给我们带来便利的同时也带来了不便。便利的是高效率签订合同，不便的是保险人和投保人素未谋面，合同的相关法条不能及时当面解答和沟通。随着保险行业竞争激烈，相应的保险人员服务水平也逐渐提升，保险人员一般在合同签订完毕之后的几个工作日会打来电话告知投保人相关事项或核实相关情况。因此，我们以后在网络上签订人身保险合同时，需多加谨慎相关合同条文，尤其在告知身体疾病方面要更加多个心眼。只有保险人和投保人双方都做到讲诚信原则，这样才会减少讼累，社会才会更加和谐！

编写人：湖南省临湘市人民法院 刘艳

40

保险公司就免责条款履行明确说明义务的认定

——王某某诉保险公司人身保险合同案

【案件基本信息】

1. 裁判书字号

广东省珠海市中级人民法院（2022）粤04民终3009号民事判决书

2. 案由：人身保险合同纠纷

3. 当事人

原告（被上诉人）：王某某

被告（上诉人）：保险公司

【基本案情】

2021年2月13日，王某某在保险公司处投保了《百万医疗保险水滴专用版》，保费全年为603.6元，保险期间为2021年2月13日至2022年2月13日；其中恶性肿瘤特定费用医疗保险金为100万元（附加个人严重肿瘤特定药品费用医疗保险2021水滴保专用版条款），王某某依程序进行了网上投保操作。保险单所附《健康告知》第3条约定：被保险人过去1年内未曾发现健康检查结果异常（如血液、超声、影像、内镜、病理检查等）；过去2年未曾住院或未被要求进一步检查、手术或治疗。

王某某曾于2019年5月28日在甲医院进行了体检，报告显示：混合型高脂血症、心电图提示T波改变、窦性心律不齐、妇科白带常规异常、尿隐血、碱性磷酸酶偏高。医生建议定期复查血脂、心电图、尿常规、妇科就诊等。

2021年10月8日，王某某发现右侧乳腺肿物前往乙医院就诊，产生检查费140元，其中个人现金支付87.1元，随即医生建议住院治疗。王某某于2021年10月11日入院进行手术治疗，入院诊断：乳房肿物。2021年10月20日出院，出院诊断乳腺恶性肿瘤。住院期间产生医疗费34875.75元，其中个人现金支付10831.97元。出院后门诊治疗花费79.57元+79.57元+500元=659.14元，其中个人现金支付45.76元+45.76元+500元=591.52元。

术后，王某某分别于2021年11月3日至4日（第一次）、2021年11月12日（第二次）、2021年11月30日（第三次）、2021年12月14日（第四次）、2022年1月4日（第五次）、2022年1月14日（第六次）先后到甲医院进行化疗。第一次化疗产生医疗费16185.14元，其中个人现金支付10024.55元；第二次化疗产生医疗费8288.51元，其中个人现金支付6331.12元；第三次化疗产生医疗费8014.13元，其中个人现金支付6176.23元；第四次化疗产生医疗费7929.8元，其中个人现金支付5968.58元；第五次化疗产生医疗费1678.65元，其中个人现金支付501.8元；第六次化疗产生医疗费1623.49元，其中个人现金支付446.64元。

王某某在化疗期间向保险公司申请理赔，保险公司于2021年11月19日以水滴百万医疗保险健康问卷第3条被保险人过去2年未曾住院或未曾被要求进一步检查、手术或治疗予以拒赔。

【案件焦点】

保险公司就免责条款是否有履行明确说明义务，是否符合法律规定。

【法院裁判要旨】

广东省珠海市金湾区人民法院经审理认为：王某某与保险公司签订的保险合同不违反法律、行政法规的强制性规定，系双方真实的意思表示，合同合法有效，法院对其真实性予以认可。《中华人民共和国保险法》第十四条规定："保险合同成立后，投保人按照约定交付保险费，保险人按照约定的时间开始承担保险责任。"合同经双方签字确认，王某某也缴纳了相应的保险费，保险公司应当按约定承担保险责任。

王某某曾于 2019 年 5 月 28 日在医院进行了体检，报告显示：混合型高脂血症、心电图提示 T 波改变、窦性心律不齐、妇科白带常规异常、尿隐血、碱性磷酸酶偏高。上述指标不正常与王某某的涉案病情并无必然联系，王某某也并不清楚自己患乳腺肿瘤，保险公司称王某某"故意隐瞒、不如实告知"与查明的事实不符，故保险公司以此为由拒绝赔偿依据不足，法院不予支持，保险公司应当按保险合同约定向王某某支付保险金。

关于保险金的具体数额。（1）医疗费问题。王某某在保险期间产生花费医疗费 79394. 61 元，其中个人支付 40959. 51 元。根据保险合同约定，王某某以参加基本医疗保险身份投保，如药品为基本医疗保险内且已经过基本医疗保险报销，赔付比例为 100%。因此，王某某主张的除个人支付 40959. 61 元外的超出部分由医保统筹支付，其主张再由保险公司支付依据不足，法院不予支持。（2）后续医疗费问题。王某某主张今后化疗还需治疗费 5 万元，王某某该主张并未完全实际产生，也超过了本案保险合同约定的保险期间，故法院不予支持。（3）免赔额问题。保险公司认为应当扣除 1 万元的免赔款，因双方签订的保险合同约定重大疾病无免赔款，而王某某所患为重大疾病，保险公司主张免赔额依据不足，法院不予以支持。综上，保险公司应当支付王某某保险金 40959. 51 元。

广东省珠海市金湾区人民法院依照《中华人民共和国保险法》第十条、第十四条，《中华人民共和国民事诉讼法》第六十七条第一款之规定，判决如下：

一、保险公司于判决生效之日起七日内支付王某某保险金 40959.51 元；

二、驳回王某某的其他诉讼请求。

保险公司不服一审判决，提起上诉。

广东省珠海市中级人民法院经审理认为：

第一，根据《中华人民共和国保险法》第十六条第一款及《最高人民法院关于适用〈中华人民共和国保险法〉若干问题的解释（二）》第六条第一款之规定，订立保险合同，保险人就保险标的或者被保险人的有关情况提出询问的，投保人应当如实告知；投保人的告知义务限于保险人询问的范围和内容，当事人对询问范围及内容没有争议的，保险人负举证责任。又根据《中华人民共和国保险法》第十七条之规定，对保险合同中免除保险人责任的条款，保险人在订立合同时应当在投保单、保险单或者其他保险凭证上作出足以引起投保人注意的提示，并对该条款的内容以书面或口头形式向投保人作出明确说明；未作提示或者明确说明的，该条款不产生效力。本案中，一方面，投保人如实告知义务限于保险人询问的范围和内容，且保险人应采取具体、明确的询问方式，而保险公司未提供证据证明其针对健康告知中的事项进行了逐一、具体且明确的询问。另一方面，电子投保单中载明的"投保人承诺完全知晓所有被保险人健康状况，若被保险人健康状况与上述告知内容不符，本公司有权不同意承保，若发生保险事故，本公司不承担赔偿或给付保险金的责任，并有权不退还保险费"属免责条款，但并未通过加黑加粗字体等方式进行提示，保险公司亦未证明其通过其他方式对上述免责条款进行了明确说明，故上述免责条款对王某某亦不发生法律效力。

第二，关于王某某作为投保人是否尽到了如实告知义务。案涉电子保单中"健康告知"部分第 3 点约定："被保险人过去 1 年内未曾发现健康检查结果异常（如血液、超声、影像、内镜、病理检查等）；过去 2 年未曾住院或未被要求进一步检查、手术或治疗。"本案中，王某某于 2019 年 5 月 28 日的体检报告显示存在混合型高脂血症、心电图提示 T 波改变、窦性心律不齐、妇科白带常规异常、尿隐血、碱性磷酸酶偏高。医生建议定期复查血脂、心电图、尿常规、妇科就诊等。而王某某与保险公司的人身保险合同关系形成于2021年2月13日，此时距离王某某体检时间已过去将近2年，不属于过去1年内曾发现健康检查结果异常未如实告知的情形；而医嘱建议王某某定期复查，主要是定期对体检报告中的症状进行日常监测，明显不同于通过体检已高度怀疑存在某种严重疾病而要求进一步检查确诊并进行治疗的情形，因此，王某某投保前二年并未患病住院或被要求进一步检查、手术或治疗。此外，王某某体检报告上显示的问题均与乳腺疾病无关，也没有证据证明王某某在投保前清楚知晓自身乳腺存在问题或不适，故王某某并不存在故意隐瞒自身疾病的情形。综上分析，保险公司主张王某某未对保险单中健康告知事项进行如实告知的理据不足，不予采纳。

广东省珠海市中级人民法院依照《中华人民共和国民事诉讼法》第一百七十七条第一款第一项之规定，作出如下判决：

驳回上诉，维持原判。

【法官后语】

投保人通过网络投保，对于电子投保单中的免责条款，若保险公司未通过加黑加粗字体等方式进行提示，亦未证明其通过其他方式对上述免责条款进行了明确说明，应对投保人产生的保险责任承担相应的责任。

《中华人民共和国保险法》第十七条明确规定了“对保险合同中免除保险人责任的条款，保险人在订立合同时应当在投保单、保险单或者其他保险凭证上作出足以引起投保人注意的提示，并对该条款的内容以书面或口头形式向投保人作出明确说明；未作提示或者明确说明的，该条款不产生效力”。因此，对于保险人负有提示或者明确说明的义务。

所谓“明确说明”是指保险人与投保人签订保险合同之前或者签订保险合同之时，对于保险合同所约定的免责条款，除在保险单上提示投保人注意外，还应当对有关免责条款的概念、内容及其法律后果等以书面或者口头形式向投保人或代理人作出解释，以使投保人明了该条款的真实含义和法律后果。对免责条款未能尽到明确说明义务的导致该条款无效，对当事人不能产生约束力。

本案中，保险公司对免责条款并未通过加黑加粗字体等方式进行提示，故无法证明保险公司已经履行了提示或者明确说明的义务。

在网络日益发达的当下，普通民众接触网络信息更加便捷、普及，多数保险合同是通过网络、电话等电子形式完成，不再局限于传统的签订方式。一般情况下，保险公司提供的是格式合同，在投保操作中，应将投保人需要下载并阅读的保险合同程序加入投保流程的主线之中，以投保人对已下载并阅读保险条款行为的确认作为缔约成功的前提条件。保险公司提供的保险合同中涉及的格式条款的内容一定要尽量完整和全面，对于免责条款、理赔要求等需要特殊提示的内容，除形式化地采用“加粗/加黑/加大”的方式提示外，还应采用多元化的提示方式，如特殊颜色、表格、重要告知等，以完成明确的说明、提示义务。为了更好地履行免责条款明确说明义务，保险人应根据网络投保的特性，通过网页、音频、视频、人工在线服务、人工电话服务等多种形式，对免除保险人责任条款的概念、内容、法律后果等向作出普通人的投保人解释说明，使投保人一目了然，准确理解保险人免责条款内容、相关概念以及法律后果。

编写人：广东省珠海市中级人民法院　李苗　景园园

41

电子投保中保险公司是否尽到询问责任的认定

——张某诉某保险公司人身保险合同案

【案件基本信息】

1. 裁判书字号

山东省淄博市中级人民法院（2021）鲁03民终962号民事判决书

2. 案由：人身保险合同纠纷

3. 当事人

原告（被上诉人）：张某

被告（上诉人）：某保险公司

【基本案情】

张某、某保险公司于2019年11月10日签订电子保险单一份，投保重大疾病保险一份，投保人和受益人均为张某，基本保险金额10万元，在合同保险期间内，重大疾病保险金额等于基本保险金额。保险合同生效日为2019年11月11日0时，保险期间20年，保费月缴，每月保险费72.90元，缴费年限20年。保险条款内容为："2.4责任免除：对某保险公司不承担给付保险金责任的情形进行了列举。2.5其他免责条款：除本条款2.4条'责任免除'外，本合同中还有一些免除本公司责任的条款，详见本条款2.3条'保险责任'、第7条'名词释义'部分中以黑体字加下划线标示的内容。6.1明确说明与如实告知：订立本合同时，本公司应向投保人说明本合同的内容……"张某提供该保险的健康告知事项载明："1.就医或检查异常：被保险人目前及过去1年内因疾病住院治疗或手术；被保险人过去2年内，在医院就诊后，被医生建议需要住院或手术或药物治疗30天及以上或定期复查。或者健康保险时，被保险公司拒保、延期、加费或者附加条件承保。2.被保险人目前或曾经患有下列疾病或症状……3.投保情况……被保险人对上述健康告知事项均选择否。"

2020年8月5日，张某在接受某保险公司工作人员理赔调查询问时称其"2018年在某体检中心做过体检，2020年5月22日在甲医院做过体检"。2018年5月7日，张某在某体检中心的查体报告中显示存在肺部结节，大小约3mm×4mm等。2019年5月17日，张某在甲医院的体检结论显示肝囊肿、子宫肌瘤、甲状腺结节样病灶、双侧乳腺增生、乳腺增生结节、双肺纹理增强、低密度脂蛋白胆固醇测定偏高。2020年7月4日，张某在乙医院被确诊为甲状腺乳头状癌，并在该医院住院治疗11天。张某于2020年8月21日向某保险公司提起理赔申请，某保险公司经调查核实出具理赔决定书，认为因张某2018年5月7日在某体检中心体检记录显示右肺尖可见大小3cm×4cm结节影，违反健康告知第2条，决定解除保险合同并不退回保费，本次理赔不予赔付。张某遂提起本案诉讼。

【案件焦点】

张某在签订保险合同时是否违反如实告知义务。

【法院裁判要旨】

山东省淄博市临淄区人民法院经审理认为：首先，保险条款 2.4 责任免除对某保险公司不承担给付保险金责任的情形进行了列举。2.5 其他免责条款详见本条款 2.3 条“保险责任”、第 7 条“名词释义”部分中以黑体字加下划线标示的内容。而保险条款 6.1 内容及健康告知内容并非黑体字加下划线，某保险公司提交的证据亦不足以证明其就该条款及健康告知内容对张某尽到了足够的提示和明确说明义务。其次，张某作为被保险人，因甲状腺乳头状癌住院治疗，其在投保前有右肺结节影病史与所患甲状腺乳头状癌并无必然联系，其对右肺结节影是否会发展成甲状腺乳头状癌并没有预见性，且 2020 年 8 月 5 日在某保险公司工作人员对其询问是否做过健康体检时主动回答“2018 年在某体检中心做过体检”，故不足以认定张某存在故意隐瞒未履行如实告知义务的情形。综上，某保险公司以张某违反健康告知第 2 条拒绝理赔，依据不足，对其抗辩理由，不予采信。张某要求某保险公司依据保险合同约定支付重大疾病保险金 10 万元，合法有据，予以支持。

山东省淄博市临淄区人民法院依照《中华人民共和国合同法》第六十条、第一百零七条，《中华人民共和国保险法》第十条、第十一条、第十二条、第十三条、第十四条、第十六条、第十七条，《中华人民共和国民事诉讼法》第六十四条之规定，判决如下：

某保险公司于本判决生效之日起十日内赔付张某保险金 10 万元。

某保险公司不服一审判决，提起上诉。

山东省淄博市中级人民法院经审理认为：从电子投保操作流程看，健康告知页面罗列有多种疾病或症状，篇幅较长，在手机操作时须下滑页面方能阅读全部内容，而该页面无须停留阅读一定时间，也无须下滑阅读全部内容，即可通过点击下方的“有部分问题”“确认无以上问题”选项进入下一步操作。《最高人民法院关于适用〈中华人民共和国保险法〉若干问题的解释（二）》第六条第一款规定，投保人的告知义务限于保险人询问的范围和内容。当事人对询问范围及内容有争议的，保险人负举证责任。本案中，从上述电子投保的操作流程看，投保人无须实际阅读健康告知全部内容即可进入下一步操作，上诉人不能以此证明被上诉人已实际阅读了健康告知内容，即保险人的询问内容可能并没有被投保人知晓，上诉人未实际完成询问工作，被上诉人亦无相应告知义务。上诉人关于被上诉人违反如实告知义务的主张，与上述规定不符，不予支持。

山东省淄博市中级人民法院依照《中华人民共和国民事诉讼法》第一百七十条第一款第一项的规定，判决如下：

驳回上诉，维持原判。

【法官后语】

本案主要涉及电子投保中保险公司是否尽到询问责任的认定问题。

随着科技的进步和发展，电子投保以其便捷、高效、透明的特点，受到越来越多人的青睐。和传统投保方式一样，在人身保险合同订立前，保险人一般会对被保险人的健康状况进行询问，以决定是否承保。实践中，保险公司在电子投保询问环节的流程设置上一般采取以下三种方式：一是超链接的方式，即只显示健康告知书名称，未进行强制阅读设置或者特别提示，对于告知具体内容需投保人主动点击链接才会显示。投保人可通过勾选已阅读的方式直接进入下一步操作。二是将健康询问内容直接显示，但无须实际阅读，只需点击下方的“有部分问题”“确认无以上问题”选项进入下一步操作。三是将健康询问内容直接显示，通过下滑页面或分页阅读方式展示全部内容，并设置一定的强制阅读时间，才能进入下一步操作。

实践中的上述三种电子投保询问方式无疑直接涉及其是否符合法律规定的问题。《中华人民共和国保险法》第十六条第一款规定，订立保险合同，保险人就保险标的或者被保险人的有关情况提出询问的，投保人应当如实告知。

《最高人民法院关于适用〈中华人民共和国保险法〉若干问题的解释（二）》第六条第一款规定，投保人的告知义务限于保险人询问的范围和内容。当事人对询问范围及内容有争议的，保险人负举证责任。从上述法律规定看，现行法律确立的保险告知义务制度，采取的系询问告知主义，只有保险人进行了询问，投保人才需如实告知。在电子投保中，不应一味追求投保过程的便捷高效，而减轻保险人的询问责任，反而因电子投保的非接触性和程序化设计缺陷等产生的交流障碍等弊端，在认定保险人是否尽到询问责任时应采取更加严苛的要求，保险人应充分举证证明其程序设置中的询问内容能够全部被投保人阅知，否则投保人不承担如实告知义务，保险人应承担不利的法律后果。

具体而言，对于第一种流程设置，实践中很多投保人并不会主动点击超链接进而阅读相关内容。因此，以超链接的方式进行询问的做法并不符合法律规定。对于第二种流程设置，即本案采用的询问方式。众所周知，保险公司出于规避风险的考虑，健康询问的内容篇幅一般较长，而手机屏幕尺寸较小，在合理字体设置，能够保证投保人清晰阅读的情况下，一个屏幕页面无法显示全部内容，在此情况下，如果不进行下滑页面或强制分页阅读，并设置一定阅读时间，就可以直接进行下一步操作的话，则无法保证投保人能够阅读全部询问内容，根据举证责任分配原则，应认定保险人未尽到询问责任，故投保人亦无相应告知义务。对于第三种流程设置，能够保证投保人对于健康询问内容进行充分阅读，应当认定保险人充分履行了询问责任。即使个别投保人没有实际阅读相关内容，也应视为投保人放弃了相应阅读权利，而不应再苛责保险人，否则将导致权利义务的失衡，不利于电子投保的健康发展。

本案中，保险人以投保人未如实履行告知义务为由拒绝理赔，本案的争议焦点应为投保人在签订保险合同时是否违反如实告知义务。案件审理时，应注意审查保险人在电子投保流程上是否设置了合理的询问方式，是否尽到了询问责任，进而再审查投保人是否尽到了如实告知义务。应当注意到，健康询问事项发生在保险合同签订前，与保险合同中的免责条款并不相同，一审将健康询问内容等同于保险合同的免责条款，认为保险人未尽到足够的提示和明确说明义务，进而驳回了保险人的抗辩，结果虽然正确，但说理角度有所偏差进而引起保险公司不服，提起上诉。从本案电子投保的操作流程看，投保人无须实际阅读健康告知全部内容即可进入下一步操作，保险人不能以此证明投保人已实际阅读了健康告知内容，即保险人的询问内容可能并没有被投保人知晓，保险人未实际完成询问工作，投保人亦无相应告知义务。保险人关于投保人违反如实告知义务的主张，与法律规定不符，不应予以支持。二审判决能够紧紧围绕争议焦点，从审查保险公司的电子投保流程中是否尽到了询问责任，投保人是否需要如实告知的角度，进行分析说理，结论符合法律规定，让人信服。本案的审理，既很好地保障了投保人的合法权利，又让保险公司从中吸取教训，进一步改进投保程序设置，避免程序设计缺陷造成更大损失，取得了很好的法律效果和社会效果。

编写人：山东省淄博市中级人民法院　荣明潇　汪燕飞

42

“不利解释原则”在认定人身保险合同“重大疾病”范畴时的法律适用

——曹某诉保险公司人身保险合同案

【案件基本信息】

1. 裁判书字号

河北省保定市中级人民法院（2022）冀06民终9322号民事判决书

2. 案由：人身保险合同纠纷

3. 当事人

原告（被上诉人）：曹某

被告（上诉人）：保险公司

【基本案情】

2019年5月9日，曹某在保险公司处为自己投保了“重大疾病保险”，保险金额200000元，保险期限为终身。在支付相应保险费后，保险公司向曹某出具了《人身保险合同》，并出具了人身保险电子投保单和保险合同微信电子送达回执，记载了免责条款说明并要求投保人认真阅读知悉，曹某在投保单和送达回执上签字。

《重大疾病保险条款》第2.4条第2款重大疾病保险金约定：“被保险人于等待期后经我们认可的医院确诊初次患有本合同约定的重大疾病（一种或多种），我们按基本保险金额给付重大疾病保险金，本合同终止。”第9.1条重大疾病定义中关于恶性肿瘤的内容为：“恶性细胞不受控制地进行增长和扩散，浸润和破坏周围正常组织，可以经血管、淋巴管和体腔扩散转移到身体其他部位的疾病。经病理学检查结果明确诊断，临床诊断属于世界卫生组织《疾病和有关健康问题的国际统计分类》（ICD-10）的恶性肿瘤范畴。下列疾病不在保障范围内：（1）原位癌；（2）相当于Binet分期方案A期程度的慢性淋巴细胞白血病；（3）相当于Ann Arbor分期方案Ⅰ期程度的何杰金氏病；（4）皮肤癌（不包括恶性黑色素瘤及已发生转移的皮肤癌）；（5）TNM分期为T1N0M0期或更轻分期的前列腺癌；（6）感染艾滋病毒或患艾滋病期间所患恶性肿瘤。”

曹某于2021年3月3日因下腹包块前往北京某医院住院治疗，诊断证明书记载：“临床诊断为右侧卵巢交界性子宫内膜样肿瘤。于2021年3月12日全麻下行剖腹探查，右侧附件切除术。术后病理结果检查印象：（右侧）卵巢交界性子宫内膜样肿瘤，局部可见癌变伴间质浸润，部分腺体伴桑葚样鳞状细胞化……”

后曹某向保险公司申请理赔，后者以“此次事故不属于保险责任”为由拒付重大疾病保险金且保险合同继续有效。

【案件焦点】

曹某所患“右侧卵巢交界性子宫内膜样肿瘤”是否属于重大疾病范围，保险公司是否应当承担保险责任。

【法院裁判要旨】

河北省定州市人民法院经审理认为：首先，案涉保险条款对恶性肿瘤采取了“定义+排除”的方法进行了释义，定义部分未提及交界性肿瘤的病理特征与恶性肿瘤有何区别，排除部分也未将交界性肿瘤排除在外。其次，曹某所患“右侧卵巢交界性子宫内膜样肿瘤”的病理形态学特征、生物学行为介于良性和恶性肿瘤之间，病理结果中“局部可疑癌变伴间质浸润”以及实施的备卵巢癌肿瘤细胞减灭术，均说明曹某所患肿瘤存在潜在恶性倾向。最后，从格式条款的解释原则而言，本案中双方对交界性肿瘤是否属于恶性肿瘤存在争议。同时，对于重大疾病条款的理解也存在争议：曹某认为该条款未将交界性肿瘤排除在保障范围之外便应视为属于保险范围；保险公司则认为要求其将不属于恶性肿瘤的所有疾病类型都在该条款中列明不具有可操作性。故，本案可以适用《中华人民共和国保险法》第三十条规定的“不利解释原则”，且保险公司提交的电子投保单和微信送达回执无法证明其已就交界性肿瘤和恶性肿瘤的病理区别进行了解释说明。因此，法院认定曹某所患右侧卵巢交界性子宫内膜样肿瘤属于保险责任范围，保险公司应当支付保险金并返还曹某在医院出具诊断证明书之后所缴纳的重大疾病险保险费。

河北省定州市人民法院依照《中华人民共和国民法典》第五百零九条、第四百九十八条，《中华人民共和国保险法》第十条、第二十三条、第三十条，《最高人民法院关于适用〈中华人民共和国民事诉讼法〉的解释》第九十条的规定，判决如下：

一、保险公司于本判决生效后七日内给付曹某重大疾病保险金 200000 元；

二、保险公司于本判决生效后七日内返还曹某在“重大疾病保险”项下已付的保险费 10120 元。

保险公司不服一审判决，提起上诉。

河北省保定市中级人民法院经审理认为：保险公司并未就“恶性肿瘤”及“交界性肿瘤”之间的差异进行阐述，在没有明确告知“交界性肿瘤”不予赔偿的情况下，投保人作为没有专业医学知识的普通人，不能默认其能够明确区分两种概念之间的差异，并同意一审法院的其他裁判意见。

河北省保定市中级人民法院依照《中华人民共和国民事诉讼法》第一百七十七条第一款第一项之规定，作出如下判决：

驳回上诉，维持原判。

【法官后语】

《中华人民共和国保险法》第三十条规定：“采用保险人提供的格式条款订立的保险合同，保险人与投保人、被保险人或者受益人对合同条款有争议的，应当按照通常理解予以解释。对合同条款有两种以上解释的，人民法院或者仲裁机构应当作出有利于被保险人和受益人的解释。”该条确立了保险合同条款的不利解释原则。本案在认定人身保险合同“重大疾病”范畴时，便适用了该原则。

恶性肿瘤属于常见的重大疾病自无争议，但实践中存在很多投保人被诊断患有某种交界性肿瘤后向保险人申请理赔，而保险人以交界性肿瘤不属于保险合同重大疾病范畴为由拒绝赔付的案例，如何认定重大疾病范畴，成为该类案件的裁判难点。目前，许多保险公司的保险合同范本仍采用2007年版的《重大疾病保险的疾病定义使用规范》，对此，有两种不同的观点，一种是否定观点，即由于前述规范采用“定义+列举排除”的方式对恶性肿瘤进行了解释，写明了恶性肿瘤的病理特征，明确列明了不在保险范围内的几种类型，且保险人无法将所有不属于恶性肿瘤范围的疾病均予以列明，而交界性肿瘤的病理描述尚未达到“恶性肿瘤”专业术语所指严重程度，二者的治疗方式也不尽相同，故交界性肿瘤不属于重大疾病，亦不在保险范围内。另一种是肯定观点，即保险人在重大疾病保险产品条款中约定的疾病诊断标准应符合通行的医学诊断标准，并考虑医学技术条件发展的趋势。交界性肿瘤的病理形态学特征、生物学行为均有转化为恶性的可能，当投保人和保险人对恶性肿瘤条款的理解存在分歧，而保险人在投保人投保时未能作出明确区分说明的，应作出不利于保险人的解释，即认定交界性肿瘤属于重大疾病范畴。

具体到本案，曹某被诊断患有“右侧卵巢交界性子宫内膜样肿瘤”，且病理结果显示局部可见癌变伴间质浸润，部分腺体伴桑葚样鳞状细胞化。首先，从通常解释角度而言，一般人难以区分交界性肿瘤与恶性肿瘤的病理特征，结合曹某的病理描述和手术方式可以确定其所患肿瘤存在潜在恶性倾向，故“定义+列举排除”的形式很容易误导一般投保人认为除排除范围内的其他肿瘤疾病均在保险范围内。其次，经过前述通常解释后，双方对恶性肿瘤定义条款的理解仍存在分歧：(1) 曹某认为未将交界性肿瘤列举排除则应视为属于保险范围；(2) 保险公司认为其已就恶性肿瘤的定义进行了详细说明，要求其将不属于恶性肿瘤的所有疾病类型均予以列明，不具有可操作性。因此，法院适用不利解释规则，认定曹某所患交界性肿瘤属于保险合同约定的重大疾病范围，保险公司应当承担保险责任。

需要强调的是，在适用不利解释原则时应特别注意其前提，即针对有争议的保险合同条款，应先按照通常理解予以解释，若按照通常理解仍得出非唯一的解释，才可适用该原则。所谓“通常理解”是基于具有通常认知水平的一般人的理解为判断标准，而非单纯依据保险合同当事人任何一方的理解。此外，在适用不利解释原则的同时，法官更需要综合运用文义解释、目的解释、整体解释、习惯解释等方式，极力探求当事人的真实意思，在保障投保人合理期待利益的同时，又要注意防止投保人或被保险人利用投机心理恶意骗取保险金，进而引发道德风险。

编写人：河北省定州市人民法院　吴耀奇

43

被保险人订立健康保险合同的诚信义务

——姜某诉保险公司健康保险合同案

【案件基本信息】

1. 裁判书字号

北京金融法院（2022）京 74 民终 222 号民事判决书

2. 案由：健康保险合同纠纷

3. 当事人

原告（上诉人）：姜某

被告（被上诉人）：保险公司

【基本案情】

2020 年 4 月 30 日，姜某在保险公司处投保了重大疾病保险，基本保险金额为 500000 元，姜某已累计缴纳 19070 元保费。2021 年 6 月 8 日，姜某被诊断患有阻塞性睡眠呼吸暂停低通气综合征。2021 年 7 月 15 日保险公司向姜某送达理赔决定通知书，决定不予给付保险金、不予豁免保险费，并单方解除了保险合同。

【案件焦点】

姜某投保时是否履行了如实告知义务，保险公司应否承担保险责任。

【法院裁判要旨】

北京市顺义区人民法院经审理认为：根据《中华人民共和国保险法》第五条规定，保险活动当事人行使权利、履行义务应当遵循诚实信用原则。第十六条规定，订立保险合同，保险人就保险标的或者被保险人的有关情况提出询问的，投保人应当如实告知。投保人故意或者因重大过失未履行前款规定的如实告知义务，足以影响保险人决定是否同意承保或者提高保险费率的，保险人有权解除合同。投保人故意不履行如实告知义务的，保险人对于合同解除前发生的保险事故，不承担赔偿或者给付保险金的责任，并不退还保险费。

本案中保险公司是否有权解除保险合同需要考虑两个方面问题：一是投保人是否因故意或重大过失违反如实告知义务；二是投保人未如实告知是否足以影响保险人决定是否同意承保或者提高保险费率。

第一，涉诉电子投保单中健康、财务及其他告知事项中明细询问“您是否曾经有下列症状、曾保险公司知患有下列疾病或接受治疗，如是请详细说明……D消化系统疾病：脂肪肝……I甲状腺疾病：如甲状腺结节”，该问题表述清晰，不存在概括性或者含义不清的情况。姜某于2020年4月投保，其于2018年、2019年体检报告中均查出患有甲状腺双叶结节、重度脂肪肝，但是对上述问题均选择否，明显存在未如实告知的情形。第二，关于甲状腺双叶结节、重度脂肪肝与阻塞性睡眠呼吸暂停低通气综合征之间的关联。上述病症均属于轻症，因保险公司核保具有专业性，其险种设计对各种疾病因素的考量具有复杂性。姜某庭审中也认可如果勾选为“是”，则投保无法继续进行。至于姜某所称的甲状腺双叶结节、重度脂肪肝与阻塞性睡眠呼吸暂停低通气综合征之间没有因果关系的理由，均不能消减因其故意违反如实告知义务所应承担的不利法律后果。

北京市顺义区人民法院依照《中华人民共和国保险法》第五条、第十六条之规定，判决如下：

驳回姜某的全部诉讼请求。

姜某不服一审判决，提起上诉。

北京市第三中级人民法院同意一审法院的裁判意见，判决驳回上诉，维持原判。

【法官后语】

本案中保险公司双方的争议焦点为姜某投保时是否故意未履行如实告知义务，该事实认定规则直接影响到本案最终的判决走向。消费者履行如实告知健康状况的义务与保险销售员应尽到询问提示的义务之间如何平衡，是解决该类健康保险合同纠纷案件的重要理论与司法实践问题。

近年来，随着公民对自身健康状况更为关注，人身保险产品层出不穷。现实生活中，部分保险行业的销售人员为提高自身销售业绩，多出现误导宣传情形，例如，个别保险销售人员以如实告知健康状况将面临增加保费、拒绝承保等为由，诱导保险消费者隐瞒真实的健康状况直接投保。或者销售人员未对消费者尽到提示与询问义务，在发生保险事故后，保险公司拒绝理赔，并导致纠纷，使得消费者自身权益受到损害。另外，还有一些较普遍发生的现实情况，例如，保险公司的内部人员，依靠内部消息的职务便利，得以让亲朋好友购买到优质理赔项目的保险产品，从而获得高额理赔款，牟取暴利。本案的典型意义在于：

第一，强化对保险消费者如实告知健康状况的诚信义务。如实告知是保险消费者的法定义务。《中华人民共和国保险法》规定，订立保险合同，保险人就保险标的或者被保险人的有关情况提出询问的，投保人应当如实告知。投保人故意或者因重大过失未履行如实告知义务，足以影响保险人决定是否同意承保或者提高保险费率的，保险人按照规定条件有权解除合同。保险消费者履行如实告知义务，既遵循了相关法律规定，也能够避免因未如实告知出现理赔纠纷。实践中，国家有关部门曾多次提示保险消费者，在购买人身保险产品时，请如实告知健康状况，不轻信销售误导，避免在发生保险事故后出现理赔纠纷，以维护自身合法权益。在具体操作上，针对如实回答健康状况的询问，保险机构主要采用问卷勾选方式询问被保险人健康状况。此时，保险消费者需要客观地填写健康状况问卷，如确因时间久远等记不清某些健康情况，也应当及时查询体检报告、就诊记录、诊断报告等相关诊疗资料，以此避免因健康状况告知不准确影响保险合同的效力，而不能一边倒地过分加重保险公司的询问提示义务。

第二，规范保险从业人员的诚信投保行为。本案姜某与其姐姐均为保险公司的工作人员，姜某在保险公司投诉部门工作，身份更为典型特殊。经了解，除了本案保险产品，其在案涉保险公司和其他保险公司购买的保险都因本案疾病理赔。姜某作为在保险公司投诉部门工作的人员，每天能够接触到各个类型的保险纠纷，理应更清楚在投保过程中可能存在的风险和盲区，这些情形在其本人投保时更应当予以慎重考量。本案中，姜某称投保过程是直接点击链接进行网页操作，如果点“是”将无法操作下一步，所以其明显未就每一项健康询问审慎阅读，从而导致无法作出客观准确的回答。基于姜某的特殊身份，更应加重其诚信告知的义务，如此才能准确理解《中华人民共和国保险法》第十六条的立法精神。

编写人：北京市顺义区人民法院　张若欣

44

保险合同中口头约定与书面约定不一致时的效力认定

——刘某诉甲保险公司人身保险合同案

【案件基本信息】

1. 裁判书字号

广东省广州市中级人民法院（2022）粤 01 民终 25570 号民事判决书

2. 案由：人身保险合同纠纷

3. 当事人

原告（上诉人）：刘某

被告（被上诉人）：甲保险公司

【基本案情】

刘某在甲保险公司购买人身保险。保险合同载明，若被保险人平安健康至20年保险期满，保险公司将按主险已交保险费乘以一定比例向被保险人给付满期金。其间，如被保险人患合同定义的重大疾病或特定恶性肿瘤，则保险合同终止。

此外保险合同约定，投保人在签收保险合同之日后15日犹豫期内可要求解除合同。刘某在犹豫期内致电甲保险公司问及“期满保险金”即保费什么时候可以取出来。销售人员称：“在客户没有发生任何风险的情况下，那您的钱肯定是合同到期返您。如果在未来20年中一旦发生风险，那么您的钱就不用在里边放着了，直接就返给您了。就是连赔带返，说白了，一块给您了。”

保险期间，刘某因重疾向保险公司申请理赔，要求保险公司支付重大疾病保险金70万元并退还已交保险费103874.4元的122%，即126726.8元。理赔被拒付后，刘某遂诉至法院。

【案件焦点】

双方关于既赔付保险金又退还保险费的口头约定是否有效。

【法院裁判要旨】

广东省广州市越秀区人民法院经审理认为：对刘某共缴保险费103874.4元双方不持异议，法院予以确认。但由于甲保险公司向刘某支付重大疾病保险金70万元后涉案保险合同已终止，而且涉案保险合同约定满期保险金是在被保险人平安健康至保险期满时给付，刘某要求甲保险公司退还已交保费的122%并不符合合同约定。刘某的诉讼请求欠缺事实及法律依据，故法院不予支持。

广东省广州市越秀区人民法院依照《中华人民共和国民事诉讼法》第六十七条的规定，判决如下：

驳回刘某的全部诉讼请求。

刘某不服一审判决，提起上诉。

广东省广州市中级人民法院经审理认为：

1. 关于有无约定既赔付保险金又退还保险费的问题。该问题的关键在于，双方电话沟通的内容能否作为认定保险合同约定的依据。首先，从合同的形式来看，保险合同双方采用口头形式达成的约定应属于保险合同的内容。根据双方订立保险合同时有效的《中华人民共和国民法总则》第一百三十五条和《中华人民共和国合同法》第十条的规定，民事法律行为可以采用口头形式，当事人可以采用口头形式订立合同。《中华人民共和国保险法》第十三条第一款、第二款规定："投保人提出保险要求，经保险人同意承保，保险合同成立。保险人应当及时向投保人签发保险单或者其他保险凭证。保险单或者其他保险凭证应当载明当事人双方约定的合同内容。当事人也可以约定采用其他书面形式载明合同内容。"据此，《中华人民共和国保险法》要求保险人通过保险单或者其他保险凭证载明当事人双方约定的合同内容。该规定旨在赋予保险人出具保险凭证的义务来保障投保人或被保险人的权益，防止投保人或被保险人主张权利时无据可凭，该规定并无禁止采用口头形式对保险合同内容作出补充约定的效力，该规定也不属于认定保险合同口头约定无效的效力性规定。其次，从电话沟通的内容来看，足以认定关于保费退还存在明确的约定。在刘某询问保费什么时候可以取出来时，甲保险公司销售人员在解释过程中提及，客户发生重大疾病赔了钱就直接退还保费，不用等 20 年，一旦发生一次风险，保费直接就返给客户，就是连赔带返。对于投保人询问的保费如何退还，上述解释内容明确包含了两个方面的承诺：一是发生保险合同约定的疾病后将既赔付保险金又退还保险费；二是保险费的退还不用等 20 年。上述承诺内容具体确定，指向明确，足以认定双方就此达成了约定。综上，本案应认定双方存在既赔付保险金又退还保险费的约定。

2. 关于既赔付保险金又退还保险费约定的效力问题。该约定形式合法，内容不违反法律规定，不存在法定无效的情形，依法应属有效。本案中该问题的争点在于，当保险合同书面约定的内容与保险人对保险合同进行解释时的口头承诺不一致时（口头约定），能否以保险人口头承诺的内容确定保险人的合同义务或保险责任。刘某主张退还的保费在保险合同的书面条款中表述为满期金，关于满期金的给付条件，刘某签收的书面保险材料存在不同表述，产品简介中表述为，被保险人平安健康至保险期满将向被保险人给付满期金；保险合同条款表述为，被保险人生存至合同约定的保险单满期日向被保险人给付满期金。从书面约定来看，保险合同中确实没有既赔付保险金又给付满期金的内容。对此，根据保险合同条款的解释规则，保险人在犹豫期内对保险合同进行解释作出的口头承诺与保险合同书面约定的内容不一致时，应以保险人口头承诺的内容确定保险人的合同义务或保险责任。

《最高人民法院关于适用〈中华人民共和国保险法〉若干问题的解释（二）》第十四条规定："保险合同中记载的内容不一致的，按照下列规则认定……（二）非格式条款与格式条款不一致的，以非格式条款为准；（三）保险凭证记载的时间不同的，以形成时间在后的为准……"从约定形式来看，本案中甲保险公司关于既赔付保险金又退还保险费的承诺，构成双方的口头约定，属于非格式条款；双方保险合同书面文本关于满期金的约定，属于格式条款，参照上述规定应以口头约定为准。从承诺时间先后顺序来看，刘某签收书面合同后，在犹豫期内（实即签收合同当天）对满期金多次提出疑问，甲保险公司关于既赔付保险金又退还保险费的承诺，是在刘某签收书面合同后询问何时可以取回保费时作出的，该承诺的形成时间在书面保险合同关于满期金的约定成立之后，其对刘某决定是履行合同还是解除合同明显具有重要影响，参照上述规定，也应以口头约定为准。

3. 关于理赔后再退还保费是否符合给付型商业保险特征及是否有违常理的问题。一方面，保险合同属于射幸合同，具体到每一份保险合同，最终是否需要理赔在订立合同之时并不确定，因此不能在发生保险事故后以单个合同的实际履行情况来评估此类保险合同是否公正或合乎常理。另一方面，保险公司作为专业金融机构，对于管理产品设计的商业风险和规范缔约的法律风险，均有着远超普通个体的专业能力和资源，其应自行承担保险产品设计和销售管理可能带来的商业上或法律上的风险。

综上所述，依法成立的合同，对当事人具有法律约束力，当事人应当按照约定履行自己的义务，刘某诉请甲保险公司向其退还已交保费，事实和法律依据充分，予以支持。刘某请求按照122%的标准退回保费，该主张无论是从书面约定还是口头约定来看，均缺乏明确依据，不予支持。

广东省广州市中级人民法院依照《中华人民共和国民法总则》第一百三十五条，《中华人民共和国合同法》第八条、第十条、第一百零七条，《中华人民共和国保险法》第五条、第十三条，《最高人民法院关于适用〈中华人民共和国保险法〉若干问题的解释（二）》第十四条，《最高人民法院关于适用〈中华人民共和国民法典〉时间效力的若干规定》第一条第二款，《中华人民共和国民事诉讼法》第一百七十七条第一款第二项的规定，判决如下：

一、撤销一审民事判决；

二、甲保险公司于判决发生法律效力之日起十五日内向刘某退还已交保费103874.4元；

三、驳回刘某的其他诉讼请求。

【法官后语】

在商业保险领域，由于业务素质良莠不齐以及业绩压力等原因，保险销售从业人员在订立保险合同前以及保险合同犹豫期内，存在口头解释和承诺出现歪曲或夸大的现象，由此引发了不少纠纷。随着网络保险与电话保险业务的发展，此类纠纷越发引起关注。本案的审理中，关于口头约定能否成为保险合同条款并对当事人产生约束力，主要涉及两个方面的法律适用问题：一是保险合同订立形式有效性的法律解释；二是口头约定与书面约定不一致时保险合同的解释。法律解释和合同解释均应遵循特定的方法和规则，本案二审对相关争议的认定，既有利益衡量的价值判断，也有形式推论的逻辑分析。价值判断重在倡导诚实信用原则和平衡缔约能力的悬殊，逻辑分析重在通过形式实证保障法律的安定。

一、关于保险合同订立形式有效性的法律解释

本案中该问题指向的是保险合同是否只能采用书面形式，其利害关系在于，保险公司一方口头作出的解释或承诺对保险公司是否具有约束力。对此理论上

存在争议。

第一种观点认为，保险合同只能采用书面形式订立。主要原因如下：一是保险合同的履行期限较长，其履行期限短则数天，如货物运输保险和运输工具航程保险，长则几十年，如人寿保险。二是保险合同的内容通常比较复杂。按照《中华人民共和国保险法》第十八条和第十九条的规定，保险合同的内容包括11项以上的内容，其中除保险价值、违约责任和争议处理内容外，其他内容都是必须约定的，有些内容如任何一份保险合同都必然包含的保险责任和责任免除条款在口头上是难以明确的。三是如采用口头形式，当事人无法证明其履行了在订立保险合同时应当履行的义务，如如实告知义务、明确说明义务等。

第二种观点认为，保险合同可以采用口头和其他形式订立。主要原因如下：第一，从《中华人民共和国保险法》第十三条第一款的文义出发，只要当事人达成合意，保险合同即成立。在保险人向投保人签发保险单或者其他保险凭证前，保险合同已经成立。第二，《中华人民共和国保险法》第十三条第二款规定，当事人可以采用除保险单或其他保险凭证之外的其他书面形式载明合同内容。除此之外，《中华人民共和国合同法》《中华人民共和国民法典》或《中华人民共和国保险法》均未提到保险合同的订立必须采用特定形式。由此可知，该款的目的并非限制合同订立的形式，恰恰相反，当事人只要能够证明保险合同存在，任何形式的载体都可作为合同的形式。

本案采纳的是第二种观点，即保险合同可以采用口头或其他形式订立。随着电话录音等技术手段的进步，保险合同当事人采用口头形式作出的约定也可被记录和保存，合同的内容也能够有迹可循。在商业保险领域，保险公司处于缔约强势地位，承认口头形式的保险合同更有利于维护被保险人、受益人的权益。本案从弘扬诚实信用的法治精神以及平衡缔约能力之悬殊出发，赋予保险合同口头约定的法律拘束力，回应了整治商业保险销售乱象的呼唤，既有利于保障商业保险消费者的信赖利益，也有利于促进商业保险的健康发展，实有必要。

二、关于口头约定与书面约定不一致时保险合同的解释

合同解释的目的是通过阐明合同条款的含义，探寻当事人的真意，从而明

确当事人的权利义务关系。订立合同是双方甚至多方的行为，每一方主体都有订立合同的真实意思，问题往往就出在他们各自的“真意”存在差别。如果仅以其中一方的真意为标准，就涉及另一方信赖利益的保护问题。因此，在合同解释标准问题上存在主观主义与客观主义之争。

原《中华人民共和国合同法》第一百二十五条第一款规定：“当事人对合同条款的理解有争议的，应当按照合同所使用的词句、合同的有关条款、合同的目的、交易习惯以及诚实信用原则，确定该条款的真实意思。”① 该规定对于合同解释采用的是折衷标准，即合同解释应首先探寻当事人的真意，在不能求得当事人真意，或依据一般解释方法明显不公平、不符合常理、违背诚实信用原则时，才可以运用诚实信用、交易习惯等方法确定合同的含义。不能在当事人意图已明确的情况下，以所谓客观标准来曲解当事人的意思，那样是对当事人意思自治的干涉，也势必侵害当事人的信赖利益。针对实践中保险凭证记载不一致影响保险当事人权利义务认定的现象，《最高人民法院关于适用〈中华人民共和国保险法〉若干问题的解释（二）》第十四条作了相应规定，确立了4条认定规则。② 这些规则遵循了《中华人民共和国合同法》关于合同解释的立法精神，统一了审判实践中原有的分歧和认识。本案适用上述规定对口头约定与书面约定不一致时的合同解释，满足了形式推论的逻辑要求，保障了判决结论的形式适当性。

编写人：广东省广州市中级人民法院　魏巍　张子恒

---

① 《中华人民共和国民法典》关于合同解释保留了合同法的该款规定，《中华人民共和国民法典》第四百六十六条第一款规定：“当事人对合同条款的理解有争议的，应当依照本法第一百四十二条第一款的规定，确定争议条款的含义。”《中华人民共和国民法典》第一百四十二条第一款规定：“有相对人的意思表示的解释，应当按照所使用的词句，结合相关条款、行为的性质和目的、习惯以及诚信原则，确定意思表示的含义。”

② 《最高人民法院关于适用〈中华人民共和国保险法〉若干问题的解释（二）》第十四条规定：“保险合同中记载的内容不一致的，按照下列规则认定：（一）投保单与保险单或者其他保险凭证不一致的，以投保单为准。但不一致的情形系经保险人说明并经投保人同意的，以投保人签收的保险单或者其他保险凭证载明的内容为准；（二）非格式条款与格式条款不一致的，以非格式条款为准；（三）保险凭证记载的时间不同的，以形成时间在后的为准；（四）保险凭证存在手写和打印两种方式的，以双方签字、盖章的手写部分的内容为准。”

45

保险合同条款争议解释的“合理期望”原则

——蔡某诉保险公司人身保险合同案

【案件基本信息】

1. 裁判书字号

浙江省绍兴市中级人民法院（2022）浙 06 民终 1688 号民事判决书

2. 案由：人身保险合同纠纷

3. 当事人

原告（被上诉人）：蔡某

被告（上诉人）：保险公司

【基本案情】

2020 年 11 月，投保人投保由保险公司承保的水滴成人重疾险并按约支付了全部保险费，被保险人为蔡某，保障期间为 2020 年 11 月 20 日至 2021 年 11 月 20 日，保障内容为重大疾病保险金 20 万元、轻症保险金 2 万元。2021 年 9 月 19 日，被保险人蔡某被甲医院诊断为胸腹主动脉夹层 B 型，于 2021 年 9 月 25 日进行了胸腹主动脉瘤腔内隔绝术+胸主动脉造影术，并于治疗好转后出院。重大疾病保险条款（B 款）9.3 条中（93）项约定主动脉夹层瘤属于保险保障的重大疾病，蔡某据此向保险公司申请理赔，保险公司以蔡某所患疾病属于轻症、不符合重大疾病为由拒绝支付保险金。另查明，保险公司已按照保险合同中的轻症疾病条款（A 款）支付蔡某保险金 20000 元。

【案件焦点】

蔡某所患疾病是否属于保险公司承担重大疾病保险理赔范围。

【法院裁判要旨】

浙江省新昌县人民法院经审理认为：蔡某被确诊为胸腹主动脉夹层B型，根据医学上的定义，主动脉夹层B型是指主动脉弓部以远的主动脉内膜撕裂，血液进入主动脉的中层，沿着主动脉纵轴发展，将主动脉分为真腔和假腔的状态；主动脉瘤指的是主动脉壁局部或弥漫性的异常扩张。而保险条款对主动脉夹层瘤的定义为主动脉的内膜破裂导致血液流入主动脉壁中形成夹层动脉瘤，并有必要进行紧急修补手术，从文义解释上分析，主动脉夹层的含义和保险条款中对主动脉夹层瘤的定义具有相似性；从发病机理分析，主动脉夹层和主动脉夹层瘤均是主动脉的内膜破裂导致血液流入主动脉壁。另外，依照《中华人民共和国保险法》第三十条之规定，采用保险人提供的格式条款订立的保险合同，保险人与投保人、被保险人或者受益人对合同条款有争议的，应当按照通常理解予以解释。对合同条款有两种以上解释的，人民法院或者仲裁机构应当作出有利于被保险人和受益人的解释。综上所述，可以认定蔡某被确诊的胸腹主动脉夹层符合保险重大疾病条款中主动脉夹层瘤的情形。

浙江省新昌县人民法院依照《中华人民共和国保险法》第十四条、第二十三条、第三十条之规定，作出如下判决：

保险公司给付蔡某保险金200000元，扣除已支付20000元，余款180000元，限于本判决生效之日起十日内付清。

保险公司不服一审判决，提出上诉。

浙江省绍兴市中级人民法院经审理认为：人身保险合同涉及的专业术语、复杂概念往往具有特定含义，而涉案合同是由保险公司提供的格式化合同，按照法律规定，当双方对格式化条款内容理解产生歧义时，应以普通人的一般理解为标准作出不利于提供合同条款一方的解释。本案中，案涉重大疾病保险条款中对主动脉夹层瘤的定义为主动脉的内膜破裂导致血液流入主动脉壁中形成夹层动脉瘤，与蔡某被确诊的胸腹主动脉夹层B型在医学定义、发病机理上相似，且保险条款中未对主动脉夹层是否属于主动脉夹层瘤进行明确或予以排除。因此，在双方当事人对于非保险术语的解释存在分歧情况下，一审援引格式条款不利解释规则，认定蔡某所患疾病属于案涉重大疾病保险条款理赔范围，并据此判令保险公司支付保险金，并无不当。

浙江省绍兴市中级人民法院依照《中华人民共和国民事诉讼法》第一百七十七条第一款第一项规定，判决如下：

驳回上诉，维持原判。

【法官后语】

保险合同的条款争议，是指投保的被保险人与保险人对合同条款存有不同理解，在保险事故发生时就保险金赔偿产生纠纷的情形。司法实践中，法院在审理涉及条款争议的保险纠纷时，对争议条款的解释存在法律形式主义解释和法律功能主义解释两种解释方法。

为了使保险合同条款争议的解决得到一致性和可预测性的结果，在通常情况下适用《中华人民共和国民法典》的一般解释规则对争议条款进行解释，即严格按照《中华人民共和国民法典》的一般解释规则，《中华人民共和国民法典》第四百六十六条结合第一百四十二条的规定，当事人对合同条款的理解有争议的，有相对人的意思表示的解释，应当按照所使用的词句，结合相关条款、行为性质和目的、习惯以及诚信原则，确定意思表示的含义。这是法律形式主义解释方法。在保险法领域，如果单独适用法律形式主义解释方法则未考虑当事人间不平等的缔约地位，过于僵化。如本案中单纯按照字面解释，“主动脉夹层 B 型”与“主动脉夹层瘤”应为不同，则不属于保险条款约定的重大疾病，保险公司无须承担保险金赔偿责任。而事实上，被保险人所患的主动脉夹层 B 型属于主动脉瘤的类型之一，若仅仅按照合同条款的字面含义进行解释，则法院的判决结果将是不合理的。

当采取法律形式主义解释方法会导致不合理或荒谬的结果，则可以排除适用，此时需要适用法律功能主义解释方法。法律功能主义解释方法就是保护被保险人的合理期望，若被保险人对保险合同中保险范围、赔偿金额等内容的期望为合理时，则按照其理解对争议条款进行解释。保险法背景下的法律功能主义是对法律形式主义的突破，其并非以合同的固定形式及内容为解决条款争议的唯一依据，而是以结果为导向，对合理期望原则的遵守为其核心内容。适用法律功能主义解释方法及合理期望原则，有利于平衡保险合同双方不平等的缔约地位，保护弱势一方的利益。《中华人民共和国保险法》第十六条、第十七条、第三十条等法条都作出有利于被保险人的规定，在不同程度上对弱势一方当事人的合理期望进行保护。与《中华人民共和国民法典》的一般解释规则相比，适用前述条文实际上为从法律形式主义向法律功能主义转变，即采取了法律功能主义解释方法来处理保险合同的条款争议。在本案中，当双方对格式化条款内容理解产生歧义时，应以普通人的一般理解为标准作出不利于提供合同条款一方的解释。本案中，案涉重大疾病保险条款中对主动脉夹层瘤的定义为主动脉的内膜破裂导致血液流入主动脉壁中形成夹层动脉瘤，与蔡某被确诊的胸腹主动脉夹层B型在医学定义、发病机理上相似，该解释符合被保险人的合理期望，因此援引不利解释规则作出上述判决。

综上所述，在解释争议的保险合同条款时，应当优先适用《中华人民共和国民法典》一般解释规则，但当适用一般解释规则所作出的判决有失公允时，则应当考虑该解释是否符合被保险人的合理期望。

编写人：浙江省新昌县人民法院　吕锦添

46

合同成立满两年的保险合同的解除权行使

——孙某诉保险公司人身保险合同案

【案件基本信息】

1. 裁判书字号

北京金融法院（2022）京74民终43号民事判决书

2. 案由：人身保险合同纠纷

3. 当事人

原告（上诉人）：孙某

被告（被上诉人）：保险公司

【基本案情】

2019年5月15日，孙某向保险公司申请投保。《电子投保单》所附“被保险人健康及生活习惯告知”第3项“被保险人是否目前患有或曾经患有下列疾病或症状：A. ……甲状腺疾病？B. 被保险人是否近一年有新发或以往既有以下症状？反复头痛或眩晕、晕厥……”勾选为“否”。《电子投保单》所附投保人、被保险人/法定监护人声明及确认：“1. 我已认真阅读并理解了投保须知；2. 我了解保险公司将根据投保单的内容对我的投保申请进行核保，我声明对投保单中各项信息的填写和各种问题的回答及告知、申报事项均正确、真实。”

关于投保流程，保险公司称，孙某通过某网络平台进行投保，该平台是第三方平台，投保人需登录，填写个人信息，填写被保险人生活习惯告知，同时下面会有特别提示标红的字体，提示投保人应当如实告知，保险公司核实投保人身份及银行信息，后续提示人身保险免责的条款需投保人阅读，不阅读进行不了下一步操作。

同日，保险公司向孙某签发《保险单》。该保险单载明：投保人与被保险人均为孙某，险种名称某重大疾病保险，保险合同生效日为 2019 年 5 月 15 日。《保险单》特别提示部分载明：保险责任及责任免除等款项详见本公司保险条款，请仔细阅读并理解保险条款的全部内容，特别是免除保险责任的保险条款。《保险单》所附《某重大疾病保险合同条款》第 17 条约定："我们就您和被保险人的有关情况提出询问，您应当如实告知。如果您故意或者因重大过失未履行前款规定的如实告知义务，足以影响我们决定是否同意承保或者提高保险费率的，我们有权解除本合同。如果您故意不履行如实告知义务，对于本合同解除前发生的保险事故，我们不承担给付保险金的责任，并不退还保险费。如果您因重大过失未履行如实告知义务，对保险事故的发生有严重影响的，对于本合同解除前发生的保险事故，我们不承担给付保险金的责任，但应当无息退还您已经缴纳的保险费。"保险条款释义部分第 8 条约定："合同所称重大疾病，仅指下列疾病之一：（1）恶性肿瘤。指恶性细胞不受控制地增长和扩散，浸润和破坏周围正常组织，可以经血管、淋巴管和体腔扩散转移到身体其他部位的疾病……"

2019 年 5 月 15 日至 2021 年 5 月 15 日，孙某已交纳 3 期保险费，每期 1480 元。2021 年 1 月 11 日至 1 月 15 日，孙某前往甲医院住院治疗，诊断为：甲状腺恶性肿瘤。2021 年 7 月 7 日，孙某向保险公司申请理赔，2021 年 8 月 3 日，保险公司作出《理赔决定通知书》，告知孙某，保险公司将不承担保险责任。

【案件焦点】

1. 保险公司能否行使案涉保险合同的解除权；2. 孙某关于保险公司在未行使合同解除权的情况下不能拒绝赔付的理由是否能得到支持，保险公司应否承担案涉保险责任；3. 保险公司应否向孙某返还 1480 元保险费，孙某关于保险金逾期利息的主张是否应该支持。

【法院裁判要旨】

北京市西城区人民法院经审理认为：《中华人民共和国保险法》第十六条明确了投保人的如实告知义务。本案中，孙某在投保时，明知自己体检结果中有甲状腺结节，且该结节的性质待定，但在填写投保单时隐瞒上述疾病，作出不实陈述，且根据法院已经查明的事实，孙某在同时期向多家保险公司投保类似保险，法院认为孙某存在带病投保、故意不履行如实告知义务之嫌，已足以影响保险人决定是否同意承保或者提高保险费率。现保险公司同意退还孙某交纳的保险费，法院不持异议。

北京市西城区人民法院依照《中华人民共和国保险法》第十六条、《中华人民共和国民事诉讼法》第六十四条第一款之规定，判决如下：

一、确认孙某与保险公司签订的《保险合同》解除；

二、保险公司于本判决生效之日起十日内退还孙某保险费 1480 元；

三、驳回孙某其他诉讼请求。

孙某不服一审判决，提起上诉。

北京金融法院经审理认为：

关于争议焦点一，《中华人民共和国保险法》规定的合同解除权，自保险人知道有解除事由之日起，超过三十日不行使而消灭。自合同成立之日起超过二年的，保险人不得解除合同；发生保险事故的，保险人应当承担赔偿或者给付保险金的责任。投保人应当向保险人如实告知保险标的、被保险人的有关情况，发生保险事故后投保人或被保险人等保险相对人应当及时通知保险人。本案中，其一，孙某投保时未向保险公司履行如实告知义务，有违诚实信用原则。其二，孙某所患疾病确系案涉保险合同承保范围，且现有证据无法证明孙某在投保前已经患有该病，因此属于保险事故，但该保险事故在保险合同成立后二年内发生，孙某明知其已经确诊并进行了治疗，在无其他合理事由的情况下，延至 2021 年 7 月 7 日向保险公司申请理赔，存在未及时告知情形，违反了法律规定和合同的约定，其拖延理赔的主观故意行为客观上直接妨碍保险公司及时依据《中华人民共和国保险法》第十六条第三款的规定行使案涉保险合同的解除权，亦有违诚实信用原则。综上，投保人或被保险人除在订立保险合同阶段外，于发生保险事故后的申请理赔阶段，再次实施有违诚实信用原则的行为以妨碍保险人合同解除权的及时行使，系主动打破法律所设置的衡平状态，此时，赋予保险人合同解除权更为符合立法精神和公平原则。

关于争议焦点二，保险公司主张，孙某所患甲状腺恶性肿瘤与其投保时未如实告知的“甲状腺结节性质待定”症状具备高度相关性，因此拒绝履行保险责任具备合理性。法院认为，保险公司一方面既未提供证据证明孙某所患甲状腺恶性肿瘤并非保险合同期间发生的事故，从而不属于保险合同约定的承担保险责任范围，另一方面又认可其在知道孙某存在未如实告知情形之日起三十日内，未向孙某明确行使合同解除权。现仅直接以孙某在投保时未如实告知已存在的疾病/症状而影响其承保结论为由拒绝赔偿，法院不予支持。孙某关于保险公司在未行使合同解除权的情况下不能拒绝赔付的上诉理由成立，法院予以采信，保险公司应当承担案涉保险责任。

关于争议焦点三，法院认为，案涉保险事故发生在保险合同成立二年之内，因此保险公司不应再收取第三年的 1480 元保险费。孙某关于保险金逾期利息的主张缺乏法律依据，且鉴于其存在违反诚实信用原则的行为，法院不予支持。

北京金融法院依照《中华人民共和国民法典》第五百六十五条，《中华人民共和国保险法》第五条、第十六条，《中华人民共和国民事诉讼法》第一百七十七条第一款第二项，《最高人民法院关于适用〈中华人民共和国保险法〉若干问题的解释（二）》第八条之规定，判决如下：

一、维持一审民事判决第一项、第二项；

二、撤销一审民事判决第三项；

三、保险公司于本判决生效之日起十日内向孙某支付保险金 500000 元；

四、驳回孙某其他诉讼请求。

【法官后语】

保险事故发生在保险合同成立后 2 年期间之内，被保险人或者受益人在 2 年后申请理赔，投保时未向保险公司履行如实告知义务，有违诚实信用原则，存在解除保险合同事由的，保险公司可以解除保险合同。但保险公司解除权的行使应以明确方式，不能仅直接以投保人在投保时未如实告知已存在的疾病症状而影响其承保结论为由拒绝赔偿。

《中华人民共和国保险法》第五条规定，保险活动当事人行使权利、履行义务应当遵循诚实信用原则。第十六条规定，“订立保险合同，保险人就保险标的或者被保险人的有关情况提出询问的，投保人应当如实告知”。如果投保人未履行如实告知义务，保险人能否据此享有保险合同的解除权并拒绝承担合同解除前的保险责任，应当以投保人未如实告知的事项是否足以影响保险人对是否同意承保以及如何确定保险费率等作出决定为判断标准。“投保人故意或因重大过失未履行前款规定的如实告知义务，足以影响保险人决定是否同意承保或者提高保险费率的，保险人有权解除合同。前款规定的合同解除权，自保险人知道有解除事由之日起，超过三十日不行使而消灭。自合同成立之日起超过二年的，保险人不得解除合同；发生保险事故的，保险人应当承担赔偿或者给付保险金的责任。投保人故意不履行如实告知义务的，保险人对于合同解除前发生的保险事故，不承担赔偿或者给付保险金的责任，并不退还保险费。”对于此条的理解，存在争议：有观点认为，只要合同成立之日起超过两年的，无论什么原因，保险公司均无权解除合同。有观点认为，合同成立两年后仍有解除权，但对于解除权的依据及行使方式并不加以限制。笔者认为，《中华人民共和国保险法》第十六条规定投保人在因故意或重大过失未履行如实告知义务情形下，赋予保险人合同解除权，并规定二年的期限，系综合考量保险合同订立时信息不对称的特点和成本效益原则后，均衡投保人和保险人的诚信和对保险双方利益的衡平。

《中华人民共和国民法典》第五百六十五条规定：“当事人一方依法主张解除合同的，应当通知对方。合同自通知到达对方时解除；通知载明债务人在一定期限内不履行债务则合同自动解除，债务人在该期限内未履行债务的，合同自通知载明的期限届满时解除。对方对解除合同有异议的，任何一方当事人均可以请求人民法院或者仲裁机构确认解除行为的效力。当事人一方未通知对方，直接以提起诉讼或者申请仲裁的方式依法主张解除合同，人民法院或者仲裁机构确认该主张的，合同自起诉状副本或者仲裁申请书副本送达对方时解除。”《最高人民法院关于适用〈中华人民共和国保险法〉若干问题的解释（二）》第八条规定：“保险人未行使合同解除权，直接以存在保险法第十六条第四款、第五款规定的情形为由拒绝赔偿的，人民法院不予支持。但当事人就拒绝赔偿事宜及保险合同存续另行达成一致的情况除外。”当事人一方行使约定或者法定的合同解除权时，出于促进合同关系的变动在双方当事人之间清晰化、明确化的考量，应当向对方发出通知，作出明确意思表示。本案典型意义在于明确合同成立后两年，保险公司在投保人违反投保如实告知义务时仍有权解除合同，但解除权行使要明示。

编写人：北京金融法院　林文彪　廖清顺　刘洋洋　徐宇翔

47

公民的个人信息依法受法律保护

——梁某甲诉保险公司人身保险合同案

【案件基本信息】

1. 裁判书字号

广西壮族自治区梧州市中级人民法院（2022）桂04民终880号民事判决书

2. 案由：人身保险合同纠纷

3. 当事人

原告（上诉人）：梁某甲

被告（被上诉人）：保险公司

【基本案情】

2018年9月27日，梁某甲为其丈夫黄某甲向保险公司投保“××保险”，被投保人为黄某甲，受益人为梁某甲，基本保险金额10万元，保险期限自2018年9月28日0时起至2048年9月27日24时止。2021年11月15日，黄某甲在家中因呼吸循环衰竭死亡。梁某甲向保险公司申请给付保险金，保险公司仅给付梁某甲保险金19600元，梁某甲认为保险公司还需赔付80400元，遂向法院起诉成讼。

【案件焦点】

被保险人黄某甲的死亡是否属于保险合同约定的“意外身故”，是否符合保险合同约定的赔付条件。

【法院裁判要旨】

广西壮族自治区梧州市长洲区人民法院经审理认为：梁某甲与保险公司之间签订的人身保险合同系双方自愿达成的合意行为，内容不违反法律法规的强制性规定，应属合法有效，双方理应严格遵照履行。梁某甲已向保险公司缴纳了保险费，保险公司应按合同的约定履行保险责任。保险公司认为被保险人的死亡不构成保险合同约定的意外伤害，不应给付意外身故保险金。对此，法院认为，保险合同约定的意外伤害指遭受外来的、突发的、非本意的、非疾病的客观事件直接致使身体受到的伤害，本案某医院的出诊工单虽然记载被保险人的主诉症状为“酒精中毒?”，但被保险人喝酒后回家休息，被家属发现时已经昏迷不醒，医生到达现场时其已意识丧失、未触及大动脉搏动，无自主心跳呼吸，瞳孔散大固定，对光反射消失，经医生抢救后宣布死亡，同时诊断其疾病为急性中毒。本案在没有证据佐证是其他原因导致被保险人急性中毒的情况下，可以认定为酒精中毒。饮酒过量有害身体健康属生活常识，被保险人作为完全民事行为能力人，对能否喝酒、喝酒量的多少应当能够进行主观选择、控制，因此其喝酒行为本身不符合保险合同意外伤害定义的外来的、突发的和非本意的因素，不属于意外伤害。在被保险人喝酒后回家休息至死亡过程中，梁某甲并无证据证明存在外部因素的介入导致被保险人死亡，故被保险人喝酒后急性中毒死亡不属于意外身故，非案涉保险合同意外伤害的保险责任范围。保险公司向梁某甲按已支付的保险费×140%赔付身故保险金，已履行合同约定的保险责任。梁某甲主张保险公司尚应支付意外身故保险金 80400 元，不符合双方合同的约定，保险公司抗辩意见合理有据，法院予以采纳，保险公司不需支付梁某甲意外身故保险金 80400 元。

广西壮族自治区梧州市长洲区人民法院依照《中华人民共和国民法典》第四百六十五条、《最高人民法院关于适用〈中华人民共和国民事诉讼法〉的解释》第九十条规定，判决如下：

驳回梁某甲的诉讼请求。

梁某甲不服一审判决，提起上诉。

广西壮族自治区梧州市中级人民法院经审理认为：本案的争议关键焦点在于被保险人黄某甲的死亡是否属于保险合同约定的“意外身故”。

对于黄某甲的死亡是否属酒精中毒死亡的问题，就本案在案的证据，某医院出诊工单上记载主诉症状为“酒精中毒?”，并作出疾病分类为急性中毒；居民死亡医学证明（推断）书记载的死亡原因为呼吸循环衰竭，原判认定为酒精中毒死亡在证据上虽有一定的欠缺，但在保险事故发生后，保险受益人即梁某甲并未在约定的时间内通知保险公司，以致保险公司无法对被保险人的死因进行医学鉴定，且梁某甲也无法举证被保险人死于其他意外事故的证据，故应由梁某甲承担举证不能的法律后果。综上，原判认定被保险人的死亡不属于保险合同约定的“意外身故”是正确的，法院予以支持。

广西壮族自治区梧州市中级人民法院依照《中华人民共和国民事诉讼法》第一百七十七条第一款第一项规定，判决如下：

驳回上诉，维持原判。

【法官后语】

被保险人死亡原因不明，受益人未在第一时间报案致使不具备尸检条件的，受益人对被保险人死亡属于意外承担举证责任。投保人、被保险人或者受益人知道保险事故发生后，应当及时通知保险人。故意或者因重大过失未及时通知，致使保险事故的性质、原因、损失程度等难以确定的，保险人对无法确定的部分，不承担赔偿或者给付保险金的责任，但保险人通过其他途径已经及时知道或者应当及时知道保险事故发生的除外。

本案诉辩双方的争议焦点是：被保险人的死亡原因是否属保险合同约定的“意外伤害”？而围绕该争议焦点，被保险人的死亡原因的举证责任由谁承担？

一般而言，民事案件的举证原则遵循“谁主张，谁举证”，但是保险合同作为最大诚信合同却对保险人提出了更高的要求。《中华人民共和国保险法》第二十二条规定，保险事故发生后，按照保险合同请求保险人赔偿或者给付保险金时，投保人、被保险人或者受益人应当向保险人提供其所能提供的与确认保险事故的性质、原因、损失程度等有关的证明和资料。保险人按照合同的约定，认为有关的证明和资料不完整的，应当及时一次性通知投保人、被保险人或者受益人补充提供。该规定虽要求投保人、被保险人或者受益人履行提供证明和资料的义务，但并未规定投保人、被保险人或者受益人提供的证据和资料须达到足以确定保险事故原因的程度，也就是说，在不能证明保险事故原因时，法律并不苛求投保人、被保险人或者受益人承担不利后果。本案中，受益人在理赔时已提交了出诊工单、居民死亡医学证明（推断）书证明材料，已履行了初步举证义务。

根据《中华人民共和国保险法》第二十一条规定，投保人、被保险人或者受益人知道保险事故发生后，应当及时通知保险人。故意或者因重大过失未及时通知，致使保险事故的性质、原因、损失程度等难以确定的，保险人对无法确定的部分，不承担赔偿或者给付保险金的责任，但保险人通过其他途径已经及时知道或者应当及时知道保险事故发生的除外。本案中，梁某甲在诉状中称被保险人是在家中因呼吸循环衰竭死亡，而梁某甲提供的出诊工单记载被保险人的死亡原因为“酒精中毒?”，由此可知，被保险人死亡的原因不能排除自身因素导致，而自身因素导致并不属于保险合同中约定的“意外事故”范畴。且被保险人的死亡时间为 2021 年 11 月 15 日，保险条款约定，被保险人、受益人应在知道保险事故后10日内通知保险公司，但受益人即梁某甲在通知保险人即保险公司时，已超出约定的期限，导致保险人无法查证保险事故的性质和原因，该结果是由受益人故意或因重大过失未能及时履行通知义务导致的，因此保险人有权在无法确认事故性质的情况下不承担给付保险金的责任。

通过本案，我们发现在处理人身保险合同理赔案件时，对保险人处理理赔的时效性及证据的搜集能力都有了更高的要求，同时相对于广大保险消费者而言，在发生保险事故后需尽快按保险条款约定的期限内向保险人进行通知、报案，避免因未能及时报案导致保险事故性质认定不清而无法取得保险金。

编写人：广西壮族自治区梧州市长洲区人民法院　钟秋娜

三、保险人代位求偿权纠纷

48

共同侵权的认定标准

——保险公司诉李某甲保险人代位求偿权案

【案件基本信息】

1. 裁判书字号

广西壮族自治区柳州市中级人民法院（2022）桂 02 民终 3410 号民事判决书

2. 案由：保险人代位求偿权纠纷

3. 当事人

原告（上诉人）：保险公司

被告（被上诉人）：李某甲

第三人：李某乙

【基本案情】

2020 年 4 月 7 日，司机李某乙驾驶出租车在等候红绿灯时，车内乘客李某甲打开车门与驾驶两轮电动车的李某丙发生相撞，致使李某丙受伤，后李某丙经治疗抢救无效死亡。事故发生后，经交警大队认定：李某甲承担事故的主要责任；李某丙承担事故的次要责任；李某乙承担事故的次要责任。

李某丙的亲属将李某乙、李某甲、保险公司共同诉至法院，该道路交通事故人身损害赔偿纠纷案件（以下简称交通损赔案）经两级法院审理，最终作出的生效判决有如下认定：(1) 根据《中华人民共和国侵权责任法》第十二条之规定："二人以上分别实施侵权行为造成同一损害，能够确定责任大小的，各自承担相应的责任；难以确定责任大小的，平均承担赔偿责任。"及第二十六条规定："被侵权人对损害的发生也有过错的，可以减轻侵权人的责任。"综合李某甲、李某乙及受害人李某丙的过错程度，李某甲、李某乙对本次交通事故所致损害各自应承担的民事责任比例依次为70%、10%，受害人李某丙的民事责任比例为20%；(2) 李某甲开关车门属于使用车辆过程中的一环，其责任应属于机动车一方的责任，保险公司按照使用机动车的李某甲、李某乙承担的责任比例80%赔偿。该判决生效后，保险公司向李某丙亲属支付赔偿款1032122.45元，其中包含李某甲应当承担的70%即806857元。现保险公司就超出被保险人李某乙份额的部分即前述806857元向李某甲追偿，故起诉本案。

【案件焦点】

李某甲是否应向保险公司支付赔偿款，即李某乙、李某甲二人是否构成共同侵权。

【法院裁判要旨】

广西壮族自治区柳州市鱼峰区人民法院经审理认为：依据交通损赔案生效判决认定的事实，本案事故属于机动车一方的责任，保险公司按照使用机动车的李某甲、李某乙承担的责任比例80%赔偿，二人不属于共同侵权，且保险公司的赔付也未超出理赔范围。

广西壮族自治区柳州市鱼峰区人民法院依据《中华人民共和国民事诉讼法》第六十七条第一款、《最高人民法院关于适用〈中华人民共和国民事诉讼法〉的解释》第九十条及相关民事法律法规之规定，判决如下：

驳回保险公司的诉讼请求。

保险公司不服一审判决，提出上诉。

广西壮族自治区柳州市中级人民法院经审理认为：二人以上共同故意或过失致人损害，或者虽无共同故意、共同过失，但其行为直接结合发生同一损害后果的，构成共同侵权，应当承担连带责任。乘客李某甲开关车门妨碍其他车辆通行，与司机李某乙未尽到注意义务、存在营运管理过失，均是导致损害结果发生的不可或缺的部分，两行为构成一个统一的、不可分割、结合程度非常紧密的整体，故二人构成无意思联络的共同侵权，生效判决就二人各自承担的比例进行的认定，系对事故责任的划分，并不影响二人基于共同侵权承担连带责任的结果；保险公司就涉案交通事故按照80%责任比例向李某丙家属予以赔付的依据首先在于其与李某乙之间的第三者责任保险合同关系（保险标的为被保险人李某乙在保险事故中所应承担的责任范围即10%部分的责任），其次系李某甲与李某乙对李某丙构成共同侵权。因此，根据法律规定，保险公司有权就超出被保险人李某乙应承担的责任向李某甲追偿。

广西壮族自治区柳州市中级人民法院依照《中华人民共和国侵权责任法》第八条、《最高人民法院关于审理人身损害赔偿案件适用法律若干问题的解释》第三条、《最高人民法院关于适用〈中华人民共和国保险法〉若干问题的司法解释（四）》第十六条、《中华人民共和国民事诉讼法》第一百七十七条第一款第二项的规定，判决如下：

一、撤销一审民事判决；

二、李某甲向保险公司偿还保险赔偿款806857元。

【法官后语】

目前，司法实践对数人侵权案件的审理往往仅注重解决对受害者的赔偿问题，即仅处理了外部责任，而未能对各侵权人的侵权形式、责任比例予以明确、划分，即未解决内部问题，由此引发各侵权人对内部责任承担的争议，各侵权人之间是否成立共同侵权，也成为部分侵权人逃避承担内部责任的主要理由。《中华人民共和国民法典》第一千一百六十八条规定：“二人以上共同实施侵权行为，造成他人损害的，应当承担连带责任。”因原《中华人民共和国侵权责任法》与现行的《中华人民共和国民法典》均未对共同侵权的构成要件作出明确规定，学理上亦有分歧，故共同侵权的认定成为多人侵权损赔案件或其衍生案件中的难点。

对共同侵权的认定，应当注意按照如下次序进行处理：

其一，各行为人之间存在共同故意或过失，并且造成了同一损害后果，则可以认定属于共同侵权。根据民法理论，共同侵权最显著的特征为共同性，具体体现为共同的意思联络，如可以证明各行为人之间意思联络一致，则可以直接认定构成共同侵权。此外，少数观点认为，共同过失，或一方为故意，一方为过失亦可构成共同侵权，关键在于损害后果的唯一性及各侵权行为与损害后果之间是否具有因果。因而是否具有共同的意思联络，并不是判断构成共同侵权与否的唯一标准。

其二，基于前文观点，如行为人不存在共同的意思联络，但其行为因存在其他法律关系（如我国民法理论中的合伙人执行合伙事务致人损害），或因处于同一空间内等原因，产生了紧密程度难以区分的联系，同时各加害行为又与唯一损害后果之间存在共同因果，如单一行为的缺失具有阻却损害后果发生的较大可能性，则可以认定各侵权人构成无意思联络的共同侵权。本案中，乘客李某甲的开门行为与司机李某乙未尽营运管理注意义务的不作为共同造成了受害者李某丙受伤死亡的损害后果，即构成前述无意思联络的共同侵权。

需要注意的是，在司法实践中容易出现“比例划分即按份”的认知误区，即部分当事人甚至审判人员认为有侵权案件生效判决对责任进行了比例划分，就是法院表明了认定各侵权人承担按份责任的立场。对此，《中华人民共和国民法典》第一千一百七十二条、第一百七十八条第二款分别规定了按份责任、连带责任均可进行责任划分，故为避免在后续案件中被误读，笔者建议审判人员在裁判说理中对于责任形式的认定进行充分着墨，准确适用法律条文。

此外，从权利与义务相统一原则的角度来说，乘客李某甲作为本案导致损害后果发生的直接侵权行为人，在过错程度远大于司机李某乙，且与保险公司之间并不存在其他合同关系的情况下，如其无须为侵权行为承担任何后果，则显然违背公平原则，亦与我国社会主义核心价值观不符。本案判决的作出，彰显了人民法院维护公平正义的决心。

编写人：广西壮族自治区柳州市中级人民法院　陆璐

49

保险人代位求偿对象中“组成人员”之界定

——保险公司诉某公司保险人代位求偿权案

【案件基本信息】

1. 裁判书字号

山东省高级人民法院（2022）鲁民终 321 号民事判决书

2. 案由：保险人代位求偿权纠纷

3. 当事人

原告（被上诉人）：保险公司

被告（上诉人）：某公司

第三人：A 公司、B 公司、C 公司

【基本案情】

2020 年 4 月 4 日，某公司发生火灾，火灾造成 B 公司、C 公司、A 公司、D 公司的建筑及内部设备、货物毁损。消防救援大队出具火灾事故认定书认定，事故起火部位为某公司二楼北侧仓库内；起火原因不排除电气线路故障引发火灾，某公司依法应对案涉事故承担责任。因 B 公司、C 公司、A 公司在保险公司处投保了财产综合险。事故发生后，经定损、理算、协商等充分沟通后保险公司已与 B 公司、C 公司、A 公司达成赔付协议。截至 2021 年 4 月 16 日，保险公司已依据赔付协议就案涉火灾事故向三公司累计支付赔款计 50572000 元。保险公司根据《中华人民共和国保险法》第六十条依法行使保险代位求偿权，请求某公司支付赔款计50572000元。

【案件焦点】

某公司与B公司、C公司、A公司是否构成了《中华人民共和国保险法》第六十二条规定的“被保险人的组成人员”，保险人是否能依法对某公司行使保险人代位求偿权

【法院裁判要旨】

山东省青岛市中级人民法院经审理认为：《中华人民共和国保险法》第六十二条规定的除外情况在于保证实现财产保险损害填补的目的，保护被保险人的权益，否定了保险人可以自被保险人处变相索回赔偿的行为。因此，其适用范围是被保险人的家庭成员或者组成人员不能作扩大解释，应当确定在与被保险人有直接法律关系，在经济利益上具有同一性、法律人格上具有依附性的主体范围内，即该“利益一致性”应当是法律意义上的、直接的连接，这部分人通常是代替被保险人履行职务行为的人，其行为造成的损害由被保险人承担责任，保险人不能向其求偿。另外，公司制度最重要的一个内容在于法人人格独立，股东财产与公司财产不存在直接关联。本案中，首先，某公司与B公司、C公司、A公司虽然在股东、高管方面存在关联关系，但均是具有独立财产及决策机构的独立的法人，且不存在人格混同的情形。其次，某公司与B公司、C公司、A公司分别订立保险合同，该四家公司均系各自保险合同的被保险人，就A公司、B公司、C公司而言，某公司系造成上述第三人财产损失的“第三人”。最后，某公司援引的“同一危险单位”的概念，系保险人为了控制其承保风险，对保险标的进行风险评估时使用的定义，与前述法律规定的“被保险人的组成人员”并非同一概念。

山东省青岛市中级人民法院依照《中华人民共和国保险法》第六十条第一款、《最高人民法院关于适用〈中华人民共和国保险法〉若干问题的解释（四）》第七条、《中华人民共和国民事诉讼法》第六十四条的规定，判决如下：

某公司于判决生效之日起十日内支付原告赔偿款 50572000 元。

某公司不服一审判决，提出上诉。

山东省高级人民法院同意一审法院裁判意见，判决：

驳回上诉，维持原判。

【法官后语】

本案的主要争议焦点问题是保险人代位求偿对象的排除范围，即保险利益共同体之组成人员的界定。

一、保险人代位求偿权概述

财产保险是具有安定个人和稳定社会功能的制度，具有填补损害的功能，当事故发生后，可以弥补被保险人因发生损失所产生的不利益，对损害的填补是财产保险保障的核心原则。由此，结合公平原则，为了避免被保险人双重请求，造成不当得利，保险代位求偿权应运而生。从《中华人民共和国保险法》第六十条[①]可以看出，保险人代位求偿权的行使并非任意进行，而是应当符合三个前提条件：其一，由于保险合同之外的第三方的原因导致保险事故的发生并造成了被保险人的损失；其二，保险人必须在向被保险人进行赔偿后才能取得代替被保险人向第三方追偿的权利；其三，保险人代位求偿权的范围应以保险赔付范围为限。

二、保险人代位求偿对象限定的必要性

如前所述，保险法以损失补偿为基本原则，保险人给付保费的目的仅限于填补被保险人所受之损害，而非提供被保险人“额外利益”，包含了填补损失与防治不当得利两方面含义。但如对权利不加以一定的限制，就会使得被保险

---

① 《中华人民共和国保险法》第六十条规定，因第三者对保险标的的损害而造成保险事故的，保险人自向被保险人赔偿保险金之日起，在赔偿金额范围内代位行使被保险人对第三者请求赔偿的权利。前款规定的保险事故发生后，被保险人已经从第三者取得损害赔偿的，保险人赔偿保险金时，可以相应扣减被保险人从第三者已取得的赔偿金额。保险人依照本条第一款规定行使代位请求赔偿的权利，不影响被保险人就未取得赔偿的部分向第三者请求赔偿的权利。

人获得的保险赔偿金“左手进、右手出”，实际仍由被保险人承担了损失，不能实现保险损害填补的功能，也使得被保险人通过保险分散危机、消化损失的计划落空。故有必要在一定范围内，对保险人代位求偿权作一定的限制。因此，《中华人民共和国保险法》第六十二条规定：“除被保险人的家庭成员或者其组成人员故意造成本法第六十条第一款规定的保险事故外，保险人不得对被保险人的家庭成员或者其组成人员行使代位请求赔偿的权利。”该条旨在于将与被保险人具有一致经济利益的家庭成员或其组成人员排除在外，但关于组成人员的范围语焉不详，引发法律适用的疑义，笔者将在下文进行探讨。

三、组成人员的范围界定

虽然《中华人民共和国保险法》第六十二条规定保险人的组成人员行使代位求偿的权利，但是对于被保险人的组成人员该如何理解，法律并没有明确的界定。

（一）域外相关规定

在世界各国（地区），对于被保险人的组成人员之有关规定亦不常见。大陆法系采用了“仆人”“受雇人”和“家庭佣人”来表述保险代位求偿对象之禁止。英美法系亦鲜有明确的规定，只是从实质上是否与被保险人具有同一立场或是否具有被保险人的利益出发来考量。[①] 但相同的是，这些规定都强调此种“组成人员”应与被保险人存在经济利益的联系，才能免于被求偿，且在故意致害的情况下，都会丧失此种豁免权。

（二）学界争论与司法实践

我国学界对组成人员的理解从必须是共同生活、经济上无法分割的成员扩

① 杨张洁：《保险代位求偿对象之限定研究》，广东财经大学2018年硕士学位论文，第40~41页。

张到与被保险人有某种特殊法律关系而进行活动的人。① 在司法实践中，对于被保险人的“组成成员”，法院的通常理解系指被保险人内部与其存在共同经济利害关系的人员。所谓“存在共同经济利害关系”，是指与被保险人对保险标的具有共同经济利益。但实践中，审判人员往往面临的一个困境是，关联企业在什么情况下可以认定具有共同经济利益而被认定保险利益共同体进而排除保险公司行使代位求偿权。

（三）共同经济利益的认定

通过了解域外、学界争议和司法实践做法，以及考虑到《中华人民共和国保险法》第六十二条的设立目的，对组成人员共同经济利益不宜作扩张解释，应限缩在与被保险人有直接法律关系，该“利益一致性”应当是法律意义上的、直接的连接，即在经济利益上具有同一性、法律人格上具有依附性的主体范围内，这部分人通常是代替被保险人履行职务行为的人，其行为造成的损害由被保险人承担责任，保险人不能向其求偿。

至于关联公司是否可以成为保险利益共同体，要分情况讨论。根据《中华人民共和国公司法》第三条和第二十一条的规定②，法人人格指能以法人自己的名义独立进行民事活动，享有民事权利和承担民事义务，并以法人自己的独立财产承担民事责任的法律资格。故保证公司财产独立、公司人格独立是公司股东以及实际控制人的法定义务。如果关联公司的经济利益达到高度一致性，这种一致利益使得保险人向其追偿时减损了被保险人从保险金获得的补偿，使

① 第一，将组成人员理解为家庭成员的补充和扩张，指祖父母、外祖父母、孙子女、外孙子女等与被保险人共同生活、经济上无法分割的成员，均为自然人；第二，指被保险人的雇员、合伙人、代理人、信托人等；第三，将范围延伸至被保险人的关联企业，即使其为独立承担民事责任的法人；第四，将范围扩大为被保险人利益或接受被保险人委托而进行活动的人和与被保险人有某种特殊法律关系而进行活动的人，后者包括了被保险人的股东、合伙人、关联企业等。参见钱思雯：《论保险代位权限制对象中“组成人员”的界定》，载《保险研究》2018 年第 2 期。

② 《中华人民共和国公司法》第三条规定，“公司是企业法人，有独立的法人财产，享有法人财产权”。第二十一条规定：“公司股东应当遵守法律、行政法规和公司章程，依法行使股东权利，不得滥用股东权利损害公司或者其他股东的利益；不得滥用公司法人独立地位和股东有限责任损害公司债权人的利益。”

保险对于被保险人的保障功能发生较大减损，有损于保险补偿原则，此时才能认定关联公司可以构成《中华人民共和国保险法》第六十二条规定的组成人员。但如果仅凭几家公司构成了关联公司而认定其对彼此的公司财产享有保险利益，即关联公司可以随意将其他关联公司财产约定为保险标的，不仅违反法人人格与财产独立性，一旦发生保险事故，保险金的赔偿主体并非实际受害人，其损失无法弥补，并且可能会引发被保险人为自己利益诱发保险事故的道德风险。本案中就是这种情况，虽然几家公司法人股权关系经过复杂的重重穿透后得出的公司控制人问题，但与公司财产之间并无直接的、必然的关系，更不用说具有直接的保险利益，因此法院未认定本案被告与第三人构成组成人员而免除保险公司享有保险人代位求偿权。

编写人：山东省青岛市中级人民法院　张晓华　宋旭

50

商业三者险“零时生效”前发生交通事故的保险责任认定

——乙保险公司诉甲保险公司等保险人代位求偿权案

【案件基本信息】

1. 裁判书字号

广东省广州市中级人民法院（2022）粤01民终12105号民事判决书

2. 案由：保险人代位求偿权纠纷

3. 当事人

原告（被上诉人）：乙保险公司

被告（上诉人）：甲保险公司

被告：陈某、蒙某、某货运公司

【基本案情】

2019 年 7 月 14 日 19 时 39 分，蒙某就 A 车辆向甲保险公司投保商业三者险并支付了保费。19 时 41 分甲保险公司出具《保单》，载明：在保险合同约定的保险期间，保险人依据承保险种及对应条款承担保险责任；被保险人为蒙某，行驶证车主为某货运公司；保险期间自 2018 年 7 月 15 日 0 时起至 2019 年 7 月 14 日 24 时止。

2018 年 7 月 14 日 22 时 23 分，陈某驾驶 A 车辆与案外人黄某驾驶的 B 车辆发生交通事故，两人为同等责任。事后，B 车辆的保险公司乙保险公司向黄某支付了 B 车辆的维修费用 88914 元，黄某将向 A 车辆车主、驾驶人及保险公司索赔的权利转让给乙保险公司。陈某、蒙某自认双方为合伙关系，确认与某货运公司没有挂靠关系。另查明，蒙某就 A 车辆向案外人投保的保险于 2018 年 6 月 28 日到期，蒙某未续保，迟至 2018 年 7 月 14 日才向甲保险公司再次投保。乙保险公司基于保险人代位求偿权起诉要求甲保险公司、陈某、蒙某、某货运公司赔偿。

【案件焦点】

投保人向甲保险公司投保并支付了保费，甲保险公司出具保单约定保险期间从投保次日零时起算，投保车辆在投保次日零时前发生交通事故，甲保险公司是否应当承担商业三者险的保险责任。

【法院裁判要旨】

广东省广州市白云区人民法院经审理认为：首先，根据《最高人民法院关于适用〈中华人民共和国保险法〉若干问题的解释（二）》（以下简称《保险法解释（二）》）第四条规定，因保单生成时间为 2018 年 7 月 14 日 19 时 41 分，甲保险公司已在此时作出承保意思表示，案涉事故发生在后，故蒙某可以要求甲保险公司承担赔偿责任。其次，保险期间涉及保险人的免责事项，甲保险公司应就保险期间条款履行提示义务，但甲保险公司未能举证证实其履行了提示说明义务，保险期间条款不发生法律效力。最后，甲保险公司于 2018 年 8

月21日已将B车辆的交强险理赔款给付黄某，若甲保险公司不同意承保或者认为商业险应按照《保单》载明的保险期间履行保险责任，其应及时通知或联系蒙某，而不应在本案中才提出免责，加重了被保险人的责任。甲保险公司应承担保险责任。

广东省广州市白云区人民法院依照《中华人民共和国保险法》第十三条、第十七条、第六十条，《最高人民法院关于适用〈中华人民共和国保险法〉若干问题的解释（二）》第四条，《最高人民法院关于审理道路交通事故损害赔偿案件适用法律若干问题的解释》第十六条规定，《最高人民法院关于适用〈中华人民共和国民法典〉时间效力的若干规定》第一条第二款，《中华人民共和国民事诉讼法》第六十四条第一款、第一百四十四条之规定，判决如下：

一、于一审判决生效之日起五日内，甲保险公司向乙保险公司赔偿损失合计42457元；

二、驳回乙保险公司的其他诉讼请求。

甲保险公司不服一审判决，提起上诉。

广东省广州市中级人民法院经审理认为：首先，投保人蒙某自认其投保时没有要求具体的保险期间，《保单》载明保险期间为2018年7月15日0时至2019年7月14日24时，甲保险公司主张其自2018年7月15日0时起承担保险责任合法有据。其次，《保险法解释（二）》第四条规定适用于保险人接受投保并收取了保险费，但尚未作出是否承保意思表示时，发生保险事故的情形。但本案中，甲保险公司不仅已经作出承保的意思表示，而且《保单》还明确载明保险期间，涉案事故亦是在《保单》出具后发生，因此本案不适用上述规定。再次，保险期间条款并非重复使用而预先拟定的条款，而是保险人与投保人协商确定的合同条款，因此保险期间条款不是格式条款。保险期间条款是关于保险人应对约定期间内发生的事故承担保险责任的条款。根据《中华人民共和国保险法》第十四条的规定，如事故是在保险期间之外发生，保险人不承担保险责任，保险人并非在本应承担保险责任的前提下免除责任，因此保险期间条款不是免责条款，保险人无须就保险期间条款履行提示说明义务。最后，蒙某就A车辆向案外人投保的保险于2018年6月28日到期，蒙某迟至2018年7月14日才续保，蒙某应当自行承担相关风险。甲保险公司于2018年7月14日19时许收到投保申请及保费后，出具《保单》约定自次日0时起承担保险责任，该保险期间亦未过分延迟保险责任起算时间，故不能认定甲保险公司具有拖延承担保险责任的过错。综上分析，甲保险公司主张其不应承担商业三者险的保险责任合法有据。因甲保险公司无须承担保险责任，故乙保险公司的损失应由侵权人陈某、蒙某赔偿。

广东省广州市中级人民法院依照《中华人民共和国保险法》第十四条、第六十条第一款，《最高人民法院关于审理道路交通事故损害赔偿案件适用法律若干问题的解释》第十六条，《中华人民共和国民事诉讼法》第六十七条第一款、第一百七十七条第一款第二项规定，判决如下：

一、撤销一审民事判决；

二、陈某、蒙某向乙保险公司赔偿42457元；

三、驳回乙保险公司的其他诉讼请求。

【法官后语】

投保人就机动车投保商业三者险并支付保险费后，保险人通常会出具保险单约定自投保次日或指定日期的0时起算保险期间，该条款俗称“零时生效”或“零时起保”保险期间条款。如投保人支付保费后，在保险合同约定的保险期间起算前发生交通事故，保险人是否需要承担保险责任？上述问题涉及法理及情理的交锋，对此有必要深入研讨。

一、裁判梳理：“零时生效”条款效力的认定差异

有观点认为，商业三者险“零时生效”条款有效，有观点认为，不产生效力，裁判差异根源在于对法律适用、条款性质以及价值取向上存在观点分歧。

（一）法律适用之争：《保险法解释（二）》第四条VS《中华人民共和国保险法》第十四条

第一，有观点认为，投保人已经缴纳了保费，而且保险人同意承保，如在保险期间起算前发生交通事故应当适用《保险法解释（二）》第四条的规定，

认定被保险人有权要求保险人承担保险责任。[①] 第二，有观点认为，《保险法解释（二）》第四条适用于保险人未作出承保意思的情形，如保险人已经明确同意承保则应适用《中华人民共和国保险法》第十四条的规定以合同约定的保险期间为准。[②] 如内蒙古自治区高级人民法院在（2019）内民申1398号民事裁定中认为"王某主张适用《保险法解释（二）》第四条，该条系关于保险人收取保险费但尚未作出是否承保的意思表示前发生保险事故的应如何处理的规定，本案所涉保险合同安华保险伊旗支公司已明确承保，故不适用该条规定"。

（二）条款性质之争：格式条款、免责条款VS一般条款

第一，有观点认为，"零时生效"条款是格式条款或者免责条款，因此如保险人对"零时生效"条款未作提示说明的，应当根据《中华人民共和国保险法》第十七条的规定认定该条款不产生效力。第二，有观点认为，"零时生效"条款并非格式条款或者免责条款，因此保险人无须就该条款进行提示说明。如山东省高级人民法院在（2018）鲁民申3752号民事裁定中认为，"保险期间条款是保险合同双方当事人协商确定的，属于确定合同当事人权利义务范围的基本合同条款，不属于事先拟制的格式条款，亦不属于保险事故发生后保险人拟从保险范围、保险金额内缩小责任范围、减免赔付金额的责任免除条款，故平安保险公司无需就该条款向王某提示和明确说明"。

（三）价值取向之争：保护合理期待VS尊重意思自治

第一，有观点认为，投保人支付保费后，投保人一般会认为保险人自收到保费时承担保险责任，因此为了保护投保人的合理期待以及信赖利益，应当认定"零时生效"条款无效，保险期间应自缴纳保费时起算。第二，有观点认为，应当尊重当事人的意思自治，既然双方当事人已经约定保险期间，那么保

---

① 《保险法解释（二）》第四条第一款规定："保险人接受了投保人提交的投保单并收取了保险费，尚未作出是否承保的意思表示，发生保险事故，被保险人或者受益人请求保险人按照保险合同承担赔偿或者给付保险金责任，符合承保条件的，人民法院应予支持；不符合承保条件的，保险人不承担保险责任，但应当退还已经收取的保险费。"

② 《中华人民共和国保险法》第十四条第一款规定："保险合同成立后，投保人按照约定交付保险费，保险人按照约定的时间开始承担保险责任。"

险人对保险期间之外发生的交通事故不承担保险责任。

二、观点论证："零时生效"条款的性质效力辨析

笔者认为，本案不能适用《保险法解释（二）》第四条的规定认定"零时生效"条款的效力，而且该条款不属于格式条款及免责条款，应当从双方是否协商一致的角度认定条款效力。

（一）"零时生效"条款不适用《保险法解释（二）》第四条的规定

首先，《保险法解释（二）》第四条适用于保险人接受投保并收取了保险费，但尚未作出是否承保意思表示时，发生保险事故的情形。在上述情形下，双方对保险期间尚未作出明确约定。由于投保人已经支付了保险费，其对保险人承担保险责任具有合理期待，而且保险人也理应提供作为保险费对价的服务。为了平衡双方利益，法院应当适用《保险法解释（二）》第四条，通过判断是否符合承保条件确定保险人的责任。

其次，本案中投保人虽然也支付了保险费，但是保险人不仅已经作出承保的意思表示，而且《保单》还明确载明保险期间。在该情况下，法院无须适用《保险法解释（二）》第四条判断是否符合承保条件，更不能适用上述规定破坏双方关于保险期间的一致约定。为了尊重意思自治，法院应当适用《中华人民共和国保险法》第十四条认定保险人按照约定的时间开始承担保险责任。

（二）"零时生效"条款不是格式条款及免责条款

首先，"零时生效"条款是一般条款，而不是格式条款。格式条款是当事人为了重复使用而预先拟定，并在订立合同时未与对方协商的条款。格式条款具有单方事先决定性以及不变性特点。[①] 在投保人投保前，保险人不可能单方事先决定保险期间，而且投保人也可以对保险期间提出具体修改要求。有观点认为因为保险人提出从次日零时起算保险期间，故保险期间条款为格式条款。但是，条款内容由何方先行提出并不能决定条款性质，而只能表示一方就此提出要约。只要投保人有权对保险期间提出修改要求，那么该条款就不具有格式条款的特征。若投保人未对保险人提出的保险期间提出修改要求，应视为投保

① 崔建远：《合同法》，法律出版社2010年版，第62~63页。

人对保险人提出的保险期间作出承诺，即合同双方已对保险期间达成一致意见。

其次，“零时生效”条款是责任条款，而不是免责条款。责任条款是确定保险人责任范围的条款。免责条款是在保险人应当承担责任的前提下免除或者减轻保险人责任的条款。因此责任条款是免责条款的前提，如果原本就不需要承担责任，那就不存在免除责任的必要。只有先确定保险人承担责任的范围才能在该范围内确定免除的部分，故应当明确确定保险人责任范围的条款与免除保险人责任的条款的区别，不能将确定保险人责任范围的条款视为免除保险人责任的条款。[①] 根据《中华人民共和国保险法》第十四条的规定，保险人按照约定的时间开始承担保险责任。也就是说，如事故是在保险期间之外发生，保险人不需要承担保险责任。由此可见，保险人是基于保险期间条款确定需要承担保险责任的期间，而并非在本应承担保险责任的前提下免除责任，因此保险期间条款只是责任条款而不是免责条款。

最后，保险人无须对“零时生效”条款进行提示说明。保险人的提示说明义务是针对格式条款而言的。《最高人民法院关于“〈保险法解释二〉第九条适用”问题的答复》也明确指出，“因为非格式条款往往是当事人双方协商的结果，根据《中华人民共和国保险法》第十七条的立法本意，保险人对非格式条款不具有提示和说明义务”。如上分析，“零时生效”条款既不是格式条款也不是免责条款，该条款是经双方协议一致确定的责任条款，因此保险人对于该条款并无提示说明义务，法院也不能以保险人未提示说明为由认为该条款不产生效力。

（三）协商一致的“零时生效”条款合法有效

虽然“零时生效”条款并非免责条款及格式条款，但该条款也并非必然有效，需要着重审查该条款是否为双方协商一致订立。

首先，如果双方协商一致约定“零时生效”，法院应当尊重意思自治认定该保险期间条款有效。保险人主张“零时生效”经过投保人同意，应由保险人对缔

---

① 最高人民法院民事审判第二庭主编：《最高人民法院关于保险法司法解释（二）理解与适用》，人民法院出版社2015年版，第229页。

约过程进行举证。本案中，保险人提交了投保人为多辆汽车投保的投保单、保险单、出险记录等证明自投保次日零时起算保险期间符合双方惯例，且投保人从未对保险期间提出异议，而且投保人在本案中也无法提交其要求保险期间自缴费时起算的证据，故保险人主张其根据投保要求约定保险期间具有高度盖然性。

其次，如果只是保险人单方提出“零时生效”，但该条款并未经过投保人同意，应当认定双方未就保险期间条款达成一致意见，该条款也就未成立生效。此时，如投保人已缴纳保险费并发生交通事故，法院可从合同解释及利益平衡的角度认定保险期间自保费缴纳时生效，保险人须承担保险责任。

三、价值重塑：投保人放任“保险空白期”应自担风险

在商业保险中强行否定当事人关于保险期间的明确约定，认定保险人自收取保费起就承担保险责任，表面上是保护了被保险人利益，但实质上破坏了合同信守原则，而且不利于敦促投保人重视防范风险，长远来说必将削弱保险转移风险的功能。

（一）商业三者险应当尊重当事人的缔约权利

我国规定机动车必须投保交强险，并可以选择投保商业三者险。交强险的立法目的在于保障交通事故的受害人得到及时赔付，因此国家对交强险的保险责任、金额等作出强制性规定，《中国保险监督管理委员会关于加强机动车交强险承保工作管理的通知》（保监厅函〔2009〕91号）也规定了交强险保险人不能拖延或者拒绝承保。有别于交强险，商业三者险是建立在当事人缔约自由基础上的商业保险，双方当事人可以对保险责任、金额等进行协商。既然当事人协商一致约定“零时生效”条款，法院就应当尊重当事人的缔约权利，按合同约定确定责任承担。

（二）保护“合理期待权”不应破坏合同信守

合同严守是合同法的基本原则之一，亦是合同功能实现的保障。有观点认为既然投保人已支付了保险费，那么其就对立即获得保障享有合理期待。所谓合理期待原则，是指当保险合同当事人就合同内容的解释发生争议之时，应以投保人或被保险人对于合同缔约目的的合理期待作为出发点对保险合同进行解

释。[①] 因此，如果合同已对保险期间作出了明确约定，则根本不存在“合理期待权”的推定空间，因为当事人约定的保险期间明显比法院推定的保险期间更为“合理”。而且，如果认为保险人对自缴纳保费起获得保障具有合理期待，那么就会产生一个悖论：因保险期间有固定时长，如果提前起算保险期间，那就必然会提前结束保险期间，这难道也符合投保人的合理期待吗？显然，破坏合同信守保护所谓的“合理期待权”，不仅会让当事人丧失预期利益，还会导致更大的不公平。

（三）投保人重视风险才能实现保险功能

《中华人民共和国民法典》在侵权责任编中规定了“自甘风险”条款。受害人自甘冒险，是指受害人已经意识到某种风险的存在，或者明知将遭受某种风险，却依然冒险行事，致使自己遭受损害。[②] 保险的重要功能是转移和分散风险，只有投保人才清楚何种风险存在转移必要，因此实现保险功能的前提是投保人认真对待风险并提前投保。投保人明知前一份保险临近到期，如果其重视通过保险转移风险就应当提前续保，从而实现前后保险之间“无缝衔接”。反之，如果投保人迟延续保，那就应当推定投保人“自甘风险”，即愿意自行承担“保险空白期”发生事故的风险，而并无通过保险转移风险的需求。本案中，投保人就涉案车辆投保的商业三者险于2018年6月28日24时到期，如果投保人重视风险就应当提前续保，确保在2018年6月29日0时起获得保险保障。但是投保人未及时续保，迟至2018年7月14日19时许才向保险人再次投保，致使前后两份保险之间存在“保险空白期”，投保人应当自行承担“保险空白期”内发生交通事故的风险。本案认为投保人与保险人协商一致的保险期间条款有效，并认定被保险人对于“零时生效”前发生的交通事故应当自担风险，也有利于敦促投保人及时续保从而实现保险的风险转移功能。

编写人：广东省广州市中级人民法院　叶汉杰

① 最高人民法院民事审判第二庭主编：《最高人民法院关于保险法司法解释（二）理解与适用》，人民法院出版社2015年版，第125页。

② 王利明：《论受害人自甘冒险》，载《比较法研究》2019年第2期。

51

家庭自用车从事顺风车业务是否构成营运活动，应根据具体情况并结合相关政策综合评定

——甲保险公司诉陈某甲、乙保险公司保险人代位求偿权案

【案件基本信息】

1. 裁判书字号

福建省漳州市中级人民法院（2021）闽06民终3713号民事判决书

2. 案由：保险人代位求偿权纠纷

3. 当事人

原告（被上诉人）：甲保险公司

被告（上诉人）：乙保险公司

被告（被上诉人）：陈某甲

【基本案情】

2019年7月19日，陈某甲驾驶闽×3号小型轿车行驶至事故路段时，未注意观察前方道路交通情况，碰撞其前方道路维护路段的警示标志后，驶入道路维护路段，连续碰撞之前因交通事故停于事故地点的闽×T号小型轿车、闽×5号小型轿车及现场人员，造成人员受伤、三车不同程度受损的道路交通事故。交警大队作出事故认定，陈某甲负本次事故的全部责任，其他人无责任。闽×5号小型轿车在甲保险公司处投保了机动车辆损失险，经定损，该车损失为车损12621元及车辆施救费370元，合计12991元。2019年10月24日，甲保险公司向闽×5号小型轿车的车主李某甲赔付12991元，双方签订了《机动车保险权益转让书》，依法取得代位求偿的权利。陈某甲所有的闽×3号小型轿车向乙保

险公司投保了交强险和限额为 150 万元的商业三者险及不计免赔，事故发生在保险期间内。

【案件焦点】

1. 陈某甲是否存在将非营运车辆从事营运活动，改变车辆使用性质的行为；2. 甲保险公司是否应向乙保险公司支付 12991 元。

【法院裁判要旨】

福建省漳浦县人民法院经审理认为：陈某甲虽系从事顺风车业务，但参照 2016 年 7 月 26 日《国务院办公厅关于深化改革推进出租汽车行业健康发展的指导意见》（国办发〔2016〕58 号）第十八条规定可以看出，城市人民政府要统筹发展网约车，实行错位发展和差异化经营，为社会公众提供品质化、多样化的运输服务。私人小客车合乘即拼车、顺风车，有利于缓解交通拥堵和减少空气污染，城市人民政府应鼓励并规范其发展。结合 2016 年 11 月 21 日《厦门市网络预约出租汽车经营服务管理实施细则》第二十八条第二项的规定，即"为合乘服务提供者提供合乘信息服务，每车每日不得超过 4 次"，应认定陈某甲从事网约车（顺风车）的业务是符合社会形势发展需求的，乙保险公司提供的证据无法证明陈某甲从事顺风车的行为违反了相关的规定，不应认定陈某甲从事顺风车的行为属改变了车辆的使用性质，故乙保险公司拒赔理由不能成立。

福建省漳浦县人民法院依照《中华人民共和国民法典》第一千一百六十五条、第一千二百一十一条，《中华人民共和国保险法》第六十条第一款规定，判决如下：

乙保险公司应于本判决生效后十日内偿还甲保险公司垫付的理赔款 12991 元。

乙保险公司不服一审判决，提出上诉。

福建省漳州市中级人民法院经审理认为：家庭自用车从事顺风车业务是否构成营运活动不能一概而论，而应根据其从事搭乘顺风车活动的频率、费用收取情况，并结合相关政策综合评定。对于个别性、有偿性私人小客车合乘，也称为拼车、顺风车，主要目的在于分摊出行成本，同时有利于缓解交通拥堵和减少空气污染，在符合城市人民政府相关规定的情况下，并未改变车辆使用性质，不构成营运活动，保险公司应在保险限额内予以理赔。一审判决认定事实清楚，适用法律正确，应予维持。

福建省漳州市中级人民法院依照《中华人民共和国民事诉讼法》第一百七十七条第一款第一项规定，判决如下：

驳回上诉，维持原判。

【法官后语】

从公共交通发展的角度看，顺风车、网约车是社会发展的产物，如何看待这种社会现象，在现有法律尚无明确规定的情况下，参照目前的国家政策，本着绿色、共享、低碳发展理念，通过个案判决，作出有益探索。

实践中，保险公司往往根据保险免责条款“被保险机动车被转让、改装、加装或改变使用性质等，被保险人、受让人未及时通知保险人，且因转让、改装、加装或改变使用性质等导致被保险机动车危险程度显著增加的，保险人不负责赔偿”的约定，主张保险拒赔。但上述免责条款是否生效，应当厘清网约车和顺风车的性质特征、认定规则。网约车经营服务，是指以互联网技术为依托构建服务平台，整合供需信息，使用符合条件的车辆和驾驶员，提供非巡游的预约出租汽车服务的经营活动。但顺风车系私人小客车合乘，应区别于从事网约车经营的车辆，是否构成营运活动，改变车辆使用性质，不能一概而论。

认定私人小客车合乘（拼车、顺风车）不构成营运活动可以从以下几方面进行考量：

第一，不以营利为目的，可免费互助也可分摊部分出行成本。网约车通过网约车平台公司提供载客运输服务，具有经营性质，需办理相关审核和证照手续。而私人小客车合乘，是由合乘服务提供者事先发布出行信息，出行线路相同的人选择乘坐合乘服务提供者的小客车、分摊部分出行成本或免费互助的共享出行方式。

第二，合乘出行提供者事先发布出行信息，直接达成合意的，驾驶人应对自己出行的计划、目的、与搭乘人的合意过程进行解释说明。私人小客车合乘行为以车主正常出行路线和常规使用车辆为基础，使用性质依然是家庭自用。客观上是否有合乘乘客不会导致投保车辆使用频率增加，行驶范围、行驶路线亦在合理可控范围内，并未因顺路搭乘而导致被保险车辆危险程度显著增加，保险公司不能免责。而网约车是由乘客发布出行信息，司机根据乘客需求制定路线，以乘客需求为主。

第三，投保车辆每日开顺风车次数应符合所在城市人民政府的规定。根据《国务院办公厅关于深化改革推进出租汽车行业健康发展的指导意见》的规定，城市人民政府应鼓励并规范其发展，制定相关规定，明确合乘服务提供者、合乘者及合乘信息服务平台等三方的权利和义务。要充分发挥自主权和创造性，探索符合本地出租汽车行业发展实际的管理模式。要牢固树立和贯彻落实创新、协调、绿色、开放、共享的新发展理念，充分发挥市场机制作用和政府引导作用，坚持优先发展公共交通、适度发展出租汽车的基本思路，推进出租汽车行业结构改革，切实提升服务水平和监管能力，努力构建多样化、差异化出行服务体系，促进出租汽车行业持续健康发展，更好地满足人民群众出行需求。

目前，网约车平台有多种，网约车的类型也是有多种形式，不同类型的网约车所对应的经营模式也是不同的。所以平台公司对于其所开展的多种业务的责任承担基础也不能完全等同，而应当根据其不同的经营性质，按照“保险赔付机制+平台赔付机制+平台追偿机制”的赔付思路，确立“以受害人救济为主导、兼顾新业态发展”的价值导向，合理地确定平台公司的责任承担规则。

编写人：福建省漳浦县人民法院　何艺君　郑鼎儒

52

国际航空货物运输关系中承运人责任限制的司法认定

——保险运营中心诉物流公司保险人代位求偿权案

【案件基本信息】

1. 裁判书字号

上海金融法院（2021）沪74民终1143号民事判决书

2. 案由：保险人代位求偿权纠纷

3. 当事人

原告（被上诉人）：保险运营中心

被告（上诉人）：物流公司

第三人：电子公司

【基本案情】

2017年1月3日，保险公司向电子公司签发货物运输保险保单。2017年9月12日，电子公司（甲方）与物流公司（乙方）签订《进出口物流运输服务协议》，约定：甲方委托乙方按照甲方规定的计划日程及要求，完成货物物流服务、货物交接、报关等货物运输的相关任务；乙方对货物检验负责，包括充分了解货物及其运输要求、在接收货物时严格检验货物对外包装及其上面的运输标记、防震标记等；乙方对货物运输损失负责，如果由于乙方原因造成的货物损坏或其他事故使甲方蒙受经济损失，乙方应承担事故责任并赔偿甲方的一切直接损失；其他因乙方原因导致甲方损失的，乙方应赔偿因乙方违约对甲方造成的一切直接损失（包括但不限于货物损失、运输费、搬运费、误工费、仓储费、违约金等损失），同时甲方有权终止合同。协议期限为2017年1月1日至12月31日。

2017年4月7日，电子公司通知物流公司安排运输丙公司制造的尾气处理设备1套。2017年4月11日，英国某公司签发运单，托运人为丙公司，收货人为电子公司。《海关进口货物报关单》载明：案涉货物内商品为工艺排气处理装置，运输方式为航空运输，装货港为英国，进口口岸为浦东机场，货物总价为156000英镑。

2017年4月19日，物流公司将上述货物运抵电子公司厂房，《送货签收单》载明：开箱前，侧面防震标签变红；开箱后，内部有损坏情况。2017年12月15日，公估公司出具《公估报告》，载明受损设备可推定全损，损失原因系木箱中的设备在英国至上海的运输过程中发生了倾斜，导致设备撞击包装物产生变形，并建议本次索赔的理算金额为177161.90美元。后电子公司向保险运营中心出具了《豁免责任和代位求偿书》，并向电子公司汇款177161.90美元。

【案件焦点】

1. 物流公司在案涉设备运输过程中的法律地位；2. 造成案涉设备损失的原因；3. 物流公司是否需要承担赔偿责任，如需赔偿，如何确定赔偿数额。

【法院裁判要旨】

上海市浦东新区人民法院经审理认为：

对于争议焦点一，应当根据当事人具体权利义务及合同履行的实际情况予以界定。根据《进出口物流运输服务协议》约定，物流公司负责从交货地到电子公司工厂指定卸货点的全程运输，同时承担货物运输的安全、准时责任，显然与代为办理托运、通关等手续并收取代理佣金的货运代理合同相区别，且案涉航空货运单和发票明细载明的内容与双方合同约定内容并不相符，故电子公司与物流公司之间构成货物运输合同关系，物流公司为案涉货物全程运输的承运人和多式联运经营人。

对于争议焦点二，案涉设备损坏发生于物流公司负责的英国机场至电子公司工厂之间的运输过程，属于物流公司的运输责任期间，物流公司未按照约定安全运输案涉货物，已构成违约。物流公司有关电子公司方货物包装瑕疵及运输方式选择错误造成设备损失的抗辩，缺乏事实和法律依据。

对于争议焦点三，物流公司承运案涉设备，在运输责任期间发生损坏，且物流公司未能证明货物的毁损是因不可抗力、货物本身的自然性质或者合理损耗以及托运人、收货人的过错造成的，根据1999年《中华人民共和国合同法》第三百一十一条规定应当依约承担赔偿责任。关于赔偿范围，案涉《进出口物流运输服务协议》列举的“一切直接损失”的类别并非限制性列举，也包括了电子公司因货物损坏直接造成的全部直接损失数额，应视为双方的运输合同约定了物流公司违约赔偿无责任限额，故物流公司不能享受1999年《蒙特利尔公约》规定的责任限制，而是应当按照约定赔偿设备损坏造成的实际损失金额。保险运营中心的诉请金额低于案涉受损设备的实际损失金额，且在其赔付的保险金范围内，应当予以支持。

上海市浦东新区人民法院依照《最高人民法院关于适用〈中华人民共和国民法典〉时间效力的若干规定》第一条第二款，《中华人民共和国保险法》第六十条第一款，《中华人民共和国合同法》第六十条第一款、第一百零七条、第一百二十五条第一款、第二百八十八条、第三百一十一条、第三百一十七条，《统一国际航空运输某些规则的公约》第二十二条第三款、第二十五条，《最高人民法院关于适用〈中华人民共和国民事诉讼法〉的解释》第九十条规定，判决如下：

物流公司应于本判决生效之日起十日内赔偿保险运营中心损失人民币1024377.01元。

物流公司不服一审判决，提出上诉。

上海金融法院同意一审法院裁判意见，判决：

驳回上诉，维持原判。

【法官后语】

近年来，因国际航空货物运输引起的纠纷呈逐年上升的态势，付之诉讼以追究承运人责任的案件亦随之增加，而判断和识别承运人和货运代理人的身份则成为处理此类案件的前提和关键。在确定承运人法律地位的基础上，如何在1999年《蒙特利尔公约》的框架下对国际航空货物运输关系中承运人责任限制进行司法认定成为本案的审理难点。

私法自治又称意思自治，是指“私法主体依法享有在法定范围内广泛的行为自由，可以根据自己的意志产生、变更、消灭民事法律关系”，意思自治原则被奉为支配整个私法的“最高原则”。理论上，作为民事主体的航空运输合同当事人之间可以协议对承运人赔偿责任限制制度作出调整，但这种意思自治在《蒙特利尔公约》中是被限制的意思自治。从航空承运人责任制度价值取向的演进过程来看，二十世纪三十年代鉴于航空运输业属于资金和技术密集型行业且处于刚刚起步阶段，为激励新兴行业的发展，《华沙公约》中保护航空承运人的成分较多。随着航空制造、导航等技术水平的提升和航空经验的积累，早期的航空风险譬如天气灾害、技术故障等大多可以预见，航空运输的安全性大幅提高，航空公司亦逐渐采取责任保险、调整票价等方式将风险和成本转嫁，因此，在责任分配更加注重社会利益的今天，考虑到承运人较为明显的优势地位以及责任风险的日趋分散化等因素，《蒙特利尔公约》在维护承运人与消费者利益平衡的前提下，越来越注重对弱势群体——旅客和托运人利益的保护和倾斜。基于此，《蒙特利尔公约》规定旨在免除承运人责任或者降低责任限额的合同条款视为无效，同时明确承运人可以另行承诺高于公约规定的责任限额或者无责任限额。

通常情况下，国际航空货物运输关系中承运人依照《蒙特利尔公约》第二十二条第三款的规定确实享有在一定限额内对托运人承担赔偿责任的特殊权益。然而，《蒙特利尔公约》第二十五条亦明确：“承运人可以订定，运输合同适用高于本公约规定的责任限额，或者无责任限额。”该条款赋予了当事人通过另行约定的方式选择承运人承担责任范围的自主决定权，且意思自治原则内含了“自己责任”的要求，即民事主体需对自己行为的后果负责，承运人在运输合同中对更高责任限额或无责任限额的承诺可以视为其对自身权益的自愿放弃，并应承担由此导致的法律后果，即依约赔偿货物毁损、灭失造成的实际损失金额，而不受《蒙特利尔公约》框架下法定责任限额的限制。允许航空承运人承诺高于公约规定的责任限额或者无责任限额，这一制度规制使得托运人在货物发生毁损、灭失时拥有了获得更高额赔偿的可能，对承运人而言亦是通过自担更多风险摄取商业机会，增强企业竞争力以拓展市场的自主选择。

本案中，物流公司作为承运人能否享受《蒙特利尔公约》第二十二条第三款规定的责任限制成为确定赔偿金额的关键，并最终落脚于案涉《进出口物流运输服务协议》针对物流公司违约责任范围的具体约定。本案通过分析意思自治原则在《蒙特利尔公约》框架下的具体适用，为国际航空货物运输关系中承运人责任限制的司法认定提供了有益的参考思路，对于参与国际货运业务的市场主体亦起到行为规制与风险提示的作用。

编写人：上海市浦东新区人民法院　余韬　金璐

53

跨境民商事争议中对国际条约的合理适用

——保险公司诉运输公司保险人代位求偿权案

【案件基本信息】

1. 裁判书字号

广东省广州市中级人民法院（2022）粤01民终5586号民事判决书

2. 案由：保险人代位求偿权纠纷

3. 当事人

原告（被上诉人）：保险公司

被告（上诉人）：运输公司

【基本案情】

运输公司作为服务提供商，与医疗用品公司于2018年4月4日签订《冷链服务合同》，约定运输公司为医疗用品公司管理产品的运输事宜；运输公司应在协议期限内购买保险，其货物保险应作为主要保险，医疗用品公司可以向服务提供商或者直接向其保险公司进行追索等。合同中载明运输公司的地址为：比利时王国某地。《冷链服务合同》第11.1.1条约定，不论服务类型如何，除非本协议另有说明，否则服务提供商应按照《国际公路货物运输合同公约》（CMR公约）的规定承担责任。除非另有说明，否则所有其他责任均不包括在内。

后医疗用品公司购买案涉药品，并委托运输公司运输。根据《中华人民共和国海关进口货物报关单》，案涉货物的毛重为13573.08千克和15088.4千克，合计28661.48千克。上述货物在托运时未进行价值申报。

运输公司运输过程中未达到约定的储存条件要求，导致货损。医疗用品公司于2018年1月24日向运输公司出具《货损通知》。运输公司于2019年5月7日出具《对中国铁路运输投诉所做的事故报告》，承认运输案涉货物的集装箱在送往中国途中出现温度偏离，根本原因在于冷藏集装箱停电。

保险公司作为案涉货物运输的保险公司，向被保险人医疗用品公司支付了理赔款3033165.8元。保险公司遂向法院诉请运输公司赔偿其经济损失3033165.8元及利息。

法院于2021年1月19日按合同记载地址向运输公司邮寄了民事诉讼状、应诉通知书、开庭传票及保险公司提供的证据材料等，该邮件于2021年2月12日妥投。法院于2021年3月19日开庭审理本案，运输公司未到庭应诉。

【案件焦点】

1. 关于一审的送达和开庭程序是否不当；2. 关于保险公司的诉请是否已超过诉讼时效期间；3. 关于运输公司的责任认定。

【法院裁判要旨】

广东自由贸易区南沙片区人民法院经审理认为：运输公司于比利时王国注册登记成立，故本案为涉外保险人代位求偿纠纷。依据最密切联系原则，本案应适用中华人民共和国法律作为处理实体争议的准据法。运输公司经法院合法传唤，无正当理由未到庭参加诉讼，视为其放弃质证和抗辩的权利。运输公司负责运输案涉货物，因操作不当导致货损，其应承担履行运输义务不当所致的违约损害赔偿责任。保险公司北京分公司作为保险人，根据保险合同及公估报告的约定向被保险人赔付保险金 3033165. 8 元。保险公司已获得代位求偿权，可代位被保险人向运输公司行使赔偿请求权。运输公司未及时支付保险赔款，应向保险公司赔偿利息损失。

广东自由贸易区南沙片区人民法院依照《中华人民共和国保险法》第六十条第一款，《最高人民法院关于适用〈中华人民共和国保险法〉若干问题的解释（二）》第十六条第一款，《中华人民共和国民事诉讼法》第一百四十四条，《中华人民共和国涉外民事关系法律适用法》第四十一条及《最高人民法院关于适用〈中华人民共和国民事诉讼法〉的解释》第九十条、第五百二十二条的规定，判决如下：

一、运输公司于本判决发生法律效力之日起十日内向保险公司赔偿损失 3033165. 8 元；

二、运输公司于本判决发生法律效力之日起十日内向保险公司支付利息（以 3033165. 8 元为本金，自 2021 年 1 月 8 日起按照全国银行间同业拆借中心公布的同期一年期贷款市场报价利率计至付清之日止）；

三、驳回保险公司的其他诉讼请求。

运输公司不服一审判决，提起上诉。

广东省广州市中级人民法院经审理认为：根据《中华人民共和国涉外民事关系法律适用法》第十条的规定，虽然运输公司与医疗用品公司签订的《冷链服务合同》约定适用比利时王国实体法，但由于运输公司未能在法院指定的合理期限内提供本案所涉比利时王国法律，故可以认定为不能查明比利时王国法律，本案应适用中华人民共和国法律。

第一，关于一审的送达和开庭程序。我国和比利时王国均已加入《关于向国外送达民事或商事司法文书和司法外文书公约》，根据该公约第十条第一项的规定，“如送达目的地国不表异议，本公约不妨碍通过邮寄途径直接向身在国外的人送交司法文书的自由”。根据《最高人民法院关于适用〈中华人民共和国民事诉讼法〉的解释》第五百三十四条（2022年修正前为第五百三十六条）第一款、第二款的规定，一审法院通过邮寄方式直接向住所地位于比利时王国的运输公司送达民事诉讼状、开庭传票等司法文书，并无不当；该邮件于2021年2月12日妥投，可以认定相关司法文书已于该日送达运输公司。一审法院于2021年3月19日开庭审理本案，程序合法。一审程序中运输公司在收到起诉状副本后有三十日的答辩时间，其未到庭应诉应视为其对自身诉讼权利的放弃。

第二，关于本案的诉讼时效。根据《最高人民法院关于审理民事案件适用诉讼时效制度若干问题的规定》第三条第一款的规定：“当事人在一审期间未提出诉讼时效抗辩，在二审期间提出的，人民法院不予支持，但其基于新的证据能够证明对方当事人的请求权已过诉讼时效期间的情形除外。”首先，运输公司在二审期间提交的CMR公约文本并不属于新的证据。其次，诉讼时效制度具有法定性，当事人不能通过约定适用与我国法律规定不一致的诉讼时效期间。依照我国法律规定本案诉讼时效期间应为三年，运输公司以我国并未加入的CMR公约的规定为由上诉主张本案适用一年的诉讼时效期间，不予采纳。最后，根据《最高人民法院关于适用〈中华人民共和国保险法〉若干问题的解释（二）》第十六条第二款的规定：“根据保险法第六十条第一款的规定，保险人代位求偿权的诉讼时效期间应自其取得代位求偿权之日起算。”保险公司于2019年1月25日支付保险金取得代位求偿权，本案诉讼时效期间应从该日起算，故保险公司于2021年1月8日提起本案诉讼，并未超过法定诉讼时效期间。因此，前述司法解释规定的除外情形并不存在，运输公司在一审期间未提出诉讼时效抗辩，在二审期间提出，不予支持。

第三，关于运输公司的责任认定。运输公司未能确保案涉货物的运输温度要求导致货物全损，应根据《冷链服务合同》的约定向医疗用品公司承担违约责任。根据《最高人民法院关于适用〈中华人民共和国涉外民事关系法律适用法〉若干问题的解释（一）》第七条的规定，案涉《冷链服务合同》约定“服务提供商应按照 CMR 公约的规定承担责任”，虽然我国并未加入 CMR 公约，但在不违反我国社会公共利益或法律、行政法规强制性规定的情况下，仍可根据该公约的内容确定运输公司应向医疗用品公司承担的责任。根据 CMR 公约第二十三条第一款、第三款、第六款、第七款的规定，在保险公司没有证据证明发货人在运单上申报了货物价值的情况下，运输公司的责任限额为损失货物毛重每公斤 8.33 特别提款权；根据国际货币基金组织公布的本判决之日（2022 年 10 月 21 日）的兑换比率，1 特别提款权兑换 9.22424 人民币，故运输公司应向医疗用品公司赔偿的限额为 28661.48×8.33×9.22424＝2202288.48 元人民币。

综上所述，运输公司的上诉请求部分成立。

广东省广州市中级人民法院依照《中华人民共和国保险法》第六十条，《最高人民法院关于适用〈中华人民共和国保险法〉若干问题的解释（四）》第七条，《中华人民共和国涉外民事关系法律适用法》第十条，《最高人民法院关于适用〈中华人民共和国涉外民事关系法律适用法〉若干问题的解释（一）》第七条、第十五条，《中华人民共和国民事诉讼法》第一百七十七条第一款第二项之规定，判决如下：

一、撤销一审民事判决第三项；

二、变更一审民事判决第一项为：运输公司于本判决发生法律效力之日起十日内向保险公司赔偿损失 2202288.48 元人民币；

三、变更一审民事判决第二项为：运输公司于本判决发生法律效力之日起十日内向保险公司支付利息（以 2202288.48 元人民币为本金，自 2021 年 1 月 8 日起按照全国银行间同业拆借中心公布的同期一年期贷款市场报价利率计至付清之日止）；

四、驳回保险公司的其他诉讼请求。

【法官后语】

本案为我国外商独资企业与比利时王国公司之间的跨境民商事纠纷。法院在审理案件过程中重视国际法规则，积极适用国际条约，致力于实现裁判的程序公正和实体正义，增强了司法的国际公信力。

一、条约必须信守：跨境民商事争议中对国际条约的优先适用

国际条约作为国际法的主要渊源之一，是中国特色社会主义法律体系的重要组成部分。国际条约优先适用原则在我国的法律体系中最早由1986年颁布的《中华人民共和国民法通则》第一百四十二条第二款所规定："中华人民共和国缔结或参加的国际条约同中华人民共和国的民事法律有不同规定的，适用国际条约的规定，但中华人民共和国声明保留的条款除外。"2017年颁布的《中华人民共和国民法总则》和2020年颁布的《中华人民共和国民法典》无类似于上述条款的规定。但《中华人民共和国民事诉讼法》第二百七十一条仍有规定："中华人民共和国缔结或者参加的国际条约同本法有不同规定的，适用该国际条约的规定，但中华人民共和国声明保留的条款除外。"同时《中华人民共和国票据法》第九十五条第一款、《中华人民共和国海商法》第二百六十八条第一款和《中华人民共和国民用航空法》第一百八十四条第一款仍有着类似的规定，确认了国际条约在国内法上的效力。

而在司法实践中，在最高人民法院发布的司法解释、司法文件、司法政策的指引下，人民法院长期以来对民商事国际条约采取直接适用的理念。[①] 人民法院在跨境民商事争议中积极适用对我国生效的国际条约，是践行条约必须信守基本原则的体现。

本案中，二审判决对运输公司对一审送达程序的异议作出回应时，直接适用了我国和该公司所在比利时王国均已加入的《关于向国外送达民事或商事司

---

① 沈红雨：《中国法院适用国际条约的实践——以跨境民商事争议为视角》，载武汉大学国际法研究所微信公众号，2021年11月22日发布，2024年4月12日访问。

法文书和司法外文书公约》的规定，结合《中华人民共和国民事诉讼法》的相关规定进行说理，认定在比利时王国对邮寄送达不表异议的情况下，法院可以通过邮寄方式向运输公司送达诉讼文书，该公司签收了邮件即视为送达，即使其未在送达回证上签收。主动适用国际条约，对国内法与国际条约作统一解释，增强了司法程序的国际公信力。

二、当事人意思自治：跨境民商事争议中对未生效国际条约的适用

在当事人意思自治原则下，当事人往往被允许选择涉外民商事关系适用的法律。例如，《中华人民共和国涉外民事关系法律适用法》第三条规定："当事人依照法律规定可以明示选择涉外民事关系适用的法律。"而当事人对国际条约的选择适用，其性质却存在两种观点。一种观点认为，当事人选择的国际条约成为涉外民事法律关系的准据法；另一种观点认为，当事人选择的国际条约成为合同的内容。[①]《最高人民法院关于适用〈中华人民共和国涉外民事关系法律适用法〉若干问题的解释（一）》（以下简称涉外民事关系法律适用法司法解释）第七条明确规定："当事人在合同中援引尚未对中华人民共和国生效的国际条约的，人民法院可以根据该国际条约的内容确定当事人之间的权利义务，但违反中华人民共和国社会公共利益或中华人民共和国法律、行政法规强制性规定的除外。"这一规定明确了当事人在合同中援引未生效国际条约的性质即为合同内容。

本案中，当事人在案涉合同中约定"服务提供商应按照《国际公路货物运输合同公约》（CMR 公约）的规定承担责任"。虽然我国并未加入 CMR 公约，但在不违反我国社会公共利益和法律、行政法规的强制性规定的情况下，应依据该公约的内容确定运输公司应向医疗用品公司承担的责任。而不能仅以 CMR 公约未对我国生效为由，无视该公约的规定。

而将未对我国生效的 CMR 公约定性为合同内容，则其应视为法律事实，需要当事人主张并举证。对此运输公司提交了 CMR 公约的英文文本和中文翻译文本，保险公司虽对运输公司提交的公约文本提出异议，却未能举出相反的证据

---

① 李旺：《当事人意思自治与国际条约的适用》，载《清华法学》2017 年第 4 期。

予以反驳，故法院对保险公司全盘推翻运输公司提交的公约文本的异议不予采纳，但法官仍在运输公司提交的公约文本的基础上，细致考量了保险公司对公约中文翻译文本中个别细节的异议，如计算赔偿责任限额的货物重量是净重还是毛重，通过充分听取双方当事人的意见、中英文本对照、第三方版本对比等方式，让当事人对相关的公约规定内容达成共识，以此为基础界定当事人的权利义务，增强了生效判决的说服力。

三、公共秩序保留：跨境民商事争议中对国际条约的排除适用

所谓“公共秩序”，在普通法中是指法院不能执行一个其履行会与社会、法律、道德的基本原则相抵触或与社会重大利益相违背的契约；在罗马法中还指那些不能被当事人通过约定而加以排除的具有直接适用效力的法律。[①] 而在国际条约国内适用中的公共秩序保留制度，具有上述两个方面的含义，既具有排除国际条约适用的否定或防范作用，又具有直接适用国内法中强制性规范的肯定作用。

对我国生效的国际条约，在条约的签署和批准流程中必然会考查该条约中有无条款与我国的社会、法律、道德的基本原则相抵触或与国家、社会的重大利益相违背，进而作出保留声明。法官在适用生效国际条约时往往只需注意排除适用我国声明保留的条款即可。但对我国未生效的国际条约，法官在依据其内容确定合同当事人的权利义务时，根据前述涉外民事关系法律适用法司法解释第七条的规定，需特别考量条约内容是否违反我国社会公共利益或我国法律、行政法规强制性规定，这是公共秩序保留制度的应有之义。

本案中，虽然案涉合同约定运输公司按照CMR公约的规定承担责任，但运输公司以CMR公约的规定为由主张本案应适用一年的诉讼时效期间，而依据我国法律规定本案的诉讼时效期间应为三年，当事人的约定不能违背诉讼时效制

① 韩德培主编：《国际私法》，高等教育出版社、北京大学出版社2000年版，第141页。

度的法定性,[①] 当事人不能通过约定适用与我国法律规定不一致的诉讼时效期间，故CMR公约中关于诉讼时效的与我国法律规定不一致的条款应排除适用，运输公司关于本案诉讼时效期间为一年的主张不应采纳，认定本案的诉讼时效期间应直接适用我国法律的相关规定。

综上，在跨境民商事争议中适用国际条约，在司法中践行条约必须信守的国际法基本原则，在遵循当事人意思自治原则与公共秩序保留之间合理取舍，考验着司法者定分止争的智慧与担当。

编写人：广东省广州市中级人民法院　宁建文

54

被保险人未履行危险程度显著增加的通知义务，保险人依法不承担保险金赔偿责任

——甲保险公司诉刘某、乙保险公司保险人代位求偿权案

【案件基本信息】

1. 裁判书字号

浙江省嘉兴市中级人民法院（2022）浙04民终441号民事判决书

2. 案由：保险人代位求偿权纠纷

3. 当事人

原告（被上诉人）：甲保险公司

被告（上诉人）：乙保险公司

---

① 《中华人民共和国民法典》第一百九十七条规定："诉讼时效的期间、计算方法以及中止、中断的事由由法律规定，当事人约定无效。当事人对诉讼时效利益的预先放弃无效。"该规定与涉案合同签订时有效的《中华人民共和国民法总则》第一百九十七条的规定一致。

被告（被上诉人）：刘某

【基本案情】

2019年10月10日，刘某驾驶的浙F×号车辆与案外人朱某甲驾驶的浙A×号车辆发生碰撞，致车辆损坏、浙F×号车上三乘客受伤的交通事故。经交警部门事故认定，刘某负事故主要责任，朱某甲负事故次要责任，三名乘客无责任。浙A×号车辆所有人朱某甲在甲保险公司处投保机动车损失险（保险金额为971500元）等，事故发生在保险期间内。该车经维修产生修理费290000元，另产生拖车费600元。甲保险公司经定损确定车辆维修费为290000元，施救费为600元，并向朱某甲支付了上述费用。现甲保险公司诉请刘某向其支付保险垫付款204020，乙保险公司在保险责任范围内承担责任。

浙F×号车辆的所有人为刘某，该车在乙保险公司处投保机动车第三者责任保险（保险金额为1000000元）等，投保单载明的机动车使用性质为家庭自用，事故发生在保险期间内。事发时刘某正从事网约车服务，2019年8月至10月浙F×号车辆共在滴滴平台上接了310单。乙保险公司认为浙F×号车辆从事营运活动，客观上使保险标的的危险程度显著增加，刘某未向其告知该情况，根据《中华人民共和国保险法》第五十二条的规定，对于浙F×号车辆从事营运活动导致的损失，其不承担保险金赔偿责任。

【案件焦点】

保险标的的用途改变且危险程度持续增加，刘某未履行《保险法》第五十二条规定的通知义务，保险人能否直接援引该条规定，主张对危险程度显著增加导致的保险事故不承担赔偿责任。

【法院裁判要旨】

浙江省海盐县人民法院经审理认为：案涉投保单及《投保人声明》均非刘某本人签名，乙保险公司未能提供证据证明已交付保险条款，并将限制或免除保险人责任条款以合理方式作出提示，故其免赔抗辩不成立。

浙江省海盐县人民法院依照《中华人民共和国保险法》第十七条、第五十二条、第六十条第一款，《最高人民法院关于适用〈中华人民共和国民法典〉时间效力的若干规定》第一条第二款，《中华人民共和国民事诉讼法》第一百四十四条规定，判决如下：

一、乙保险公司应支付甲保险公司赔偿款204020元，于本判决生效之日起十日内付清；

二、驳回甲保险公司的其他诉讼请求。

乙保险公司不服一审判决，提起上诉。

浙江省嘉兴市中级人民法院经审理认为：乙保险公司主张免赔系依据《保险法》第五十二条，该条规定属于保险法中对于保险合同双方权利义务的法定配置。该条规定与法律法规中的禁止性规定不同，并非需要列入免责条款中方具有免除保险人赔偿责任的效果，只要被保险人的行为符合该条款的规定，无须尽到提示及明确说明义务保险人即可免责。刘某驾驶的被保险车辆在事发前三个月内在滴滴平台上接了310单，本次事故也发生在其接单运行过程中，故刘某的行为符合《保险法》第五十二条规定的保险标的的危险程度显著增加并产生了保险事故。刘某未履行通知义务，故乙保险公司依法有权主张不承担赔偿责任。

浙江省嘉兴市中级人民法院依照《中华人民共和国保险法》第五十二条、第六十条第一款，《最高人民法院关于适用〈中华人民共和国保险法〉若干问题的解释（四）》第四条第一款，《中华人民共和国民事诉讼法》第一百七十七条第一款第二项规定，判决如下：

一、撤销一审民事判决；

二、刘某于本判决生效之日起十日内支付甲保险公司赔偿款204020元；

三、驳回甲保险公司本案的其余诉讼请求。

【法官后语】

一、《中华人民共和国保险法》第五十二条与保险合同免责条款的区别

保险合同系典型的附合合同，合同条款由保险人预先单方拟定，投保人通

常情况下并无协商余地，只能选择接受与否，故为矫正保险合同双方在缔约时的实质不平等，《中华人民共和国保险法》通过确立订入规则对保险条款进行规制。该规则要求保险人对其主张免责的事由需以免责条款的形式订入保险条款中，予以提示并明确说明，否则不产生效力。《中华人民共和国保险法》第十七条第二款和《最高人民法院关于适用〈中华人民共和国保险法〉若干问题的解释（二）》第十条关于免除保险人责任条款的规定，就是以订入规则为落脚点，体现的是对保险关系的第一次矫正功能。

一般而言，保险人承保风险的范围应当是在缔约后即可确定的，然而现实中多有保险标的的风险在合同履行过程中超出了合同约定范围的情况，对此沿用订入规则显然难以继续有效规制，只能通过立法专门就此进行规范，有鉴于此，方有《中华人民共和国保险法》第五十二条的特别规定。该条重在解决保险合同履行过程中，因被保险人的不当行为致使保险标的出险风险超出缔约时的合意范围，进而造成损害发生的责任承担问题，实现了《中华人民共和国保险法》内的第二次矫正功能。该条属于保险人的法定免赔情形，只要被保险人的行为符合该条款的规定，即依法产生保险人免责的法律后果，无须保险人尽到提示及明确说明义务。

二、《中华人民共和国保险法》第五十二条的适用条件

（一）保险标的的危险程度显著增加

审判实践中需要综合考量《最高人民法院关于适用〈中华人民共和国保险法〉若干问题的解释（四）》第四条规定的风险增加相关的常见因素，看各种因素相互作用是否足以导致危险程度显著增加。

危险程度显著增加，须具备重要性、持续性、不可预见性三个要件。[①] 所谓重要性，即危险状态应达到重要程度，足以影响保险人决定是否同意承保或者增加保险费。“所谓持续性，即保险契约订立后，原危险状况因某种特定情事之

① 参见最高人民法院民事审判第二庭编著：《最高人民法院关于保险法司法解释（四）理解与适用》，人民法院出版社2018年版，第82页。

发生而变换成另一新的状况，且此新发生之状况继续不变地持续一段时间。”① 所谓不可预见性，“即危险状况之改变须订约当时所未曾预料而未予估计者，若其危险状况已经计算在内，则不影响对价平衡，故非属此所谓之危险增加”。②

刘某以家庭自用的性质为浙F×号车辆投保，然而2019年8月至10月该车共在网约车服务平台上接了310单，10月10日案涉交通事故发生时，刘某正在从事网约车服务。可见刘某改变了保险标的的用途且危险程度持续增加，构成“危险程度显著增加”。

（二）被保险人未履行通知义务

保险标的的危险程度显著增加的，被保险人应当按照合同约定及时通知保险人。如果保险合同中约定了通知义务的履行时间和方式，那么应按约履行。如果未约定，被保险人应遵循最大诚信原则，在发现危险程度显著增加的合理期间内，以书面、口头或其他形式通知到保险人。本案中，显然刘某并未及时通知保险人。

（三）危险程度显著增加与保险事故发生存在因果关系

审判实践中应遵循近因原则来确定保险人是否承担保险责任。当保险标的的损失是唯一原因所致时，该原因即为近因；当该损失是多种原因所致时，其中具有决定作用的原因才是近因。刘某是在从事网约车服务期间发生交通事故，可见危险程度显著增加是保险事故发生的近因，二者存在因果关系。

综上，本案符合《中华人民共和国保险法》第五十二条规定的情形，保险人可直接援引此规定主张不承担赔偿保险金的责任，而无须考量保险人是否将被保险人未履行危险增加通知义务列为免责条款，并尽到提示和明确说明义务。审判实践中遇到此类案件，正确适用《中华人民共和国保险法》第五十二条的规定，与“公正”“诚信”的社会主义核心价值观相符。

编写人：浙江省嘉兴市中级人民法院　石明洁　谢蔚然

① 参见最高人民法院民事审判第二庭编著：《最高人民法院关于保险法司法解释（四）理解与适用》，人民法院出版社2018年版，第82页。

② 江朝国：《保险法基础理论》，中国政法大学出版社2002年版，第244页。

55

因第三者的违约行为给保险标的造成损害，保险人由此依法向第三者行使代位求偿权的，法院应予支持

——保险公司诉消防集团保险人代位求偿权案

【案件基本信息】

1. 裁判书字号

新疆生产建设兵团第二师中级人民法院（2022）兵02民终130号民事判决书

2. 案由：保险人代位求偿权纠纷

3. 当事人

原告（上诉人）：保险公司

被告（被上诉人）：消防集团

【基本案情】

2021年4月4日19时许，消防集团将案涉工程中的吊顶部分的工程转包给了张某甲，张某甲雇用了马某甲。2021年4月4日19时许，马某甲用50厘米宽的轻钢龙骨清理纺织公司3A气流纺车间石膏吊顶上的废棉时碰到电线，导致电线打火引发火灾，造成机器设备气流纺机及其流动资产皮棉、成品（纱）过火受损。消防管理大队出具了火灾事故认定书。第三人纺织公司在保险公司处投保了机器设备及流动资产财产综合保险，经保险公司与纺织公司共同委托公估公司公估后，机器设备气流纺机因火灾造成损失750000元，流动资产皮棉、成品（纱）的损失为15000元，共计765000元。根据《中华人民共和国保险法》第六十五条的规定及所投保的《财产综合保险》条款第三十六条约定，第三人纺织公司向保险公司提出索赔申请，要求保险公司先行支付765000

元理赔款后取得向消防集团追偿的权益。保险公司已将765000元支付给纺织公司，获得了相应追偿权。现保险公司要求消防集团赔偿765000元，并承担诉讼费等相关费用。

【案件焦点】

1. 案涉公估报告能否作为定案依据；2. 消防集团应否向保险公司赔偿765000元。

【法院裁判要旨】

新疆生产建设兵团库尔勒垦区人民法院经审理认为：根据《中华人民共和国保险法》第六十条之规定，保险人的代位求偿权是指保险人依法享有的，代位行使被保险人向造成保险标的损害负有赔偿责任的第三者请求赔偿的权利。本案中，由于消防管理大队火灾事故认定书未明确造成线路短路的责任方，保险公司提交的证据不足以证明消防集团的施工行为与火灾的发生存在因果关系。保险公司对纺织公司的赔付属正常的保险出险，故对保险公司要求消防集团赔偿765000元的诉讼请求，法院不予支持。

新疆生产建设兵团库尔勒垦区人民法院依照《中华人民共和国保险法》第六十条、《中华人民共和国民事诉讼法》第六十七条第一款、《最高人民法院关于适用〈中华人民共和国民事诉讼法〉的解释》第九十条规定，判决如下：

驳回保险公司的诉讼请求。

保险公司不服一审判决，提起上诉。

新疆生产建设兵团第二师中级人民法院经审理认为：保险公司的诉讼请求是基于保险公司与纺织公司签订的《财产综合保险合同》，依据《中华人民共和国保险法》第六十条规定的代位追偿权而提起，因此本案的案由应为保险人代位求偿权纠纷。根据双方当事人的诉辩主张，本案的争议焦点是：案涉公估报告能否作为定案依据；消防集团应否向保险公司赔偿765000元。围绕上述内容，分析如下：

一、关于案涉公估报告能否作为定案依据的问题

案涉事故发生后，保险公司委托公估公司对火灾损失进行评估。公估公司于 2021 年 4 月 19 日接受委托后，派员前往出险现场勘查，对生产线进行现场组装，并开机测试。公估公司依据现场勘查结果及相关材料，对损失进行核定，按保险理算原则作出公估报告。消防集团主张公估公司做出的公估报告不能作为定案依据。根据《最高人民法院关于适用〈中华人民共和国民事诉讼法〉的解释》第九十条“当事人对自己提出的诉讼请求所依据的事实或者反驳对方诉讼请求所依据的事实，应当提供证据加以证明，但法律另有规定的除外。在作出判决前，当事人未能提供证据或者证据不足以证明其事实主张的，由负有举证证明责任的当事人承担不利的后果”的规定，消防集团未提交相关证据证明本案存在案涉公估公司不具备相应资质、公估程序违法、公估报告明显依据不足的相关情形，故本院对消防集团的该项上诉请求不予采纳。

二、关于消防集团应否向保险公司赔偿 765000 元的问题

《中华人民共和国民法典》第五百七十七条规定：“当事人一方不履行合同义务或者履行合同义务不符合约定的，应当承担继续履行、采取补救措施或者赔偿损失等违约责任。”本案中，纺织公司与消防集团于 2021 年 1 月 25 日签订的《消防工程施工合同》约定：由消防集团为纺织公司进行消防工程施工；消防集团向纺织公司保证消防集团具有承揽本合同项下工程的合法资质，并将以自己拥有的资质和技术及其他资源履行本合同；消防集团应按照有关规定采取严格的防护措施，承担施工过程中由于安全措施不力造成的事故和因此发生的费用。消防集团作为《消防工程施工合同》的相对人，应按照合同的约定，履行合同义务，不得将案涉工程分包给不具备资质的主体，并对工程施工过程由于安全措施不力引发的火灾，承担违约责任。

双方当事人对马某甲用 50 厘米宽的轻钢龙骨清理纺织公司 3A 气流纺车间石膏吊顶上的废棉时碰到电线，导致电线打火引发此次火灾的事实均无异议，本院予以确认。消防集团辩称，事故发生时的施工人员马某甲、王某系张某甲雇用，上述三人并非消防集团的工作人员，消防集团不应承担赔偿责任。消防

集团在二审中陈述：消防集团将该工程中的吊顶部分的工程分包给了张某甲，张某甲雇用了马某甲。即便存在消防集团将案涉工程分包的事实，因马某甲操作不当引发火灾造成纺织公司的财产损失，根据《中华人民共和国民法典》第五百九十三条“当事人一方因第三人的原因造成违约的，应当依法向对方承担违约责任。当事人一方和第三人之间的纠纷，依照法律规定或者按照约定处理”的规定，也应由合同相对人消防集团承担。消防集团主张不应承担赔偿责任的辩解意见，法院不予支持。

《中华人民共和国保险法》第六十条第一款规定：“因第三者对保险标的的损害而造成保险事故的，保险人自向被保险人赔偿保险金之日起，在赔偿金额范围内代位行使被保险人对第三者请求赔偿的权利。”《最高人民法院关于适用〈中华人民共和国保险法〉若干问题的解释（四）》第七条规定：“保险人依照保险法第六十条的规定，主张代位行使被保险人因第三者侵权或者违约等享有的请求赔偿的权利的，人民法院应予支持。”本案中，保险公司根据保险合同已向纺织公司赔偿765000元，保险公司主张消防集团支付765000元的上诉请求，符合上述法律规定，法院予以支持。

新疆生产建设兵团第二师中级人民法院依照《中华人民共和国民法典》第五百七十七条、第五百九十三条，《中华人民共和国保险法》第六十条第一款，《中华人民共和国民事诉讼法》第一百七十七条第一款第二项规定，判决如下：

一、撤销一审民事判决；

二、消防集团于本判决生效后三日内向保险公司支付765000元。

【法官后语】

代位求偿权是为贯彻保险补偿原则而设立的一项制度。在保险损失是由第三人造成的情况下，被保险人除向保险人索赔损失外，还可以要求第三人承担责任，因此，存在获得超过其损失的补偿的可能。代位求偿权的目的即在于防止被保险人可能获得的过量补偿，从而减少诱发“道德风险”的可能。

一、保险人行使代位求偿权的名义

关于代位求偿权究竟应当以谁的名义行使，存在不同观点：一是以被保险人的名义行使，因为其产生于被保险人的损害赔偿请求权；二是以保险人的名义行使，因为该权利已经移转给保险人，故应以保险人的名义行使；三是既可以被保险人的名义行使，也可以保险人的名义行使。我国现行立法没有对此作出规定，笔者认为，保险人应当以自己的名义行使代位求偿权，主要理由在于：第一，《中华人民共和国保险法》第六十条第一款规定："因第三者对保险标的的损害而造成保险事故的，保险人自向被保险人赔偿保险金之日起，在赔偿金额范围内代位行使被保险人对第三者请求赔偿的权利。"从该规定来看，该规定将代位求偿权规定为保险人的权利，因此，保险人可以自己的名义行使代位求偿权。第二，如果以被代位人的名义行使，必须获得被代位人的特别授权，这将会对该权利的行使徒增许多障碍。一般认为，代位求偿权在性质上属于被保险人的损害赔偿请求权的法定移转，在保险人对投保人进行保险金的赔付后，该债权就发生转移，此时保险人已经取得了对第三人的债权人地位，保险人作为债权人可以自己的名义行使权利。第三，从我国司法实践来看，大多倾向于采用保险人名义说。代位求偿权以保险人的名义行使，已经成为我国司法实践中的有益经验，应当予以保留。

二、保险代位求偿权的行使对象

保险代位求偿权行使的对象应当是加害人，即造成被保险人财产损失的第三人。保险事故发生后，被保险人既可以向第三人主张赔偿责任，也有权要求保险人先予赔付。如果被保险人直接请求保险人赔偿，依据保险合同的约定，保险人应当先予赔偿。在保险人承担赔付责任之后，依据《中华人民共和国保险法》第六十条的规定，保险人依法取得被保险人对第三人请求赔偿的权利，其在赔付的范围内可以向第三人进行追偿。在保险人向第三人追偿时，被保险人负有一定的协助义务。例如，被保险人应当将事故责任认定证明书、医疗费用单据等资料交付给保险人，以便保险人顺利行使代位求偿权。

三、被保险人损害赔偿请求权的优先性

如果保险人向被保险人支付的保险金足以填补被保险人的损害时，被保险人的求偿权即因法律规定转化为保险人的代位求偿权，不会产生二者并存的情形。但如果保险人仅赔付了保险标的的部分损失，则会产生被保险人的求偿权与保险人的代位求偿权同时存在的现象，在此情形下，如何确立两项权利的优先顺位？例如，第三人造成被保险人20万元的财产损失，保险人在保险金额内赔偿了10万元保险金，因此，被保险人对第三人还享有10万元的损害赔偿请求权。当该第三人只有10万元责任财产时，保险人与被保险人的权利何者优先？对此，我国立法并没有作出规定。一般认为，被保险人的求偿权应当具有优先于保险人代位求偿权的效力，其主要原因在于：被保险人的求偿权是保险人代位求偿权产生的基础和行使的前提，保险的目的即在于填补被保险人的损害，在被保险人的求偿权与保险人的代位求偿权发生一定冲突时，应当优先保护被保险人损害赔偿请求权的实现。

四、被保险人的不作为义务和协助义务

被保险人的不作为义务，是指被保险人不得实施损害保险人代位求偿权行使的义务，如不得隐匿、毁灭证据，不得与第三人恶意串通，损害被保险人的代位求偿利益，或者擅自免除、放弃对第三人的损害赔偿请求权。笔者认为，在保险人向被保险人赔付保险金前，被保险人放弃其对第三人的损害赔偿请求权的，则保险人不再承担赔付保险金的责任；在保险人足额赔付保险金后，其已经取得了代位求偿权，被保险人对第三人的损害赔偿请求权已经依法移转给保险人，被保险人放弃其损害赔偿请求权的，该放弃行为无效。

在保险人向第三人行使代位求偿权时，被保险人应当负有一定的协助义务，该义务是指被保险人应向保险人提供证明保险事故发生时间、性质、损失程度、与第三人的关系、第三人责任的有无或大小等相关证据，对保险人就代位求偿权的有关事实的询问作出如实回答。《中华人民共和国保险法》第六十三条规定："保险人向第三者行使代位请求赔偿的权利时，被保险人应当向保险人提供必要的文件和所知道的有关情况。"该条规定了在保险人向第三人行使代位求偿权时被保险人的协助义务。被保险人的协助义务主要包括以下两个方面：一是向保险人交付相关的文件，如保险标的权利凭证及相关的文件，以便保险人向第三人主张权利。二是向保险人如实陈述与保险事故相关的情况，以便保险人确定第三人的责任范围。

五、保险人代位求偿权的放弃

代位求偿权是一种债权，保险人可以放弃或者转让该种权利。保险人放弃其代位求偿权的，应当向第三人作出明确的意思表示，而不能只是向被保险人作出。因为该权利直接存在于保险人和第三人之间，所以，只有保险人向第三人作出放弃该权利的意思表示，该放弃行为才能生效。保险人自愿赔付保险金或者放弃其要求被保险人进行协助的权利，不能认为是放弃了代位求偿权。

六、保险人代位求偿权行使对象的限制

“近亲属”与“家庭成员”在我国的法律、法规和司法解释中均有使用，二者有密切的联系，但内涵和外延不完全一致。《中华人民共和国保险法》第三十一条和第三十九条用了“近亲属”的概念，第三十一条同时还用了“家庭其他成员”。第六十二条未用“近亲属”而用“家庭成员”，其中的区分值得注意。《中华人民共和国民法典》第一千零四十五条规定，近亲属，包括配偶、父母、子女、兄弟姐妹、祖父母、外祖父母、孙子女、外孙子女。配偶、父母、子女和其他共同生活的近亲属为家庭成员。

对《中华人民共和国保险法》中的家庭成员作出扩大解释，即家庭成员应该包括三部分人：一是长期共同居住、有共同家庭财产的亲属。二是非共同居住，但是有抚养关系的人。按照《中华人民共和国婚姻法》第二十八条、第二十九条的规定，有法定抚养关系的亲属也是近亲属。有遗赠扶养协议关系的非亲属间也有抚养关系。三是既非共同居住，也没有抚养关系的近亲属。

综合本案，纺织公司与消防集团签订《消防工程施工合同》。消防集团将该工程中的吊顶部分的工程分包给了张某甲，张某甲雇用了马某甲。马某甲用50厘米宽的轻钢龙骨清理纺织公司3A气流纺车间石膏吊顶上的废棉时碰到电线，导致电线打火引发此次火灾，造成纺织公司的财产损失，根据《中华人民共和国民法典》第五百九十三条“当事人一方因第三人的原因造成违约的，应当依法向对方承担违约责任。当事人一方和第三人之间的纠纷，依照法律规定或者按照约定处理”的规定，也应由合同相对人消防集团承担。《中华人民共和国保险法》第六十条第一款规定："因第三者对保险标的的损害而造成保险事故的，保险人自向被保险人赔偿保险金之日起，在赔偿金额范围内代位行使被保险人对第三者请求赔偿的权利。"《最高人民法院关于适用〈中华人民共和国保险法〉若干问题的解释（四）》第七条规定："保险人依照保险法第六十条的规定，主张代位行使被保险人因第三者侵权或者违约等享有的请求赔偿的权利的，人民法院应予支持。"本案中，保险公司根据保险合同已向纺织公司赔偿76.5万元，保险公司主张消防集团支付76.5万元的上诉请求，符合上述法律规定，应当予以支持。

编写人：新疆生产建设兵团第二师中级人民法院　盛云华

56

机动车与非机动车发生交通事故，保险人代位求偿权是否应予支持

——保险公司诉胡某保险人代位求偿权案

【案件基本信息】

1. 裁判书字号

河北省邢台市中级人民法院（2021）冀05民终2784号民事判决书

2. 案由：保险人代位求偿权纠纷

3. 当事人

原告（上诉人）：保险公司

被告（被上诉人）：胡某

【基本案情】

2020年8月30日14时20分，赵某驾驶小型普通客车，沿迎宾路由西向东

行驶至晨光大街交叉口时，与由北向南骑行电动自行车的胡某碰撞，致胡某受伤，赵某所驾驶车辆损坏的交通事故。对此，交通警察大队作出道路交通事故认定书，认定机动车驾驶人赵某、非机动车骑行者胡某均负事故同等责任。涉案机动车在保险公司投保一份交强险和商业险，其中车辆损失险限额为200000元，含不计免赔，保险期间自2020年8月23日起至2021年8月23日止。事故发生后，涉案机动车在4S店进行维修，产生维修费共计20980元，保险公司已向维修单位支付了上述维修费用。

【案件焦点】

对于非机动车一方，保险人代位求偿权是否成立。

【法院裁判要旨】

河北省威县人民法院经审理认为：关于胡某所骑的电动自行车是否为非机动车的问题，本次交通事故已由交通警察大队作出的事故认定书予以认定责任，该事故认定书中依据非机动车的相关条例对胡某进行定责，已将其驾驶的电动自行车认定为非机动车。在上述事故认定书作出后，当事人均未在事故认定书规定的期间内提出书面复核申请，且保险公司在向涉案机动车车主理赔时并没有以事故认定书中认定胡某所骑电动自行车为非机动车为由提出异议，视为保险公司认可胡某所骑电动自行车为非机动车。故，对于保险公司要求对胡某驾驶的电动车性质进行鉴定的申请，法院不予准许，并认定本案被告胡某所骑的电动自行车应为非机动车。

关于保险公司的保险人代位求偿权是否成立的问题，法院认为本案基础法律关系是因交通事故产生的损害赔偿纠纷，依法应当适用道路交通安全法的有关规定。《中华人民共和国道路交通安全法》第七十六条第一款第二项规定："机动车与非机动车驾驶人、行人之间发生交通事故，非机动车驾驶人、行人没有过错的，由机动车一方承担赔偿责任；有证据证明非机动车驾驶人、行人有过错的，根据过错程度适当减轻机动车一方的赔偿责任；机动车一方没有过错的，承担不超过百分之十的赔偿责任。"由上述规定可知，机动车与非机动车驾驶人之间发生交通事故，由机动车一方承担无过错责任，非机动车驾驶人有过错的，只是根据过错程度适当减轻机动车一方的赔偿责任。对于机动车与非机动车驾驶人、行人之间发生交通事故，就机动车一方产生的机动车辆财产损失，法律没有明确规定非机动车驾驶人须根据自己的过错赔偿机动车一方的车辆损失。保险人代位求偿权是基于被保险人享有的向第三者请求赔偿的法定权利。本案中，保险公司的保险人代位求偿权没有前提条件和法律依据，故对保险公司提出的保险人代位求偿权诉讼请求，法院不予支持。

河北省威县人民法院依照《中华人民共和国道路交通安全法》第七十六条的规定，判决如下：

驳回保险公司的诉讼请求。

保险公司不服一审判决，提起上诉。

河北省邢台市中级人民法院经审理认为：关于保险人保险公司在赔偿金额范围内对胡某行使的代位求偿权是否成立的问题，《中华人民共和国道路交通安全法》第七十六条规定，机动车与非机动车驾驶人、行人之间发生交通事故，非机动车驾驶人、行人没有过错的，由机动车一方承担赔偿责任；有证据证明非机动车驾驶人、行人有过错的，根据过错程度适当减轻机动车一方的赔偿责任；机动车一方没有过错的，承担不超过百分之十的赔偿责任。根据该规定，在机动车与非机动车、行人的交通事故中，机动车一方具有法定赔偿义务，而非机动车和行人不具有法定赔偿义务。非机动车、行人的过错本质上是违反了对自己的保护注意，而不是违反了侵权法所设定的不得损害他人的一般性义务，不能因为非机动车和行人违反了这种对自己的保护注意，就确定非机动车和行人的行为具有违法性，并要求其承担赔偿责任。本案中，胡某作为非机动车一方，虽负事故的同等责任，但无须对机动车车辆损失进行赔偿，故保险人保险公司的代位求偿权没有前提条件和法律依据，本案一审法院判决驳回保险公司的诉讼请求并无不当。

河北省邢台市中级人民法院依照《中华人民共和国民事诉讼法》第一百七十条第一款第一项规定，判决如下：

驳回上诉，维持原判。

【法官后语】

在司法实践中，非机动车与机动车发生道路交通安全事故，继而引发保险人代位求偿权纠纷的法律现象较为常见。因此，本案的典型意义在于，为频发的同类型保险人代位求偿权纠纷案件提供统一审判思路，即“在确定基础法律关系的前提下，公平公正适用‘优者危险负担’原则，明晰保险人代位求偿权是否成立”，从而促进“同案同判”司法工作。

一、确定保险人代位求偿权纠纷的基础法律关系

基础法律关系是准确适用具体法律的基本依据。非机动车与机动车发生道路交通安全事故，并引发保险人代位求偿权纠纷，其中涉及的具体法律包括《中华人民共和国道路交通安全法》《中华人民共和国保险法》《中华人民共和国民法典》等相关内容，而确定保险人代位求偿权纠纷的基础法律关系，直接决定优先适用何种同位法。本案的基础法律关系是因交通事故产生的损害赔偿纠纷，故本案依法应当优先适用《中华人民共和国道路交通安全法》的有关规定。

二、公平公正适用“优者危险负担”原则

“优者危险负担”原则是基于公平公正原则对交通事故中弱势一方的保护，是指在受害人有过失的情况下，考虑双方对道路交通注意义务的轻重，按机动车危险性大小以及危险回避能力的优劣，分配交通事故的损害后果。机动车一方相较于非机动车一方，从质量、速度、车辆自身控制力等因素判断，应为优者。优者行为的危险性更大、危害回避能力更强，发生交通事故后，在同等情况下，应承担较大赔偿责任。关于“优者危险负担”原则的精神，直接体现于《中华人民共和国道路交通安全法》第七十六条第二款的规定，但需要注意该法律规定通常适用于事实清楚、责任明确的交通事故纠纷。本案中，涉案交通事故已由相关交通警察大队作出权威事故认定书，认定胡某驾驶的电动自行车为非机动车，并认定双方负本次事故同等责任。故本案适用《中华人民共和国道路交通安全法》第七十六条的规定，公平公正适用“优者危险负担”原则，

充分体现司法的公平正义理念，亦有助于弘扬社会主义核心价值观。

三、明晰保险人代位求偿权是否成立

保险人代位求偿权是基于被保险人依法对第三者具有赔偿请求权的法定权利，因此保险人向作为第三者的非机动车一方行使代位求偿权，应当具备法律依据，且被保险人依法对第三者享有赔偿请求权。《中华人民共和国道路交通安全法》第七十六条规定，机动车与非机动车之间发生交通事故，机动车一方承担无过错责任，即在机动车与非机动车一方的交通事故中，机动车一方负有法定赔偿义务，而非机动车一方不负有法定赔偿义务。非机动车一方在交通事故中的过错体现在减轻机动车一方的赔偿责任上。上述法律的立法目的之一是促使机动车驾驶人尽到高度谨慎的注意义务，使机动车这种危险的高速运输工具得到有效控制，从而预防和减少交通事故的发生，避免对相对弱势的非机动车一方造成严重的损害后果。由此可知，上述法律只规定了机动车一方的责任，并未明确规定非机动车驾驶人须根据自己的过错赔偿机动车一方的车辆损失。根据《中华人民共和国保险法》第六十条的规定，保险人缺乏代位行使被保险人对第三者（非机动车一方）请求赔偿的权利依据，故本案的保险人代位求偿权缺乏法律依据和前提条件。综上所述，本案的保险人向非机动车一方主张的代位求偿权不能成立。

编写人：河北省高级人民法院　王晓巍　张俊翠

57

高层建筑物玻璃脱落，所有人证明其不存在过错的应免除赔偿责任

——某保险公司诉张甲、吴乙保险人代位求偿权案

【案件基本信息】

1. 裁判书字号

山东省淄博市中级人民法院（2021）鲁03民终620号民事判决书

2. 案由：保险人代位求偿权纠纷

3. 当事人

原告（上诉人）：某保险公司

被告（被上诉人）：张甲、吴乙

【基本案情】

2020年3月12日，张甲、吴乙所有的某小区1号楼3单元1102室的南侧外墙玻璃不明原因脱落，导致停放于楼下的属于案外人刘某的轿车损坏。

刘某于2017年11月为其车辆在某保险公司处投保车辆损失险、商业三者险、全车盗抢损失险等险种，其中车辆损失险的保险金额/赔偿限额为206981元，保险期限自2019年11月28日至2020年11月28日。2020年3月11日20时至12日20时甲村区境内出现6~7级阵风，其中12日5时55分出现极大风速14.3m/s，风力达7级。2020年3月12日8时许，刘某报警称其停放在某小区1号楼西侧的保险车辆被砸，二位民警到达现场后查明，3月11日夜间至12日凌晨，某小区1102室南侧一块外玻璃原因不明发生脱落，击中停放于1号楼西侧的保险车辆和另一辆轿车。2020年3月12日8时许，案外人刘某同时向某

保险公司报案，某保险公司随即对保险车辆进行查勘、定损，确认定损金额为42280元，包括更换举升门玻璃、全景天窗前玻璃及滑动天窗框架等7项零部件费用29880元，辅助材料1项500元，维修项目9项11600元及外修1项300元。案外人刘某将保险车辆送至某汽车销售服务有限公司及某汽车技术服务有限公司维修，依据保险合同向某保险公司申请理赔，于2020年4月1日出具《机动车辆索赔权转让书》，同意将已取得赔款部分向责任对方追偿的权利转让给某保险公司。2020年4月1日及9日，某汽车销售服务有限公司及某汽车技术服务有限公司就保险车辆分别向某保险公司出具金额为41980元及300元的劳务并维修费发票。某保险公司于2020年4月26日向案外人刘某赔付41980元，支付某汽车技术服务有限公司300元。吴乙、张甲夫妇为外来务工人员，其所购置的某小区1102室住宅未办理权属登记。2020年3月12日某小区1102室玻璃脱落事件发生后，小区物业随即联系吴乙，当时吴乙全家春节返乡尚在济阳，后于4月返回甲村。

【案件焦点】

高层建筑物玻璃脱落所有人证明其不存在过错的是否应免除赔偿责任。

【法院裁判要旨】

山东省淄博市周村区人民法院经审理认为：根据《中华人民共和国保险法》第六十条第一款的规定，因第三者对保险标的的损害而造成保险事故的，保险人自向被保险人赔偿保险金之日起，在赔偿金额范围内代位行使被保险人对第三者请求赔偿的权利。本案某保险公司已赔偿被保险人车辆损失42880元，取得对实际侵权人的代位求偿权，有权根据吴乙与张甲在事故中的责任要求赔偿。本案中，引起损害事实发生的并非建筑物本身及其悬挂物、搁置物，而是建筑物上安装的玻璃脱落造成的损害。窗体、玻璃等应当视为建筑物的组成部分。根据《中华人民共和国侵权责任法》第八十五条“建筑物、构筑物或者其他设施及其搁置物、悬挂物发生脱落、坠落造成他人损害，所有人、管理人或者使用人不能证明自己没有过错的，应当承担侵权责任。所有人、管理人或者使用人赔偿后，有其他责任人的，有权向其他责任人追偿”的规定，某小区1102室窗体玻璃脱落造成的损害赔偿应当适用过错推定责任原则。对此，某小区建筑物窗体为开发商统一建造，按照日常生活经验，新建小区房产使用人无法预见窗体外侧玻璃会自行脱落而及早更换，此小概率事件通过正常维护亦无法避免；吴乙与张甲春节离开住所时关闭了门窗，已履行必要的管理义务；且本案损害事实的发生与当时刮起7级大风有一定的客观联系。综合以上事实，吴乙与张甲作为1102室所有人对其完全不存在过错已尽到证明责任，如依法予以推定，过于严苛，显失公平。故某保险公司要求张甲、吴乙全额支付理赔款，证据不足，难以支持；张甲、吴乙根据其经济能力，同意按理赔款20%给予某保险公司补偿，已尽诚意，有利于化解矛盾，予以准许。

山东省淄博市周村区人民法院依照《中华人民共和国民法总则》第五条、《中华人民共和国侵权责任法》第八十五条、《中华人民共和国民事诉讼法》第六十四条第一款、《最高人民法院关于适用〈中华人民共和国民事诉讼法〉的解释》第九十条规定，判决如下：

一、驳回某保险公司的诉讼请求；

二、张甲、吴乙支付某保险公司保险理赔补偿款8456元。

某保险公司不服一审判决，提起上诉。

山东省淄博市中级人民法院经审理认为：通过一审查明的事实，被上诉人春节离开住所时已关闭门窗，且其作为普通人按照日常生活经验，无法预见新建小区窗体外侧玻璃会脱落并及早更换，且玻璃脱离与当时的7级大风有一定的客观联系，因此综合上述情况，被上诉人作为产权所有人已证明其对本案损害的发生不存在过错，故一审法院未判令其承担赔偿责任而是补偿上诉人部分损失，符合法律规定，并无不当。

山东省淄博市中级人民法院依照《中华人民共和国民事诉讼法》第一百七十条第一款第一项规定，判决如下：

驳回上诉，维持原判。

【法官后语】

本案主要涉及高层建筑物玻璃脱落所有人证明其不存在过错的是否应免除赔偿责任的问题。

现代社会，住宅向高层发展，城市高楼大厦给人们生活带来了方便，但是高空抛物、坠物可能危及他人生命财产安全。高空坠物一般都是动作电影里才有的情节，俩主角在高楼外过招时，高楼的玻璃窗、外墙时不时就碎了，然而这类事件在现实生活中也常有发生。本案中，张甲、吴乙所居住房屋窗体外侧玻璃脱落，致使案外人刘某轿车被砸坏，造成某保险公司的损失，某保险公司诉至法院，要求张甲、吴乙承担赔偿责任。但张甲、吴乙有证据证明其不存在过错，一审、二审法院都认为所有人证明其不存在过错的应免除赔偿责任问题。

《中华人民共和国民法典》第一千二百五十三条规定，建筑物、构筑物或者其他设施及其搁置物、悬挂物发生脱落、坠落造成他人损害，所有人、管理人或者使用人不能证明自己没有过错的，应当承担侵权责任。所有人、管理人或者使用人赔偿后，有其他责任人的，有权向其他责任追偿。第一千二百五十四条规定，禁止从建筑物中抛掷物品。从建筑物中抛掷物品或者从建筑物上坠落的物品造成他人损害的，由侵权人依法承担侵权责任；经调查难以确定具体侵权人的，除能够证明自己不是侵权人的外，由可能加害的建筑物使用人给予补偿。可能加害的建筑物使用人补偿后，有权向侵权人追偿。物业服务企业等建筑物管理人应当采取必要的安全保障措施防止前款规定情形的发生；未采取必要的安全保障措施的，应当依法承担未履行安全保障义务的侵权责任。该条确定了以下基本原则：第一，高空抛物坠物由行为人承担侵权责任，此时行为人按过错责任原则承担责任。公安等机关应当依法及时调查，查清责任人。第二，难以明确侵权人的，由可能的加害人（建筑物使用人）予以补偿，能够证明自己不是侵权人的除外。此时的责任承担属于按照公平分担损失的规则，依据法律的特殊规定承担补偿责任。第三，可能的加害人补偿后有权向实际侵权人追偿。第四，物业服务企业等建筑物管理人应采取安全保障措施防止高空抛物坠物，未采取必要措施的，应承担未履行义务的侵权责任。

建筑物窗体有一定特殊性，为开发商统一建造，不同于高空抛物，按照日常生活经验，新建小区房产使用人无法预见窗体外侧玻璃会自行脱落而及早更换，此小概率事件通过正常维护亦无法避免。如果掉落窗户不属于违章建筑，窗户的所有人应该对窗户使用有注意义务。天气恶劣时应及时关闭窗户，避免如有螺丝松动或者天气原因造成窗户脱落致人损害。当窗户的所有人未尽到审慎义务，致使窗户脱落造成车辆受损的，应该承担相应的责任。如果掉落的窗户系违章建筑，该窗户搭建之时就已经因其“违建”而存在安全隐患，如若再加上恶劣天气，就增加了安全隐患的发生概率，违建窗户所有人作为侵权人应该对损失承担赔偿责任。

窗户所有人有证据证明自己不存在过错，高空抛物坠物能明确侵权人的，按照过错责任原则承担责任。从《中华人民共和国民法典》第一千二百五十四条的立法精神来看，致力于由真正的侵权人承担侵权责任。同时，在本条法律条文背景下，力求最大限度地查清客观事实，这时举证责任就体现出了一定的特殊性。受害人往往无力查明、举证证明实际侵权人，便需要公安机关等机关的介入，包括调取物业监控、治安监控，走访、询问知情人员等。最高人民法院出台的《关于依法妥善审理高空抛物、坠物案件的意见》也要求人民法院应积极主动向物业服务企业、周边群众、技术专家等询问查证，加强与公安部门、基层组织等沟通协调，充分运用日常生活经验法则，最大限度地查找确定直接侵权人。但是，如果难以确定实际侵权人的，由可能的加害人给予补偿，是公平损失规则的具体运用，也是高空抛物、坠物加害人不明时的补偿方式，亦是利益平衡的表现。建筑物使用人可以举证证明自己出差、房屋无人居住、门窗紧闭、无致害物品等方式证明自己不是侵权人，此时，建筑物使用人便免予承担赔偿责任，规则的事先明示也引导建筑物使用人行为更加谨慎，最高人民法院出台的《关于依法妥善审理高空抛物、坠物案件的意见》中要求尽量限缩可能加害的建筑物使用人范围，也体现了最大限度查明客观事实和平衡保护的意蕴。

本案中，张甲、吴乙作为建筑物使用人有证据证明事故发生时其并未在房屋居住，且门窗紧闭，作为普通人按照日常生活经验，无法预见新建小区窗体外侧玻璃会脱落并及早更换，且玻璃脱离与当时的7级大风有一定的客观联系，这足以证明其并不存在过错，所以应免除张甲、吴乙承担赔偿责任。

编写人：山东省淄博市周村区人民法院 姚磊磊

58

交通事故发生后“私了”协议性质的认定步骤

——甲保险公司诉常某甲、乙保险公司保险人代位求偿权案

【案件基本信息】

1. 裁判书字号

北京金融法院（2022）京74民终620号民事判决书

2. 案由：保险人代位求偿权纠纷

3. 当事人

原告（被上诉人）：甲保险公司

被告（上诉人）：常某甲

被告：乙保险公司

【基本案情】

2019年1月26日，常某甲与罗某签订《协议书》，载明：经双方协商达成协议，由B车驾驶员常某甲赔偿A车折旧费用11万元。常某甲不认可甲保险公司定损金额和维修金额，在指定期间内，常某甲未提出鉴定申请，经法院释明，常某甲不申请维修费鉴定。诉讼中，法院与罗某核实，罗某称收到11万元折旧费，A车为奔驰高档车，刚买四个月左右便发生交通事故，4S店定损的折旧费为15万~18万元左右，因警察劝说协商，确定的11万元折旧费。

【案件焦点】

常某甲支付的 11 万元款项性质、甲保险公司主张代位求偿权的范围，乙保险公司应否承担保险责任。

【法院裁判要旨】

北京市朝阳区人民法院经审理认为：

关于争议焦点一。首先，《协议书》明确载明了 11 万元折旧费，虽然常某甲主张 11 万元为维修费，但是其未提供相反证据推翻《协议书》所载内容，结合《协议书》内容、罗某的当庭陈述、A 车的购买时间及价格，法院认定《协议书》载明的 11 万元为折旧费，常某甲关于其向罗某支付的 11 万元为维修费的意见，缺乏依据。其次，常某甲不认可 A 车维修金额，经释明其不申请鉴定，亦无相反证据推翻 A 车维修金额，其关于车辆维修金额的意见，法院不予采纳。最后，常某甲对交通事故负全部责任。A 车经甲保险公司定损，并在××公司维修，产生维修损失 222233 元，甲保险公司支付理赔款 222233 元后，依法取得代位求偿权。

关于争议焦点二。《最高人民法院关于适用〈中华人民共和国保险法〉若干问题的解释（二）》第十条规定，保险人将法律、行政法规中的禁止性规定情形作为保险合同免责条款的免责事由，保险人对该条款作出提示后，投保人、被保险人或者受益人以保险人未履行明确说明义务为由主张该条款不成为合同内容的，人民法院不予支持。本案中，B 车在乙保险公司投保交强险、第三者责任险（限额 100 万元），在保险期间内，常某甲醉酒驾驶 B 车发生交通事故，乙保险公司证明其对免责条款作出了提示，法院认为醉酒驾车属于法律禁止性规定，乙保险公司提交的现有证据足以证明其尽到了提示义务，故乙保险公司无须对本案事故发生的财产损失承担保险责任。

综上，常某甲应向甲保险公司承担 222233 元赔偿责任。

北京市朝阳区人民法院依照《中华人民共和国保险法》第六十条、《最高人民法院关于适用〈中华人民共和国保险法〉若干问题的解释（二）》第十条之规定，判决如下：

一、常某甲于本判决生效后七日内向甲保险公司支付赔偿款 222233 元；

二、驳回甲保险公司的其他诉讼请求。

常某甲不服一审判决，提起上诉。

北京金融法院同意一审法院裁判意见，判决：

驳回上诉，维持原判。

【法官后语】

交通事故发生后，事故双方为快速解决纠纷，通常签订“私了”协议，或者口头协商一定赔偿数额，此后一方（无责或部分责任）向其保险公司主张理赔，保险公司理赔后再行向另一方（全责或部分责任）代位求偿。诉讼中，被告抗辩已支付赔偿款，如何认定“私了”协议的性质、已赔款项性质、举证责任如何分配及是否追加原告的被保险人作为第三人，实践中存在不同的审理标准。

第一种观点认为，原告提交初步证据证明其向被保险人支付了理赔款，被告主张通过口头或者书面“私了”支付赔偿款，按照“谁主张，谁举证”原则，该举证责任在被告，如被告无法提供充分证据证明，则“私了”金额不应自原告理赔款中扣除。

第二种观点认为，代位求偿源于被保险人对第三人的权利，原告与其被保险人达成的定损数额不及于第三人，在被告主张“私了”支付部分款项时，原告否认，原告应举证其被保险人未自被告处获赔。

第三种观点认为，代位求偿案件中原告（保险公司）并非交通事故的亲历者，未参与“私了”过程，法院应主动追加事故的另一方为第三人。

此类争议如何审理，并无统一的裁判思路，结合审判经验，笔者认为，应从以下步骤认定：

首先，代位求偿权的前提是被保险人（事故的另一方）享有对第三人（被告）的赔偿请求权，且原告（保险公司）实际理赔。

其次，被告抗辩存在“私了”时，“私了”的性质及金额判定，按照“谁主张，谁举证”原则，被告需要有相应的证据予以佐证，此时被告应提供初步证据证明发生了“私了”行为，支付了“私了”金额。

最后，如被告无法提供任何证据，此时无须追加被保险人（事故的另一方）参加诉讼。在被告提供了如微信聊天记录、书面协议、支付截图、支付时间、支付金额等初步证据，能够显示已支付款项为维修费，或者未就金额达成一致性达成合意时，需要追加被保险人（事故的另一方）为第三人查明案件事实。因此，被告此时的举证义务无须按照证据规则的要求严格进行，仅需达到动摇法官内心确信即可。

追加后，被保险人（事故的另一方）与被告就部分款项达成一致，则相关数额应自维修费中扣除。被保险人否认款项性质为维修费或与被告所述不一致时，此时应采信哪一方的主张。笔者认为，仍需要考虑车辆价值、使用年限、已付款项与原告主张金额的比例，结合经验法则，根据高度盖然性原则进行判断，如被保险人主张已付款为吃饭、路费、打车费，则需要结合事故发生时间、地点结合当事人陈述，判断该费用是否为合理支出，合理范围内可采信被保险人主张，相关“私了”金额不应自维修费中扣减；如被保险人主张已付款项为折旧费，结合车辆价值及与维修金额比例，属于合理范围之内，结合保险公司的代位求偿申请等，可以认定为折旧费，不应自维修费中扣除；如被保险人无任何证据则可采信被告主张，自维修费中扣减“私了”金额。

本案未追加罗某为第三人，理由为：一是原告初步举证证明代位求偿的来源；二是被告主张“私了”，并提供初步证据；三是《协议书》明确载明11万元折旧费，该证据无相反证据推翻时应予采信；四是虽未追加，但罗某到庭陈述协议书签署过程，且当庭陈述内容与协议书所载过程一致；五是考虑A车属高档车型、使用年限较短，事故发生后存在折旧损耗符合日常经验；六是11万元与原告主张的维修金额222233元相差甚远，综上，法院认定11万元已付款项为折旧费，并非维修费。

编写人：北京市朝阳区人民法院　马娇

59

驾驶证过期不必然属于保险公司“无证驾驶”免赔的情形

——甲保险公司诉郭某甲、乙保险公司保险人代位求偿权案

【案件基本信息】

1. 裁判书字号

广西壮族自治区南宁市中级人民法院（2023）桂01民终312号民事判决书

2. 案由：保险人代位求偿权纠纷

3. 当事人

原告（被上诉人）：甲保险公司

被告（上诉人）：郭某甲

被告（被上诉人）：乙保险公司

【基本案情】

2022年1月31日，案外人韦某甲驾驶桂×4号车辆由西往东左转弯车道停车等候信号灯放行在前，案外人张某甲驾驶桂×0号车辆搭载田某甲和田某乙在同向车道等候信号灯放行在中，郭某甲驾驶陈某所有的闽×8号车辆在后，闽×8号车辆前部与桂×0号车辆后部发生碰撞致使桂×0号车辆前部再与桂×4号车辆后部发生碰撞，造成三车不同程度受损，张某甲、田某甲、田某乙受伤的交通事故，该事故《道路交通事故认定书》认定，郭某甲的行为违反了《中华人民共和国道路交通安全法》第十九条第一款“驾驶机动车，应当依法取得机动车驾驶证”和第四十三条之规定，单方过错作用造成此事故，郭某甲负事故的全部责任。

郭某甲驾驶的闽×8号车辆，在乙保险公司购买有交强险及第三者责任保

险，保险合同用加粗、涂黑字体载明："在上述保险责任范围内，下列情况下，不论任何原因造成的人身伤亡、财产损失和费用，保险人均不负责赔偿……（二）驾驶人有下列情形之一者……3. 无证驾驶，驾驶证被依法扣留、暂扣、吊销、注销期间……"

郭某甲的《机动车驾驶证》载明：初次领证日期2004年8月23日，准驾车型C1，有效期限自2020年8月23日至长期；副页记载：自2022年3月21日恢复驾驶资格。2022年3月17日，交通警察支队向郭某甲出具《公安交通管理行政处罚决定书》，载明：被处罚人郭某甲于2022年1月31日，实施驾驶人在驾驶证超过有效期仍驾驶机动车的违法行为，决定处罚二百元。

因张某甲所有的桂×0号车辆在甲保险公司购买了车损险，故张某甲向甲保险公司索赔，甲保险公司向张某甲支付了29600元。

【案件焦点】

乙保险公司能否以郭某甲驾驶证超过有效期限为由拒绝赔付保险金。

【法院裁判要旨】

广西壮族自治区南宁市青秀区人民法院经审理认为：《机动车交通事故责任强制保险条例》第二十二条第一款第一项、第二款之规定，保险公司在机动车交通事故责任强制保险责任限额范围内垫付抢救费用，并有权向致害人追偿，但驾驶人未取得驾驶资格，发生道路交通事故的，造成受害人的财产损失，保险公司不承担赔偿责任。经交警部门认定，案涉保险事故发生时，郭某甲处于驾驶证超过有效期仍驾驶机动车的状态，故乙保险公司主张在交强险责任范围内免赔符合法律规定。保险人对免责条款的内容已尽到明确说明的义务。乙保险公司就免责条款尽到了提示及明确说明的义务，该免责条款已产生效力。

广西壮族自治区南宁市青秀区人民法院依照《中华人民共和国保险法》第十七条、第六十条第一款，《最高人民法院关于适用〈中华人民共和国保险法〉若干问题的解释（二）》第十一条以及《中华人民共和国民事诉讼法》第一百四十七条，《机动车交通事故责任强制保险条例》第二十二条第一款第一项、第二款之规定，判决如下：

一、郭某甲向甲保险公司赔偿保险金 29600 元；

二、驳回甲保险公司的其他诉讼请求。

郭某甲不服一审判决，提出上诉。

广西壮族自治区南宁市中级人民法院经审理认为：郭某甲驾驶被保险车辆发生事故时其持有的驾驶证已经超过有效期，但之后郭某甲得以申请办领了新的驾驶证，新的驾驶证记载的有效期限的起始日早于涉案交通事故发生时间，系行政主管部门对郭某甲驾驶资格的追认，证明驾驶证超过有效期并不必然导致持证人丧失驾驶资格的法律后果。此外，涉案事故发生时郭某甲的驾驶技能符合安全要求，郭某甲的驾驶行为并未显著增加机动车的危险程度。根据保险法的近因原则，驾驶证脱审不是事故发生的直接原因，因此，乙保险公司的拒赔理由不成立。

广西壮族自治区南宁市中级人民法院依照《中华人民共和国民事诉讼法》第一百七十七条第一款第二项、第一百八十二条规定，判决如下：

一、撤销一审民事判决；

二、乙保险公司向甲保险公司赔偿保险金 29600 元；

三、驳回甲保险公司的其他诉讼请求。

【法官后语】

对于“无证驾驶”，现行法律规定未明晰其概念。实务中已达成的共识是，未取得驾驶资格的情形包括驾驶人未依法取得驾驶证、驾驶与驾驶证车型不符、持有被注销的驾驶证。这些情况属于明显的实质上不具备驾驶资格的情形。对于驾驶证超期未审、驾驶证被暂扣，以及驾驶证扣分过多停止使用期间驾驶机动车等情况，是否属于保险免赔的“无证驾驶”的范畴，需要进一步审查。

保险公司能否以“无证驾驶”主张免赔，本质上是对保险合同条款的解释和评价的问题，因此应当以尊重意思自治为前提，以是否具有安全合格的驾驶技术为评判标准，坚持近因原则，依据法律规定和保险制度的价值取向对合同条款进行法律解释和评价，以此方能维护各方当事人的合法权益。具体分两种情形处理：

第一种情形，合同明确约定持过期驾驶证驾驶车辆属于免赔事由，保险人以此主张免赔的。对于保险合同有明确约定的，且该约定合法有效，则应当尊重意思自治。依据《中华人民共和国民法典》第四百九十六条及《最高人民法院关于适用〈中华人民共和国保险法〉若干问题的解释（二）》第十条的相关规定，保险公司将法律、行政法规中的禁止性规定情形作为保险合同免责条款的免责事由后，还必须采取合理的方式提示投保人注意这些免责条款，按照投保人的要求，对该条款作出予以说明保险人应当对格式合同的免责条款尽说明、解释之义务。因此，对于第一种情形，如果保险人尽到了提示说明义务，应予以支持；如果保险人未尽提示说明义务，则不应支持。

第二种情形，合同未明确约定持过期驾驶证驾驶车辆属于免赔事由的，只是约定“无证驾驶”属于免赔事由的，保险人以驾驶员持过期驾驶证驾驶主张免赔的。本案即属于这种情形。在合同条款约定不明晰的情况下，在法律层面和价值取向层面需要法官对合同条款进行解释与评价。

法律规定层面，对格式条款作出不利于格式条款拟定者的解释。依据《中华人民共和国民法典》第四百九十八条规定，对格式条款理解有争议的，应作出不利于格式条款提供方的解释。故不能对“无证驾驶”作扩大解释。对“无证驾驶”的解释应限定在两种情形：一是驾驶人未取得主管部门认定的驾驶资格；二是取得驾驶资格后被主管部门取消。持过期驾驶证驾驶车辆并不属于这两种情形，换证仅属于行政管理范畴，驾驶证的有效期并不是指机动车驾驶人驾驶资格的有效期。驾驶人员在超过期限一年内申请换证的，给予行政处罚后，按照正常的换证程序给予换证，驾驶证的有效期溯及至前次有效期满日，由此，可以判断驾驶人具备安全驾驶能力，因此驾驶证过期未及时更换并不属于无证驾驶。

价值取向层面，坚持近因原则。近因原则是保险法的基本原则，目的在于排除无关之事来防范道德风险。任何的保险均只能对约定范围内的风险予以承保，投保人发生了损失，如果能判定导致损失的原因是承保的风险，则保险人应当支付保险金，反之则无须支付保险金。根据保险法的近因原则，如果“无证驾驶”的行为并不是保险事故发生的直接原因，合格的驾驶人是通过专业的驾驶资格考试，其驾驶技术、车辆的熟悉程度不会因为驾驶证短时间的超期而产生影响，持过期驾驶证驾驶的行为没有增加承保风险，故“无证驾驶”的行为与损害结果之间没有因果关系。事故发生的原因是驾驶人过失引发碰撞，该风险属于承保的风险，保险公司应当赔付，以此才能发挥保险“分担风险，消化损失”的功能价值。

因此，对于第二种情形，应认定不属于免赔的范畴，对保险人的主张不予支持。

编写人：广西壮族自治区贵港市覃塘区人民法院　陈宗坪

60

交通事故车辆更换零部件残值应否抵扣赔偿款

——保险公司诉翁某某、经营部保险人代位求偿案

【案件基本信息】

1. 裁判书字号

浙江省宁波市中级人民法院（2022）浙02民终3758号民事判决书

2. 案由：保险人代位求偿权纠纷

3. 当事人

原告（被上诉人）：保险公司

被告（上诉人）：翁某某

被告：经营部

【基本案情】

2018年12月26日16时30分许，翁某某驾驶经营部名下的浙×6号车在路口与案外人储某某驾驶的浙×5号车发生交通事故。双方签订的《协议书》约定，当事人到保险公司或道路交通事故保险理赔服务场所办理损害赔偿等。翁某某负全责、储某某无责。浙×5号车在保险公司处投保机动车车损险等，车损产生维修费22600元，并由保险公司事故当日出具《定损报告》。事发第四日，浙×5号车被送至汽车集团维修，费用为22600元。浙×6号车在保险公司处投保交强险，扣除财险限额2000元，尚应赔偿浙×5号车损失20600元。保险公司在储某某出具《机动车辆保险代位求偿索赔申请书及权益转让书》后赔偿保险金20600元，并遂向翁某某诉讼代位求偿保险金20600元。审理中，翁某某表示不要求对车损维修费22600元重新鉴定。

【案件焦点】

1. 保险公司是否享有保险人代位求偿权；2. 保险公司未通知翁某某到场定损或认可定损报告的约束力，翁某某知情权和质疑权未予保障，定损报告能否作为赔偿依据；3. 受损车辆更换的零部件残值应否抵扣部分赔款。

【法院裁判要旨】

浙江省宁波市北仑区人民法院经审理认为：根据涉案《协议书》的内容，翁某某理应积极履行赔偿储某某车损维修费用的义务，但其未提供与储某某磋商车辆维修费用以及涉案车辆维修费用不合理等方面的证据，又未要求对涉案车辆维修费的合理性予以鉴定等，翁某某以其应知晓涉案车辆维修费用的知情权未得到保障等为由辩称应驳回保险公司诉请等，依据不足，不予采信。

浙江省宁波市北仑区人民法院依照《最高人民法院关于适用〈中华人民共和国民法典〉时间效力的若干规定》第一条，《中华人民共和国民法典》第五百零九条第一款、第五百七十七条、第一千二百零八条、第一千二百零九条、第一千二百一十三条，《中华人民共和国保险法》第六十条第一款，《最高人民法院关于适用〈中华人民共和国保险法〉若干问题的解释〈二〉》第十六条之规定，判决如下：

一、翁某某应于本判决生效之日起七日内赔偿保险公司保险金 20600 元；

二、驳回保险公司的其他诉讼请求。

翁某某不服一审判决，提起上诉。

浙江省宁波市中级人民法院经审理认为：保险公司对浙×5 号车的损失提供了定损报告，该定损报告虽缺少维修机构、储某某的签字或盖章，但定损价格可与维修机构提供的维修费发票和维修清单相印证，储某某接受了保险公司理赔款，故可认为维修机构事实上已对该定损价格予以确认，而储某某系通过接受理赔款的行为对定损报告予以追认，故翁某某主张定损报告未生效，其对定损价格不认可，但又未提出对车损进行鉴定，一审法院依据定损报告，结合维修费发票、维修清单、车损照片等，综合认定车损价格并无不当。

浙江省宁波市中级人民法院依照《中华人民共和国民事诉讼法》第一百七十七条第一款第一项规定，判决如下：

驳回上诉，维持原判。

【法官后语】

随着车辆的普及，交通事故中车辆受损屡见不鲜。车辆（包括更换零部件）的残值应否、如何抵扣赔偿款，常常成为保险公司追偿保险金诉讼中赔偿义务人抗辩赔偿款金额的重点理由。一般情况下，车辆受损，应由投保的保险公司予以相应的保险赔偿。根据《中华人民共和国保险法》第六十条的规定，因第三者对保险标的的损害而造成保险事故的，保险人自向被保险人赔偿保险金之日起，在赔偿金额范围内代位行使被保险人对第三人请求赔偿的权利。本案中，翁某某驾车与储某某驾驶的车辆发生交通事故，并负全责。根据双方签订的自行协商协议书，翁某某理应积极履行赔偿储某某车辆损失的义务，但其未实际予以赔偿（包括事故发生后，通过保险机构或第三鉴定机构确定车辆损失的限度和维修费用等）。储某某根据其与保险公司间的车辆损失保险合同关系，有权要求保险公司对车辆损失按保险合同的约定予以赔偿。在储某某收到保险公司支付的赔偿保险金，并向保险公司出具了保险代位求偿《权益转让书》后，保险公司有权要求翁某某予以赔偿。根据相关规定，交通事故发生后，车辆（含更换的零部件）残值理应归属保险公司，否则，车辆承保的保险公司在支付赔款时会要求扣减残值的。保险公司依法对涉案车辆进行定损后予以维修，并按定损报告和维修正式发票的金额向储某某支付了保险赔偿金，理应取得了车辆更换零部件的残值所有权。根据权利可以放弃，义务必须履行的原则，尽管保险公司对储某某车辆损失进行定损时未通知过翁某某，但保险公司此时的定损行为是依据其与储某某之间的车辆损失保险合同关系履行定损的义务，其是否通知翁某某定损，并非保险公司的法定义务。翁某某应在交通事故发生后自行了解储某某车辆投保的保险公司即保险公司等相关信息情况，并应积极关注车辆受损后定损、维修、赔偿等情况，尤其是应在车辆定损时到场，从而实现其所主张的知情权。因而，在保险公司对浙×5号车的损失提供了定损报告情况下，该定损报告上虽缺少维修机构、储某某的签字或盖章，但定损价格可与维修费发票、维修清单相互印证，储某某也接受了保险公司理赔款，故可以认定为维修机构事实上已对该定损价格予以确认，且储某某系通过接受理赔款的行为对该定损报告进行了追认。

本案诉讼中，翁某某对涉案车辆定损报告不认可，主张事故车辆未及时进场维修，可能存在损失扩大，定损价格偏高，却未提出对受损车辆的维修费进行鉴定或提供其他相应的证据予以证明其前述辩称，故其所谓的质疑权未予保障，定损报告未生效的抗辩主张，缺乏依据，不应得到支持。一审法院依据定损报告，结合维修费发票、维修清单、车损照片等，综合认定车辆损失，合情合理。因保险公司向储某某支付保险赔偿款后，涉案车辆更换的零部件的残值应归保险公司取得，但本案事故中没有证据证明受损车辆更换下来的零部件存在残值及其价值金额，以及是否可以抵扣赔偿款数额。根据《中华人民共和国民事诉讼法》第六十七条的规定，翁某某主张车辆受损更换的零部件的残值应抵扣部分赔款，则其应提供相应的证据予以证明，没有证据，其主张的受损车辆更换的零部件残值应抵扣部分赔款，没有依据，不应予以支持。在交通事故频发的情况下，本案案情虽属简单明了，但却与老百姓的日常生活息息相关，具有典型的普法意义和价值。

编写人：浙江省宁波市北仑区人民法院　张新荣

61

违法驾驶情形下交强险保险公司的追偿权与代位求偿权之区分

——保险公司诉陈某、司某某保险案

【案件基本信息】

1. 裁判书字号

北京金融法院（2022）京74民终1828号民事判决书

2. 案由：保险纠纷

3. 当事人

原告（被上诉人）：保险公司

被告（上诉人）：陈某、司某某

【基本案情】

某物流公司为京×××号车辆在保险公司投保交强险、商业险（商业三者险保额100万元），被保险人为某物流公司。

王某某系某物流公司员工。在上述保险期间内，王某某驾驶京×××号车辆在运输途中发生交通事故。案涉交通事故发生时，陈某为某物流公司的唯一股东，后陈某将股权以0对价转让给司某某。2021年1月11日，司某某签署《承诺书》，承诺公司已将债权债务清算完结，如违法失信，由全体投资人（发起人）承担相应法律责任。2021年2月2日，某物流公司注销。

事故发生后，江西省吉安县人民法院作出刑事附带民事判决，认定涉诉交通事故系王某某在执行职务过程中发生。王某某违反交通运输管理法规，驾驶与驾驶证载明的准驾车型不符及擅自改变车身结构不符合登记内容的机动车，发生交通事故，致四人死亡、多人受伤、财产受损，负事故的全部责任。该判决判令保险公司在交强险责任限额范围内赔偿常某损失2000元、孙某损失3227.3元。后在承担了事故保险责任的某财保公司诉王某某、某物流公司、保险公司保险人代位求偿权纠纷中，江西省吉安市吉州区人民法院作出民事判决，判令保险公司承担伤亡者的损失赔偿责任共计1033322.7元。交强险赔偿限额共计12万元，保险公司均已履行完毕。故保险公司提起本案诉讼向陈某、司某某行使追偿权，要求二人给付12万元，并给付自起诉之日至实际清偿之日的资金占用利息。

【案件焦点】

1. 交强险保险公司经判决承担赔偿责任后，向实际侵权人提起追偿权诉讼是否与前诉构成重复诉讼；2. 如何区分交强险保险公司的追偿权与代位求偿权。

【法院裁判要旨】

北京市顺义区人民法院经审理认为：《最高人民法院关于审理道路交通事故损害赔偿案件适用法律若干问题的解释》第十五条规定："有下列情形之一导致第三人人身损害，当事人请求保险公司在交强险责任限额范围内予以赔偿，人民法院应予支持：（一）驾驶人未取得驾驶资格或者未取得相应驾驶资格的……保险公司在赔偿范围内向侵权人主张追偿权的，人民法院应予支持……"根据司法解释的规定，交强险保险人承担的是无过错的赔偿责任，其突破一般保险赔偿责任理论，与一般侵权责任和合同责任不同的是，其对违法情形下的损害仍然予以赔偿，因此，对于无证驾驶导致他人人身损害的，保险公司在交强险责任限额内应当承担赔偿责任。基于交强险的保障功能，为了使受害人不因侵权人的无资历而陷入损失难以填补的境地，同时为了降低交强险中的道德风险（被保险人因车辆投保交强险就鲁莽驾驶、违法驾驶），惩罚鲁莽驾驶、违法驾驶的行为人，司法解释赋予保险公司追偿权。上述规范目的，导致该追偿权在性质上与保险法规定的代位求偿权有所不同，《中华人民共和国保险法》中的代位求偿权是指保险事故是由第三人原因造成的，保险人自向被保险人赔偿保险金之日起，在赔偿金额范围内代位行使被保险人对第三者请求赔偿的权利。因此，理论上，追偿权与代位求偿权之间的区别为：（1）在规范目的上，追偿权是为了降低保险中的道德风险；代位求偿权是为了避免损害赔偿请求权人（被保险人）获得双重赔偿；（2）在权利发生上，追偿权是依法律的规定而成立的新权利；而代位求偿权在法律构造上则属于债权的法定转移，是继受取得；（3）由于追偿权为新权利，债务人不得以对抗原债权人的事由对抗追偿权人；代位求偿权为继受权利，债务人可以对抗原债权人之事由对抗受让人；（4）在诉讼时效上，追偿权的诉讼时效从保险公司实际赔偿之日起算；而代位求偿权的诉讼时效期间则依据原权利的性质确定起算点，诉讼时效期间于权利移转前已经开始起算。

生效判决认定王某某负事故全部责任，且王某某驾驶车辆与准驾车型不符。王某某系某物流公司员工，发生事故时系履行职务行为，相应赔偿责任应由公司承担。针对涉诉交强险赔偿限额 12 万元，保险公司已实际赔付受害人。保险公司有权向某物流公司追偿。

保险公司的追偿请求一般无法在交通事故损害赔偿案件中一并审理。主要理由在于，保险公司追偿权应在实际向受害人赔偿后取得，而在交通事故损害赔偿案件中一般未实际赔偿或未足额赔偿受害人，且交通事故损害赔偿案件中，保险公司、被保险人诉讼地位均是被告，被告对被告的诉请在民事诉讼程序上难以处理。故对保险公司在交通事故损害赔偿案件中提出追偿的，法院一般告知可在向受害人实际赔偿后另行主张。故，陈某、司某某关于保险公司重复诉讼的意见不成立。

陈某为事故发生时的公司唯一股东，事故发生后以 0 对价转让股权给司某某。司某某办理公司注销手续时亦承诺已将公司债权债务清算完结，如违法失信，则承担相应责任。在保险公司对某物流公司财务审计报告不予认可的情况下，司某某、陈某未进一步佐证其财产独立于公司财产。保险公司要求二人共同承担赔偿责任，予以支持。考虑到保险公司的追偿权长期未予兑现，保险公司主张资金占用利息损失，予以支持。

北京市顺义区人民法院依照《中华人民共和国公司法》第六十三条、《最高人民法院关于审理道路交通事故损害赔偿案件适用法律若干问题的解释》第十五条规定，作出如下判决：

陈某、司某某共同给付保险公司保险赔偿款 12 万元及利息（利息以 12 万元为基数，自 2022 年 4 月 24 日至款项实际给付之日，按照全国银行间同业拆借中心公布的同期贷款市场报价利率计算）。

陈某、司某某不服一审判决，提出上诉。

北京金融法院经审理同意一审法院裁判意见，判决：

驳回上诉，维持原判。

【法官后语】

如果机动车交通事故责任纠纷生效判决已经认定交强险保险公司对于无证驾驶侵权人所造成的损害在交强险责任限额内承担赔偿责任，交强险保险公司理赔后向实际侵权人追偿，此系追偿权的行使，与保险公司的代位求偿权有所不同。

首先，无证驾驶情形下交强险保险公司的赔偿责任。根据《最高人民法院关于审理道路交通事故损害赔偿案件适用法律若干问题的解释》第十五条规定，交强险保险公司承担的是无过错赔偿责任，其突破一般保险赔偿责任理论，与一般侵权责任和合同责任不同的是，其对违法情形下的损害仍然予以赔偿。因此，对于无证驾驶导致他人人身损害的，保险公司在交强险责任限额内应当承担赔偿责任。虽然《中华人民共和国道路交通安全法》第七十六条明确了保险公司对机动车发生交通事故造成的损害包括人身伤亡和财产损失两部分。但需要注意的是，《机动车交通事故责任强制保险条例》第二十二条规定，即使无证驾驶导致他人人身损害，保险公司在交强险责任限额内承担赔偿责任，但此时的赔偿仅针对第三人人身损害，对于财产损失，保险公司不予赔偿。

其次，交强险保险公司的追偿权。基于交强险的保障功能，为了使受害人不因侵权人的无资力而陷入损失难以填补的境地，同时为了降低交强险中的道德风险（被保险人因车辆投保交强险就鲁莽驾驶、违法驾驶），惩罚鲁莽驾驶、违法驾驶的行为人，司法解释赋予交强险保险公司追偿权。交强险具有法定性、强制性和社会公益性，交强险项下追偿权的成立应严格依照法律法规的规定。对于追偿的范围不应超过保险公司实际向受害人赔付的范围，这是法律赋予保险公司的法定权利，保险公司在交强险责任限额内承担保险责任不以事故责任大小为前提，那么赔付之后有权在交强险的赔付范围内全额向侵权人追偿。赋予保险公司全额追偿的权利，体现了对驾驶人违法行为的否定评价。

最后，交强险保险公司的追偿权与代位求偿权存在本质区别。保险法中的代位求偿权是指，保险事故由第三人原因造成，保险公司自向被保险人赔偿保险金之日起，在赔偿金额范围内代位行使被保险人对实际侵权人请求赔偿的权利。理论上，追偿权与代位求偿权的区别为：一是在规范目的上，追偿权是为了降低保险中的道德风险，代位求偿权是为了避免损害赔偿请求权人（被保险人）获得双重赔偿；二是在权利发生上，追偿权是依法律的规定而成立的新权利，而代位求偿权在法律构造上则属于债权的法定转移，是继受取得；三是在对抗性上，由于追偿权为新权利，债务人不得以对抗原债权人的事由对抗追偿权人；代位求偿权为继受权利，债务人可以对抗原债权人之事由对抗受让人；四是在诉讼时效上，追偿权的诉讼时效从保险公司实际赔偿之日起算；而代位求偿权的诉讼时效期间则依据原权利的性质确定起算点，诉讼时效期间于权利移转前已经开始起算。本案中，陈某、司某某有关保险公司无追偿权，系对保险人追偿权与代位求偿权两种权利存在错误认识所致。

编写人：北京金融法院　王思思

北京市顺义区人民法院　王丽媛

62

保险人主张保证人承担保证责任应否支持

——保险公司诉梁某等保险人代位求偿权案

【案件基本信息】

1. 裁判书字号

广东省肇庆市中级人民法院（2022）粤12民终816号民事判决书

2. 案由：保险人代位求偿权纠纷

3. 当事人

原告（上诉人）：保险公司

被告（被上诉人）：谢甲、梁某、化工公司

第三人：某银行

【基本案情】

某银行与谢甲、谢乙签订了《个人抵（质）押贷款额度协议（双享贷业务专用）》，约定某银行向谢乙提供个人抵（质）押贷款总额度人民币542万元，其中普通个人抵（质）押贷款额度为434万元，保险加成额度为108万元。约定由谢甲、谢乙以其共同所有的房产及谢乙所有的房产为借款作抵押担保，并依法办理了抵押登记。同日，梁某、化工公司分别与某银行签订《个人贷款最高额保证合同》，为上述协议项下债务提供连带保证责任。基于上述合同，某银行于2013年12月2日与谢甲、谢乙签订了抵押贷款合同，约定某银行向谢甲、谢乙发放贷款共计542万元，借款期限为9个月。2013年12月3日，谢乙就上述贷款债务向保险公司投保，保单约定被保险人为某银行，保险金额为1354320.05元。借款到期后，谢甲、谢乙、梁某、化工公司未依约还款，某银行向仲裁委员会提起仲裁。2015年6月15日，仲裁委员会作出仲裁调解书，确认了如下协议内容：谢甲、谢乙在2015年11月3日前向某银行清偿借款本金542万元及利息、罚息，并承担仲裁费用、律师费、财产保全费、公告费；梁某及化工公司对上述债务承担连带清偿责任。上述调解书生效后，谢甲、谢乙、梁某、化工公司未按约定归还借款，某银行向法院申请强制执行。经强制执行并处分抵押物后，至2017年9月28日止仍欠借款本息2639296.66元未能清偿。某银行向保险公司申请理赔，并向保险公司出具《权益转让书》，称将保险标的的所有权益，以及对任何第三者之追偿权在保险赔偿金额范围内转让给保险公司。现保险公司向法院起诉主张对谢甲、梁某、化工公司的代位求偿权。2018年6月20日、8月9日，保险公司根据其住所地分别向谢甲、谢乙、梁某、化工公司发出《关于保险标的权益转让通知暨催收函》，但谢甲、谢乙、梁某、化工公司均未签收上述文书。

【案件焦点】

梁某、化工公司应否对谢甲在本案中的债务承担连带清偿责任。

【法院裁判要旨】

广东省肇庆市鼎湖区人民法院经审理认为：保险公司向某银行清偿债务是履行保证责任的行为，依法取得追偿权。依照《最高人民法院关于适用〈中华人民共和国担保法〉若干问题的解释》第十九条第一款的规定，应认定保险公司与梁某、化工公司对在1354320.05元范围内债务的共同保证属于连带共同保证。依照上述司法解释第二十条第二款规定，保险公司与梁某、化工公司未约定对连带债务的分担份额，应平均分担。在谢甲未能清偿所欠保险公司的债务时，梁某、化工公司应分别对其中451440元的债务向保险公司承担清偿责任。

广东省肇庆市鼎湖区人民法院依照《最高人民法院关于适用〈中华人民共和国民法典〉时间效力的若干规定》第一条第二款，《中华人民共和国担保法》第三十一条，《最高人民法院关于适用〈中华人民共和国担保法〉若干问题的解释》第二十条第二款，《中华人民共和国民事诉讼法》第一百四十二条、第一百四十四条规定，判决：

一、谢甲于本判决发生法律效力之日起十日内向保险公司偿付欠款1354320.05元，并从2017年11月16日起按中国人民银行确定的同期贷款利率计付利息损失至付清欠款之日止（2019年8月19日之前按中国人民银行公布的贷款基准利率计算，2019年8月20日之后按全国银行间同业拆借中心公布的贷款市场报价利率计算）；

二、在谢甲不能清偿上述判项一的债务时，梁某、化工公司应分别对其中451440元限额内的债务承担清偿责任；

三、驳回保险公司的其他诉讼请求。

保险公司不服一审判决，提起上诉。

广东省肇庆市中级人民法院经审理认为：由于谢乙等人没有按约定偿还借款本息，梁某、化工公司没有履行担保义务，导致保险事故发生。在某银行申请理赔后，保险公司根据其与投保人谢乙签订的保险条款约定，结合谢乙等人的逾期欠款情况，已代谢甲、谢乙向被保险人某银行偿还了拖欠的借款本息等1354320.05元，这属于保险公司履行保险义务的行为。自此，保险公司取得保险人代位求偿权，保险人在赔偿金额范围内代位行使被保险人对第三者请求赔偿的权利。某银行向保险公司出具了《权益转让书》，保险公司已在理赔范围内受让了某银行对谢甲、谢乙的相应债权。担保权是从权利，是附属于主债权，主债权转让，从债权一并转让。故，保险公司在取得相关债权的同时，一并取得了某银行对梁某、化工公司的保证债权等从权利。根据某银行分别与梁某、化工公司签订的《保证合同》约定，梁某、化工公司应对谢甲在本案中的债务承担连带保证责任。综上所述，保险公司的上诉请求成立，予以支持。

广东省肇庆市中级人民法院依照《中华人民共和国保险法》第六十条第一款，《中华人民共和国民事诉讼法》第一百七十七条第一款第二项规定，判决：

一、维持广东省肇庆市鼎湖区人民法院民事判决第一项；

二、撤销广东省肇庆市鼎湖区人民法院民事判决第三项；

三、变更广东省肇庆市鼎湖区人民法院民事判决第二项为：梁某、化工公司对广东省肇庆市鼎湖区人民法院民事判决第一项的债务承担连带清偿责任。梁某、化工公司承担保证责任后，有权在其承担保证责任的范围内向谢甲追偿。

【法官后语】

近年来，各地政府为了减轻企业资金负担，尤其保障中小微型企业有足够资金运营，大力推行保证保险等方式替代现金缴纳履约保证金，鼓励保险企业在扶持中小微型企业及新兴企业贷款方面充分发挥作用。不仅可通过保险企业专业的风险管理能力帮助银行控制申请贷款企业的违约风险，还有效降低了中小企业的融资成本。但涉及保证保险合同当事人之间的争议，由于《中华人民共和国民法典》及《中华人民共和国保险法》等相关法律尚无明确规定，因此在审判实践中争议较大，尤其是关于保险人是否可以向投保人（债务人）的担保人行使代位求偿权的问题。这使得保证保险发展受到了一定制约。

判断保险人是否可以向担保人行使代位求偿权，在审判实践中，应注意以下问题：

首先，注意区分保证保险合同与保证合同。保证保险是由投保人向保险人缴纳保险费，当投保人未履行约定义务造成被保险人损失时，由保险人向被保险人承担赔偿责任的保险形式。保证保险合同虽然与保证合同具有一定的相似性，但保证保险合同与普通保证合同不同。主要体现在：保证保险合同目的还是转嫁被保险人面临投保人不能履行债务的风险目的，本质上是一种具有担保功能的保险合同；保证合同与本案借款合同存在主从关系，保证合同不能独立存在，而保证保险合同与本案贷款合同不具有主从关系，具有独立性；保证合同的保证人履行保证责任无须对价，而保证保险合同中投保人支付保险费后，保险人才会履行保险责任。因此，在处理保证保险合同引发的纠纷时，注意适用《中华人民共和国保险法》的相关规定。

其次，根据《中华人民共和国保险法》第六十条第一款规定，保险人自向被保险人赔偿保险金之日起，在赔偿金额范围内代位行使被保险人对第三者请求赔偿的权利。本案中，虽然担保人不是保证保险合同当事人，但导致保险事故的发生即被保险人的债权没有得到实现，系因债务人没有履行还款义务，担保人没有履行担保义务。因此，该担保人可认定为《中华人民共和国保险法》第六十条第一款规定中的“第三者”，可以成为保险人代位求偿权对象。

还有，在保险人向被保险人赔偿保险金后，本案的被保险人出具了《权益转让书》，将保险标的的所有权益以及对任何第三者之追偿权在保险赔偿金额范围内转让给了保险人，这属于合法债权转让。保险人合法受让了被保险人的债权。被保险人转让该债权，受让人取得与债权有关的从权利，即保证债权也一并转让。保险人也通过发出《关于保险标的权益转让通知暨催收函》以及起诉的方式，将债权人转让保险标的的所有权益事宜通知了债务人、担保人，该债权转让对债务人、担保人发生法律效力，担保人与原债权人并无约定禁止债权转让，无须经过担保人书面同意即可转让债权，故担保人应对受让人（本案保险人）承担保证责任。担保人承担责任范围仍是原担保合同的责任范围，没有加重担保人的责任，这也符合公平原则。因此，无论是从保险合同的角度，还是债权转让的角度分析，担保人都应在本案承担保证责任，其在承担保证责任后，可向债务人追偿。

编写人：广东省肇庆市中级人民法院　黄春歌

ISBN 978-7-5216-4356-5

图书在版编目（CIP）数据

中国法院2024年度案例．保险纠纷／国家法官学院，最高人民法院司法案例研究院编．—北京：中国法制出版社，2024.5

ISBN 978-7-5216-4356-5

Ⅰ.①中… Ⅱ.①国…②最… Ⅲ.①保险-经济纠纷-案例-汇编-中国 Ⅳ.①D920.5

中国国家版本馆CIP数据核字（2024）第054098号

策划编辑：李小草　韩璐玮（hanluwei666@163.com）
责任编辑：韩璐玮　　封面设计：李宁

中国法院2024年度案例．保险纠纷

ZHONGGUO FAYUAN 2024 NIANDU ANLI. BAOXIAN JIUFEN

编者/国家法官学院，最高人民法院司法案例研究院
经销/新华书店
印刷/三河市紫恒印装有限公司
开本/730毫米×1030毫米　16开　　印张/20　字数/242千
版次/2024年5月第1版　　2024年5月第1次印刷

中国法制出版社出版
书号 ISBN 978-7-5216-4356-5　　定价：79.00元

北京市西城区西便门西里甲16号西便门办公区
邮政编码：100053　　传真：010-63141600
网址：http://www.zgfzs.com　　**编辑部电话：010-63141784**
市场营销部电话：010-63141612　　**印务部电话：010-63141606**

（如有印装质量问题，请与本社印务部联系。）